[美] 杰弗里·萨克斯　著 ——————————

The Ages of Globalization

Jeffrey
D.Sachs

王清辉　赵敏君　译 ——————————

湖南科学技术出版社

全球化简史

对《全球化简史》的评价

"在这本渊博而又通俗易懂的书中，杰弗里·萨克斯追溯了大约 7 万年前到今天，人类从非洲往外迁徙的历史。在这部开创性的论著中，他展示了地理、技术和制度是如何推动变革的。他的分析对于理解当前全球化的困境是不可或缺的。绝佳之作。"

普拉萨南·帕塔萨拉蒂(Prasannan Parthasarathi),波士顿大学历史系教授

"由于它出自杰弗里·萨克斯之手，我期待这本书会是分析性的、言简意赅的、易懂的，事实确实如此。我很高兴地告诉大家，这本书虽是一位超级明星经济学家的著作，但他对历史和地理都很重视，并让历史的偶然性和复杂性自己发声。无论在时间上还是地理上，这本书都是一部简明扼要的杰作，是对全球经济史的伟大介绍。"

凯文·奥罗克(Kevin O'Rourke),《脱欧简史》
(*A Short History of Brexit* : *From Brentry to Backstop*) 的作者

"《全球化简史》不仅仅是一本写给现代公民的书，也是我们 21 世纪必不可少的生存工具。人类在积累财富的同时，也在创造自我毁灭的手段。现在，我们面临着没人能单独应对的威胁，如气候变化和环境恶化。萨克斯对采取行动的呼吁充满了气势和紧迫感。有了这本书，我们可以更好地探索、学习和行动。"

米罗斯拉夫·拉杰克（Miroslav Lajčak），斯洛伐克共和国外交部长

和欧洲事务部长

"在世界经济秩序的基础受到挑战的时候，我们必须依靠历史积累的知识，为我们社会的未来做出更明智的选择。在《全球化简史》中，萨克斯突出历史自身动态的本质并解释其对社会和经济的影响，为理解全球化的过程提供了一个卓越而独特的历史和分析框架。从旧石器时代到现在的数字时代，这本书探讨了地理、技术和制度的相互作用，对全球化如何产生和演变进行了全面的解释。分析家、政策制定者、社会和政治领袖、感兴趣的公民以及任何关心全球经济未来的人都可以从这本书中学到宝贵的经验。"

费利佩·拉腊因（Felipe Larraín），智利前任财政部长

"很少有学者拥有如此广博的知识，能够从农学、经济学、考古学、人类学和工程学等广泛领域中洞察出深刻的见解，并用它来多层次地阐述全球化和经济发展是如何展开的。一如既往地，阅读萨克斯的书是一种享受。"

戈登·麦克德（Gordon McCord），加州大学圣地亚哥分校教授

序　言

我和萨克斯教授很早就认识，当年我去哈佛大学演讲就是他主持的，我们之间可以说是互相欣赏。不仅因为我和他都曾为联合国工作过，更重要的是，我们俩在倡导全球化和可持续发展方面有着不约而同的共识。我曾在 20 世纪 80 年代为联合国计划开发署工作了 7 年，后来又为中国加入世界贸易组织谈判了 10 年。离开外经贸部后，参与博鳌亚洲论坛和全球化智库（Center for China and Globalization，CCG）等的工作经历，确实让我对全球化和可持续发展有很多深入的思考，并到处宣讲全球化与中国对外开放的关系，从而使我获得了"全球化先生"的雅号。

萨克斯教授作为当今最重要的经济学家之一，他的建树是重大的、全面的。他从 2001 年至 2018 年担任联合国秘书长的特别顾问，致力于消除极端贫困和推动可持续发展，是名副其实的全球发展问题专家。萨克斯教授曾在联合国秘书长科菲·安南和继任秘书长潘基文任期内主持联合国千年计划，以期在 2015 年之前消除极端贫穷、疾病和饥饿。在此期间，他不仅募集了上亿美元的资金投入到非洲极端贫困的地区以改善水源和卫生条件、创造教育机会，还亲自深入这些地区，监督项目的实施和效果。目前，萨克斯教授正不知疲倦地倡导他一直以来呼吁的可持续发展战略，并努力实现 2015 年来联合国大会制定的 17 项可持续发展目标。中国近年来在可持续发展方面的努力和成绩，也获得了他的支持和肯定。

中国入世开启了当代全球化的新篇章，正是因为融入了这波全球化的洪流，中国在短短 20 年的时间里成为世界第二大经济体，也推动了当今经济全球化的大格局的形成。正如萨克斯这本书阐述的，人类从古至今，一直是在全球化的道路上，其行进的速度和规模，受制于地理环境，但更取决于科技的发展和制度。萨克斯这本书还揭示了这样一个事实：只要人类繁衍生息，寻求更大范围内的融通和融合，即更大程度的全球化，这就像地球引力一样，不可逆转，也不可能根本阻断。

不可否认，新型冠状病毒肺炎（简称新冠肺炎）疫情在全球爆发以来，国际贸易投资和产业链都发生了重大的变化，这势必对全球化也造成重大的影响。不少人由于全球产业链和供应链的受挫、国际贸易的大幅下滑，以及世界各地政客们的"甩锅"接力，对全球化失去了信心，认为疫情使全球化终结了。但我不这样看，事实上，这次疫情加速了从传统的以经济增长为目标的全球化，向以人的幸福为主要目标的全球化的转化。这次新冠肺炎疫情对于人类在实现可持续发展方面也存在一定的正面影响。

首先，通过世界各国应对疫情的措施及效果，强化了大家对可持续发展的认识。秉承可持续发展理念的国家在防疫、抗疫的过程中做得更好，成效更显著。面对此次疫情，世界各国大体采取了三种做法：第一种是坚持以人的生命、健康和安全为中心，方向十分明确，优先秩序十分清楚，然后以此为基础实现复工复产、发展经济；第二种是在考虑人的生命健康的同时，又顾虑疫情防控对于社会发展和人们正常生活所带来的影响，始终在这两个方面寻求平衡点，在处理防疫问题时表现出犹豫、纠结甚至动摇；第三种是从少数政客的政治利益出发，违背科学进程，把防疫问题政治化，造成严重后果。

从这三种做法带来的完全不同的结果中，我们进一步看到在制定重大政策的优先次序上，以人为中心才是最根本的方向。我们现在谈发展就是要坚持以人为中心的可持续发展，这一点在世界各国防疫、抗疫的举措和目前的结果中再次得到了证实。疫情也会让每一个人重新思考人生观和价值观——人生究竟是为了挣钱买房买车，还是为了拥有一个真正健康的人生和幸福的家庭？这些思考也增强了可持续发展的民意基础，对于整个国际社会和各国实现可持续发展的影响都是积极的。

其次，此次疫情防控在实现一些重要的环保标准，如节能减排、保护环境、应对气候变化等方面出现了一些正面现象。疫情对于全球经济发展带来了许多坏消息，有些消息甚至是灾难性的。但并不是所有的消息都是坏消息，也有好消息。根据世界气象组织预测，今年全球二氧化碳的排放量可能下降 6%，这将成为第二次世界大战以来二氧化碳排放量下降最多的一年。另据报道，疫情以来，中国 300 多个城市的空气质量显著改善，威尼斯水城的水道开始变得清亮了……所以当人们对经济增长速度放缓感到沮丧的同时，也会惊奇地发现环境得到了改善。由此可见，只要能采取有效措施，《巴黎气候协定》中减排和防止气候变暖的目标是可以实现的。

　　最后，疫情之重、涉及国家之多，正在深刻改变许多国家的经济和社会生活，改变人们的生产生活方式以及商业模式。这些变化如果能在后疫情时代常态化，将给全球可持续发展带来新的动力。在中国，疫情使得制造业、服务业和人工智能与互联网更紧密地联系在一起。人们开始远程办公、举办线上线下相结合的会议，几亿的孩子开始在线上上课，医院开始远程医疗。这些变化正在改变人们的生活方式，而这些生活方式的改变对于能源的消耗，对于缓解气候变暖都会有重大而深刻的影响。再比如，新冠肺炎疫情所倒逼出来的直播电商的蓬勃发展，一下子给中国创造了几百万个新的就业岗位，这是我们过去根本就没有想到的。大家都知道，在可持续发展当中，创造就业岗位是最核心的一条，保证每一个人都有工作，有一份体面的工作，是联合国可持续发展 17 个目标当中最核心的目标之一。

　　我坚信，虽然这次疫情对经济全球化造成了巨大的破坏，但是人们对全球化发展的方向、目标可能会取得更多的共识。一个新的以人为中心的全球化一定会逐渐取代一个以单一经济增长为目标的全球化，一个新的重视民生、重视绿色发展、重视人的幸福和健康的新的全球化会更快到来。历史将会证明人类在经历一场大的灾难以后，一定能取得重大的进步。

　　感谢萨克斯教授用他渊博的历史、地理和科技知识，给我们勾画了人类从古至今不断发展的全球化的路线图；感谢他用缜密的思辨和热忱的呼吁，向我们雄辩地说明：全球化是不可逆的，更不会终结。我们需要做的是调整经济增长模式，优化全球化的路径，追求可持续发展的环境，构建真正的人类命运共同体！

前　言

在这本书即将出版的时候，COVID-19（新冠肺炎）爆发了。一种最具全球性的现象——流行病，突然间引发了最具本地性的反应：隔离、封锁社区、关闭边境和贸易。仅仅 3 个月，新冠病毒就在 140 多个国家爆发。在 14 世纪，黑死病的传播也很广泛，但其扩散则经历了很多年。那时，通过徒步、船只和马匹缓慢传播的病原体，如今通过飞机几小时就可以传播到全球。

这本书介绍了全球化的复杂性，全球化既拥有改善人类生存状况的强大能力，同时也带来了不容置疑的威胁。全球人类的相互联系使人们能够在广阔的地理区间内分享思想、享受多元文化、交换各具特色的商品。我早上品尝的咖啡不是来自街对面的咖啡店，而是来自几千千米之外的埃塞俄比亚、印度尼西亚或哥伦比亚的热带山坡。我很高兴曾访问过这些地方，欣赏了那里丰富的文化和美丽的自然风光。从这些访问和我的工作中，我认识到，无论我们的背景和物质条件多么不同，善良、望子成龙、享受生活是人类的共性。

新冠病毒再次提醒我们，全球贸易和旅行带来益处的同时，总是伴随着疾病和其他弊端的全球传播。在这本书中，我讨论了现代经济学之父亚当·斯密如何看待哥伦布和达·伽马的发现之旅。斯密写到，从欧洲到美洲和亚洲的海上航线的发现是人类历史上最重要的事件，因为它们将世界各地连接在一个运输和商业网络中，带来了巨大的潜在利益。斯密也沮丧地写到，海上航线的开辟引发了欧洲征服者和殖民者对土著社会的大规模镇压。不过，关于由细菌和病毒传播疾病的论述［这些理论由罗伯特·科赫（Robert Koch）、路易·巴斯德（Louis Pasteur）、乔凡尼·格拉西（Giovanni Grassi）、罗纳德·罗斯（Ronald Ross）、贝耶林克（Martinus Beijerinck）等人贡献］比斯密生活的年代晚了一个世纪才出现，斯密还没有意识到旧大陆的病原体在破坏美洲土著社会中所起的关键作用。事实上，哥伦布带给美洲的不仅仅是征服者，还有大规模的生物交换。欧洲人把马、牛和其他动植物带到了美洲从事农业生产，随之也带来了许多新的传染病，包括天花、麻疹和疟疾。同时，他们把马铃薯、玉米、西红柿、其他农作物和家畜带回了欧洲。这一"哥伦布大交换"在贸易上使世界形成了一个整体，同时又通过财富和权力的不平等将世界分裂。旧大陆疾病给美洲原住民带来的高死亡率是毁灭性的。由于当地居民对旧大陆的病原体"童贞般"毫无经验，因此没有免疫力。同样，今天全世界的人们对新冠病毒也没有免疫力，因此面对席卷全球的新冠病毒也是如此不堪一击。谢天谢地，很大程度上来说，新冠病毒造成的疾病和死亡远没有 16 世纪肆虐美洲土著社会的流行病严重。尽管如此，当前的大流行病也将像过去其他疾病一样影响全球的政治和社会。我们并不需要回头用 14 世纪的黑死病或者 16 世纪的"哥伦布大交换"的结果来看待疾病在塑造当今社会和经济中的深刻作用。事实上，直到 19 世纪晚期，疟疾的重大风险为非洲抵御欧洲帝国的征服提供了一种保护性屏障。当时，因为欧洲士兵患疟疾死亡的比例奇高，西非被称为"白人的坟墓"。自从英国人学会从安第斯金鸡纳树的树皮中提取一种抗疟疾药物——奎宁后，这种壁垒就消失了。杜松子酒（含奎宁）因此成为大英帝国征服者的饮料。自那以后，尽管新药物和预防措施使人类能够抗击这一古老的瘟疫，但疟疾一直是非洲儿童生存的威胁和经济发展的障碍。

近些年，另一种致命的病原体——艾滋病毒，一种人类免疫缺陷病毒肆虐全球，造成了严重的破坏和浩劫。艾滋病和 COVID-19 一样，也是一种动物传播疾病。也就是说，一种动物种群的病原体通过某种相互作用或者可能是基因突变而转移到人类种群中。艾滋病毒很可能是由于西非猩猩被猎食后传染给人类的。新冠病毒则可能是通过蝙蝠传染给人类的。事实上，艾滋病毒在 20 世纪中叶就已经在非洲传播了几十年，在 70 年代和 80 年代早期才开始全球传播。艾滋病和艾滋病毒在 20 世纪 80 年代初首次在旧金山被诊断出来，那已经是在它首次进入人类社会几十年之后了。在此之前，数百万非洲人已经感染了艾滋病毒，并死于这种病毒。艾滋病是全球化的另一个重大事件，其破坏性最大，也最令人深思。伴随着巨大的痛苦，死于艾滋病的人数迅速攀升至数千万。许多艾滋病毒感染者来自社会边缘群体：赤贫的人、少数族裔、同性恋和双性恋群体、静脉注射吸毒者等。这导致许多国家的政府反应滞后。竟然是由艾滋病毒感染者领导的民间社会团体先呼吁采取行动，经过了代价高昂的拖延，才逐步推动世界各国政府采取行动。令人印象深刻的是，科学界迅速采取了行动，迅速发现了病毒的性质、疾病的原因以及与之对抗的方法。在艾滋病毒被确认为一种新的人畜共患疾病后的大约 10 年时间里，科学家们发现了一些抗病毒药物，可以将艾滋病毒感染从一种几乎可以确定的致命疾病转变为一种可以控制的慢性传染病。在这些研究突破和随后新药物的研发分配中，全球化发挥了巨大作用。全球性的科学发现也带来了新的科学知识在各个大洲的迅速传播。

艾滋病新药物的分配也是一项全球协调的行动。值得一提的是，一个新的全球抗击艾滋病、结核病和疟疾的基金被发起设立了。让我激动和荣幸的是，我在该基金的早期规划和发展过程中发挥了一些作用。公众认识的提高和重要民间活动家的领导，极大地促进了政策的执行和卫生干预的速度。新冠肺炎同样引发了对全球化利与弊的反思以及如何扬长避短的政策挑战。抗击新冠肺炎的早期措施包括关闭国际贸易和禁止旅行，甚至限制单个国家之间和城市内部的人员流动。隔离也重新被启用，这个词（意大利语为 quaranta giorni）本身指的是当船只被怀疑携带鼠疫时，威尼斯人便会将船只扣留在远离港口的地方 40 天。这种隔离政策可追溯到 14 世纪末。与艾滋病危机一样，在实施应对新冠肺炎的措施时，也需要高度关注和重视社会正义。当今，人们再次提出了一些担忧：开放的贸易太危险了，我们应该回到闭关锁国和自给自足的状态。这是一种错觉。虽然隔离确实可能限制疾病的扩散，但它们不可能完全阻止病原体的传播。而且，隔离所带来的成效要付出很高的代价。关闭贸易也会带来灾难，首当其冲的是经济产出和生计的巨大损失。纵观历史，理解全球化带来的威胁如疾病、征服、战争、金融危机等非常重要。我们需要面对它们，通过国际合作的方式来控制全球关联的负面影响，而不是切断全球化带来的益处。这就要求有新的全球合作的形式，这也是本书最重要的主题之一。从 18 世纪晚期开始，哲学家、政治家和活动家们一直在寻求治理全球化的新方法，以趋利避害。在防治大流行病的斗争中，合作显得尤为重要。事实上，从 1851 年到 1938 年的国际卫生会议其实也是最早致力于强化全球科学和政策协作的现代努力之一。

通过合作共同控制疾病的努力也促成了 1948 年世界卫生组织（简称世卫组织）的诞生，它是 1945 年第二次世界大战结束时成立的新联合国的首批主要机构之一。显然，世卫组织目前处于全球抗击新冠肺炎疫情的中心。世卫组织协调分享了有关该病原体及其控制方法的科学信息，并协调、监测着遏制和结束该流行病的全球努力。全球化使世界的某一地区能够向其他地区学习。当一个国家在遏制新冠肺炎传播方面取得成功时，世界其他地区将迅速致力于了解这些新方法以及它们是否可以在当地应用。与抗击艾滋病一样，新药物和疫苗的开发也需要全球行动。测试新候选药物和疫苗的临床试验将涉及世界各地的研究人员。新药物和疫苗的分配和使用也需要全球范围的合作。而且，疾病控制并不是当今全球合作至关重要的唯一领域。全球合作涉及许多紧迫问题，包括控制人为引起的气候变化，保护生物多样性，控制和逆转空气、土壤和海洋的大规模污染，互联网的正确使用和管理，防止核武器扩散，避免大规模被迫移民，以及避免或结束暴力冲突的挑战等。当今，我们必须面对所有这些挑战，因为这个世界经常是分裂的、不信任的、离心离德的，而现在又忙于应对一种新的、突发的流行病。本书不会为这些疾病和威胁提供简单的答案或解药，而是提供一种思考和探索的方向。

全球化的历史是一部混合着人类辉煌成就、残酷行为和自我伤害的历史，也是一部在危机中取得进步的恢弘而复杂的历史。我们将看到，全球化涉及自然地理、技术知识和社会制度的错综复杂的相互作用。新冠肺炎是一种物理现象，是对我们政治和社会生活的突然入侵，也是科学探索的对象。因此，这种全球化现象从人类诞生之初就已经成为人类经验的一部分。我希望这本书将揭示长期以来全球相互联系的经验，以及全球化在塑造我们人类和生活中的作用。

致：尼娜

　　我们家在这个数字时代的新生儿，伴随着我们对和平、繁荣和环境可持续的强烈愿望！

目　录

01
全球化的七个时代

自 从大约 7 万年前现代人从非洲开始扩散以来，人类一直在全球化。然而，全球化的特征随着时代的变迁而改变，这些变化往往来得迅速而猛烈。在 21 世纪，我们需要使这种改变明智而和平地进行，因为在核时代，一旦发生全球战争，人类可能就没有第二次机会了。通过研究全球化的历史，我们可以对 21 世纪的全球化以及如何成功地管理全球化有一个全面的认识。

在我看来，从遥远的过去一直到现在，我们已经经历了七个不同的全球化时代。在这七个时代中，全球化的发展进程都是自然地理、技术和制度相互作用的结果。自然地理在这里指的是气候、动植物、疾病、地形、土壤、能源、矿藏和影响生命条件的地球演变。技术指的是我们生产系统的硬件和软件。制度包括引导社会的政治、法律、文化的观念和实践。地理、技术和制度都受到显著的差异性和变化的影响，它们之间具有强大的相互作用，进而形成跨越时空的社会。

理解地理、技术和制度的相互作用是理解人类历史的基础。这种理解也是引领 21 世纪正在进行的变革的基础。通过研究全球化的历史，我们可以在当今为我们的社会和经济发展做出更明智的选择。

哲学家、历史学家、神学家和其他人一直在问：历史有方向吗？历史到底是一种长期变化还是在不断循环？长期的进步存在吗？我会说，答案是肯定的，历史之箭是存在的。在每一个时代，人类都认识到更广阔的世界。技术进步，尤其是交通和通信方面的技术进步，以及人口规模和结构上的变化，增强了我们在全球范围内的相互认知和相互依赖。结果是，政治也从非常本地化变成了全球化，尤其是在我们这个时代。

让我们关注五个大问题。第一，全球范围变化的主要驱动力是什么？第二，地理、技术和制度是如何相互作用的？第三，一个地区的变化如何扩散到其他地区？第四，这些变化如何使得全球相互依存？第五，我们能从每个时代汲取什么教训来帮助我们应对今天的挑战？

七个时代

全球化意味着多元社会在广阔的地理区域内的相互联系。这些相互联系包括技术、经济、制度、文化和地缘政治。它们包括世界各地的社会通过贸易、金融、企业、移民、文化、帝国和战争而产生的相互作用。

为了追溯全球化的历史，我将描述七个不同的时代。旧石器时代，人类还在狩猎采集的史前时代；新石器时代，农业起源的时期；骑马时代，马的驯化和原始文字的发展使长途贸易和通信成为可能；古典时代，大帝国诞生了；海洋时代，帝国第一次跨海并超越其起源的生态区域；工业时代，由英国领导的少数几个社会迎来了工业经济；数字时代，我们当今的时代，几乎整个世界都在瞬间被网络连接起来。

旧石器时代，可以追溯到公元前 7 万年至公元前 1 万年，远距离的交流是通过迁徙进行的，也就是一小群人从一个地方迁移到另一个地方。随着这些群体的迁移，他们的工具、技术和新兴文化也与之随行。当迁徙的智人（解剖学上的现代人类）进入新的地区时，要应对其他古人类（智人基因组的成员）如尼安德特人和丹尼索瓦人、新食肉动物和病原体、新的生态条件（如在高海拔地区生活），当然还包括其他现代人类群落的竞争。这种竞争与适应形成了延续到今天的文化模式[1]。

最后一个冰河时代的结束和气候变暖的开始，开启了全球化的下一个阶段，即新石器时代，我认为它可以追溯到公元前 1 万年至公元前 3000 年。最根本的突破是农业，包括种植业和畜牧业。随着狩猎采集被农耕所取代，游牧生活被村庄定居所取代，人际交往的范围从氏族扩大到村庄，再扩大到村庄之间的政治和贸易。宝石、贝壳、矿物、工具等贵重物品的贸易往来，得以在几百千米远的距离进行。

马的驯化开启了全球化的第三个时代——骑马时代，我认为这个时代可以追溯到公元前 3000 年至公元前 1000 年。这一时期通常被称为铜和青铜时代，但我更喜欢强调马的作用而不是矿物的作用。有了驯养的马，快速、长距离的陆路运输和通信成为可能。马有几个基本功能：动物牵引（马力）、通信（传递信息）和军事（骑兵）。用现代术语来说，马的驯服是一种"颠覆性的技术"，有点像蒸汽机、火车头、汽车和坦克的发明。在政治上，马也加快了国家的到来，因为它使公共行政和强制力量能够辐射到更远的距离。

接下来的一个时代，被称为古典时代，可以追溯到公元前 1000 年至公元 1500 年，以大型陆地帝国的崛起和激烈的互相竞争为标志。从公元前 1000 年左右开始，一些国家，如美索不达米亚的新亚述国，以及不久之后的波斯阿契美尼德王朝，开始了大规模的领土扩张，这些扩张的成功得益于其在军事和政治上的治理优势。

思想观念在帝国的崛起中起了很大的作用。主要的帝国受到新的宗教和哲学观点的刺激，例如希腊-罗马世界的新哲学，深刻地塑造了这些社会的价值观。帝国时代开启了横跨欧亚大陆的贸易，比如在西部的罗马帝国和东部的中国汉朝之间的贸易，既通过陆地，又通过海路即沿印度洋和地中海的海岸线进行。

到公元 1400 年左右，远洋航行和军事技术的进步促使全球向一个新时代过渡，即海洋时代，我认为是在 1500 年至 1800 年之间。在这个新时代，帝国第一次成为跨洋的、实质上是全球性的帝国，而且是人类第一次由欧洲的温带帝国征服并殖民了非洲、美洲和亚洲的热带地区。随后，全球贸易发生了革命性的变化，如跨国公司的崛起，跨洋贸易的大规模扩张，以及数百万人大规模的跨洋迁徙，还包括强迫奴役数百万非洲人前往美国的矿山和种植园劳动。政治也首次达到了全球性的规模，发生了第一次在几个大洲同时进行的全球战争。

工业时代（1800—2000 年），标志着全球变化的又一次全面加速。过去几百年甚至几千年才发生的变化，现在只需要几十年就完成了。工业时代以技术进步的浪潮和强大的科学技术新应用为标志。随着化石燃料的开发，蒸汽机和内燃机的发明成为可能，工业生产急剧增长。由于粮食产量的大幅增加，全球人口也大幅增长。海洋时代催生了跨洋帝国，工业时代则诞生了第一个全球霸主——英国，后来又诞生了美国。这两个大国以前所未有的军事、技术和金融力量征服了整个世界。但是，正如大英帝国的灭亡所证明的那样，即便是霸权国家也可能很快就失去其在全球竞争中的地位。

从 2000 年到现在，我们已经进入了数字时代，数字技术带来了惊人的成就：计算机、互联网、移动电话和人工智能等。数据的全球传输无处不在：计算能力已经翻了十亿倍，信息技术正在重组世界经济、社会和地缘政治的方方面面。我们正在从霸权主义时代走向几个区域大国并存的多极世界。与工业时代相比，无处不在的信息流动更直接、更迫切地推动了经济和政治的全球化。我们已经看到，世界经济某个领域的小问题，例如 2008 年 9 月 14 日华尔街投资银行雷曼兄弟的倒闭，会在几天内造成全球范围内的金融恐慌和经济崩溃。

表 1.1 总结了这七个时代，以及它们的时间间隔、主要技术变化和治理规模。

表 1.1 全球化时代：突破和时点

全球化时代	大概时间段	主要能源	信息媒体	农业	工业	交通	军事	治理规模
旧石器时代：全球扩散	公元前7万—前1万年	人类、洋流	语言、岩画	狩猎、采集	石器	步行、筏、独木舟	石头武器、弓箭	部族
新石器时代：农业和村落	公元前1万—前3000年	牛（驯化）	象形文字	农作物、畜牧	青铜、铜	步行、帆船航行	青铜武器	村落
骑马时代：马背上的国家	公元前3000—前1000年	马	早期书写系统、石碑	犁	铁、车轮、马车	马、驴、帆船航行	骑兵	国家
古典时代：帝国规模的治理	公元前1000—公元1500年	风车、水车	字母表、书籍	大型粮食贸易	大型工程、基础设施	马、公路网、帆船航行	步兵、骑兵、火药	帝国
海洋时代：全球性帝国	1500—1800年	海洋、风	印刷出版	全球农作物贸易	远洋航行	跨洋航行	大炮、步枪	全球性帝国
工业时代：工业批量生产	1800—2000年	化石燃料、煤炭、石油、天然气、水电	电报、电话、广播	使用化肥	蒸汽机、纺织品、钢铁	海上蒸汽轮船、铁路	机关枪、空军、坦克、核武器、太空	全球性帝国、宪制政府、深度资本主义
数字时代：连通性、计算机、人工智能	21世纪	太阳能、风能	网络、人工智能	精准农业	数字网络	虚拟空间、太空	网络战争	全球法治

加速变化

在人类历史的初期，所有的人类都是狩猎采集者，为了生存而从事狩猎并采集食物。没有城乡差别，因为没有村庄，更没有城市。新石器时代的农业革命带来了村庄和定居生活，它们几乎取代了狩猎和采集。几千年来，在工业化开始之前，几乎所有的人类都生活在农村地区，大多数从事自给自足的农业。每个农民家庭都在挣扎着养活自己，很少有盈余，如果有的话，才在市场上出售或用于纳税。

直到 20 世纪，在世界上的许多地方，甚至直到今天，在最贫穷的国家，农业产出仍然不足，饥饿和大规模饥荒的风险一直存在。1789 年的法国大革命在一定程度上是因政府在极端气候引起大饥荒的情况下，还试图增税来偿还公共债务而触发的。19 世纪 40 年代爱尔兰的饥荒造成了大约 100 万人死亡。19 世纪下半叶，英属印度和其他殖民地屡次发生饥荒，导致数千万人丧生[2]。

工业化以及随之而来的农业机械化和农业技术的进步极大地提高了人均粮食产量。过去，几乎所有的家庭都必须从事农业生产才能提供足够的粮食养活人口。而现在，由小部分的劳动力就能养活所有人。粮食产量的增加也使普遍饥饿和大饥荒的风险大大降低。被农业机械所取代的"剩余"的农业工人，可以离开农村去城市找工作。英国，作为世界上第一个工业社会，到 1880 年左右一半以上的地区已经变成了城市，而当时世界上大部分地区仍然是压倒性地由农村构成。随着工业化的扩展，尽管世界各地的情况非常不均衡，城市化率和生活水平却都开始上升。

值得注意的事实是，人类用了很长时间才摆脱无时不在、无处不在的贫困和饥饿。纵观人类漫长的历史，尽管人类作为一个物种大约有 30 万年的历史，但经济和人口的大多数变化都发生在过去 200 年左右短暂的时间内。因此，从长期来看，全球化变迁的第一个特点是，变化是指数级的，这意味着它以一个不断上升的速度出现，其中最大的变化发生在不久之前。

让我们考虑一下长期变化的三个方面。第一是总人口；第二是城市化率，即全球居住在城市地区的人口比例；第三是全球人均产出。海德（Hyde）3.1 项目通过卓有成效的研究对自公元前 1 万年以来全球和各地区的总人口和城市化率进行了不间断的估算[3]。这是一个了不起的成就，也是一个重要的证据。已故伟大经济历史学家安格斯·麦迪森则通过非凡的努力对有史以来的人均产出进行了估算。

过去 1.2 万年的世界人口总数估算如图 1.1 所示。按照麦迪森的估算，从公元前 1 万年至公元前 3000 年之间的新石器时代，人口从200 万增长到 4500 万，年增长率只有 0.04%。在公元前 3000 年至公元前 1000 年之间，也就是骑马时代，人口增长率上升到 0.05%。从公元前 1000 年至公元 1500 年的古典时期，增长率进一步上升到0.06%。在 1500 年至 1800 年的海洋时代，年增长率跃升到 0.25%，全球人口从 4.61 亿增长到 9.9 亿，增长了一倍多。然后，在 1800 年至 2000 年的工业时代，人口增长率飙升至 0.92%，世界人口增长了 6倍多，从 9.9 亿增至 61.45 亿。因此，在人类历史的大部分时间里，人口的增长年复一年，甚至一个世纪又一个世纪，都是毫不起眼的。

但随着海洋和工业时代的到来，全球人口激增。

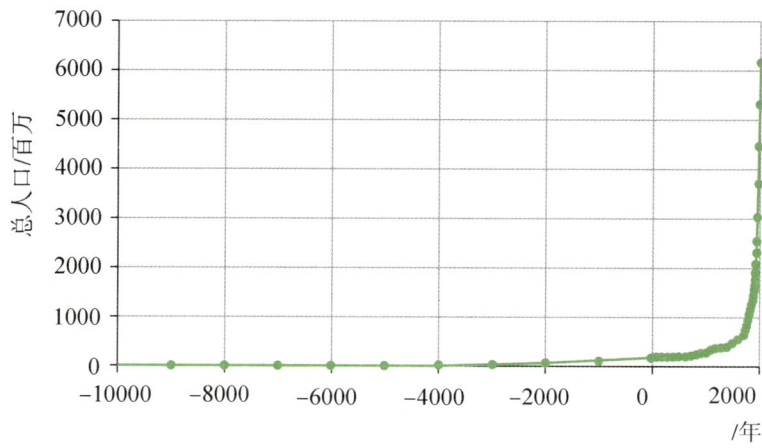

图 1.1　世界人口，公元前 1 万年至公元 2000 年

资料来源：Kees Klein Goldewijk，Arthur Beusen，and Peter Janssen. "Long-Term Dynamic Modeling of Global Population and Built-up Area in a Spatially Explicit Way：Hyde 3. 1." *The Holocene* 20，no. 4（2010）：565 - 573.

　　城市化率如图 1.2 所示。这个图和图 1.1 的世界人口图看起来几乎是一样的。在新石器时代初期，几乎所有的人类仍然是狩猎采集者，城市化为零。即使一万年后的公元 1 世纪，居住在城市的人口比例仍然只有 1%，绝大多数人还是在农村定居。在一千年后的公元 1000 年，世界城市化率仅为 3% 左右。到 1500 年，城市化率还只有 3.6%。哪怕到 1900 年，城市化率仍只有 16%。直到 21 世纪，才有超过一半的人生活在城市环境中（到 2020 年估计有 55%）。尽管我们惊叹于古罗马宏伟的城市遗迹，也为文艺复兴时期佛罗伦萨和威尼斯炫目的城市建设成就而欢欣鼓舞，但直到最近，世界上所有的城市加起来还只是人类中小部分人的家园。

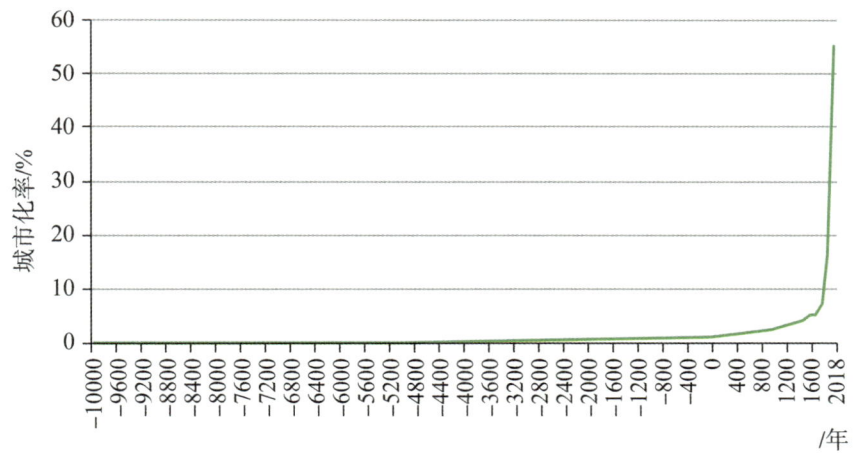

图 1.2 世界城市化率，公元前 1 万年至今

资料来源：Kees Klein Goldewijk, Arthur Beusen, and Peter Janssen. "Long-Term Dynamic Modeling of Global Population and Built-up Area in a Spatially Explicit Way: Hyde 3. 1." *The Holocene* 20, no. 4（2010）：565－573.

麦迪森对公元 1 年到 2008 年全球人均产出的估算（以 1990 年的国际美元计算）如图 1.3 所示。同样，我们看到了与人口和城市化图表相同的曲线：1500 年前全球人均产出没有明显的变化，年增长率为 0.01%；在 1500 年至 1820 年间，产量略有增长，年增长率为 0.05%；然后，随着工业化的开始，出现了一个决定性的转折，在 1820 年到 2000 年的年增长率为 1.3%。

从 1820 年到 2008 年的 188 年间，世界人均产出增长了大约 11 倍，导致全球极端贫困率从 1820 年的约 90% 下降到 2015 年的约 10%[4]。

这三个超指数增长的例子是引人注目的。它们使我们想起自工业

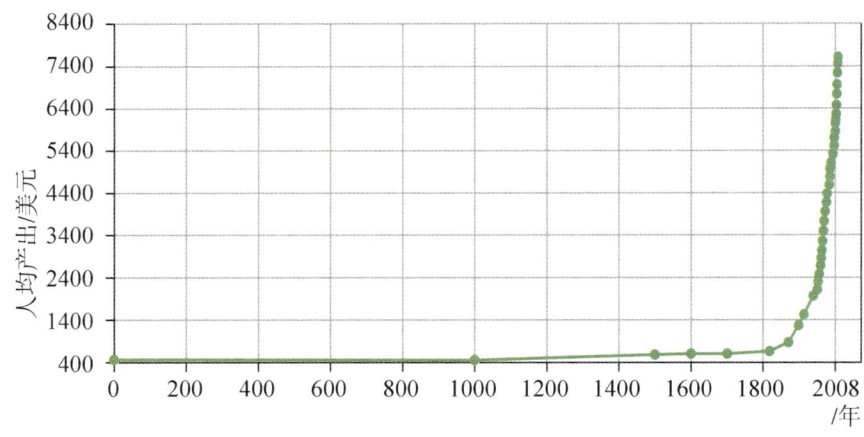

图 1.3　世界人均产出，公元 1 年至 2008 年

资料来源：Angus Maddison. "Statistics on World Population, GDP and Per Ca-
pita GDP, 1—2008 AD." *Historical Statistics* 3（2010）：1 - 36.

化开始以来世界发生的巨大变化。但是，我们不应由此推断 1800 年
以前的社会是静止的。工业化开始前的漫长时期相当于世界经济最终
起飞之前的积极而必要的滑行，此前几个全球化的时代奠定了科学、
技术、治理、商法和未来宏图的关键基础，并最终催生了工业时代的
到来。

经济规模和变化形态

经济学中有一个基本原理：市场越大，收入越高，增长越快。随
着市场的扩大，分工的专业化程度也会提高，这会相应地提高经济活
动（农业、建筑、制造、运输、医疗等）各个领域的劳动力技能和熟
练程度，并降低生产成本。有了更大的市场，意味着拥有更多的消费
者，发明家就会有更大的动力去发明新产品，去取得突破。

因此，1800 年左右经济增长起飞的最根本原因是规模。到 1800年，世界人口已接近 10 亿，人类正通过贸易、运输、移民和政治日益紧密地联系在一起。当然，世界上的某些地方，特别是北大西洋国家，是这种新规模的最大受益者；而另一些地方，特别是撒哈拉以南的非洲和印度，则在残酷的帝国征服和统治下越来越衰弱。当然，到 1800 年，全球企业的规模无可比拟地超过了公元前 1 万年，因为那时候整个人类仅有 200 万人口，而且极为分散。

因此，人们可以把全球化的历史看作一系列规模不断扩大的变化。在旧石器时代，尽管大多数人一辈子都生活在 30～50 人的群落中，人类还是通过向世界各地迁徙逐渐扩大了定居点的规模[5]。在新石器时代，全球人口从公元前 1 万年的 200 万增长到公元前 3000 年的4500 万，大约增长了 22 倍，人们住在几百人组成的村庄里。在骑马时代，全球人口从公元前 3000 年的 4500 万增长到公元前 1000 年的1.15 亿，其中绝大多数人生活在欧亚大陆东西相连的地带。从那时开始，人类第一次被组织成可识别的国家，而不再仅仅是分散的部落。在古典时期，到公元前 1 世纪，人口激增到 1.88 亿；到公元 1000 年，人口达到 2.95 亿；到公元 1400 年，人口增加到了 3.9 亿。在这个过程中，越来越多的人类生活在幅员辽阔、多民族、多宗教的帝国中，先后包括罗马、汉朝、孔雀王朝、波斯、拜占庭、乌玛亚德、蒙古等帝国。这些帝国之间不仅互相打仗，而且还进行远距离的贸易。

随着克里斯托弗·哥伦布和瓦斯科·达·伽马的航行，以及向海洋时代的过渡，变化规模再次扩大，这一次是通过海洋航行使旧大陆和新大陆重新连接带来的全球性接触。由于跨越海洋的粮食品种交换，如从旧大陆传到美洲的小麦和从美洲传到旧大陆的玉米，使粮食生产和人口大量增加，世界人口再次猛增。到 1800 年，世界人口已经达到 9.9 亿。工业时代通过铁路、远洋轮船、汽车、航空、电报、电话、卫星以及互联网，极大地加强了全球的相互联系，全球人口再次激增。在人类历史上，第一次出现了对全球大部分地区都产生影响力的真正霸权：先是大英帝国，然后是第二次世界大战后的美国。随着向数字时代的过渡，全球力量再次发生转移，全球互动的强度继续上升，这一次支持互动的是全球范围内无处不在的实时数据流。

从这个意义上说，全球化的时代既可以用来解释，也可以被解释为全球互动规模的不断扩大。全球规模的每一次扩张都催生了新技术，从而扩大了人口和生产规模。每一次规模的扩大，又反过来改变了治理和地缘政治的性质。然而，我们必须对我们这个时代特有的一种现象进行反思：在 2020 年，全球人口已达 77 亿，每年还会增长 7500 万~8000 万，现在人均产出为 17000 美元左右（依据购买力调整后的价格），规模不断扩大的人类活动正危险地侵害这些最根本的环境要素：气候、水、空气、土壤和生物多样性。人类活动已经达到一定规模，整体上正在危险地改变着气候和生物多样性以及其他地球系统，如水和氮循环。我们将在本书后面继续深入讨论这个主题。

虽然规模对生产率和创新至关重要，但地理在确定规模方面往往起着决定性的作用。由于一个经济体或一组相互联系的经济体的规模取决于贸易能力，因此也取决于商品、人员和思想流动的地理条件。偏远或与世隔绝的地方从贸易和思想与技术传播中获得的好处，远不及那些在地理上更容易到达的地方。例如，美洲在技术进步方面远远落后于旧大陆，直到 1500 年后，分隔了一万多年的两个半球才通过海洋运输重新连接起来。远离大陆和航道的偏远山区及岛屿因不易到达，其社会在技术上通常落后于沿海地区。长期以来，欧亚大陆在达成规模上比美洲、非洲和大洋洲拥有更大的地理优势，因为它通过更紧密的贸易联系、更便捷的通信和共同的生态环境促进了技术、制度和文化的传播。

马尔萨斯的悲观主义

到目前为止，我所描述的历史似乎是一种不断展开的进步，尽管这种进步一再被打上不公正、不平等和极端暴力的印记。然而，对于发展的可持续性，长期以来一直存在着强烈的预警。在现代经济思想中，最具影响力的悲观主义者无疑是托马斯·罗伯特·马尔萨斯。他是一位英国牧师，从 18 世纪末到 19 世纪初从事写作。马尔萨斯曾警告人们不要试图改善大量穷人的命运，甚至反对长期经济发展的机会。他认为，随着生产力的提高，世界上最终只会有更多的穷人，却没有解决贫困问题的长期方案。马尔萨斯引人深思的悲观主义被称为马尔萨斯陷阱。他提出了一个根本性的问题，即长期性地提高生活水平是否可以持续。

以下是马尔萨斯的推理：假设农民学会了将他们的产量翻倍。似乎每个人都可以多吃一倍的食物，饥饿和贫困将直线下降。但是，如果人口增长的结果是更多的孩子活到成年，更多的年轻人有能力成家，那会怎样呢？如果人口增长一倍而耕地保持不变，那么人均食物量就会回到原来的水平。如果人口增长超过一倍，也就是说，如果人口增长超过粮食产量的增长，生活水平就会下降到原来的水平以下，直到新一轮的饥饿和疾病使人口增长逆转。

马尔萨斯提出了一个引人深思的重要观点，但对我们来说幸运的是，他的结论过于悲观。在 19 世纪和 20 世纪，当全球生活水平开始提高时，随着越来越多的人搬到城市，家庭选择少生孩子，并在每个孩子的教育、营养和医疗保健方面投入更多的资金。用人口统计学的术语来说，他们对养育孩子的态度从着重"数量"转变为着重"质量"。随着世界范围内生活水平、文化水平和城市化水平的提高，世界大部分地区的生育率已经下降到"替代率"水平，即每位母亲生育两个或更少的孩子[6]。因此，生产力的提高并没有被人口的增长所抵消。不过，仍然有一些地区的生育率非常高，特别是在撒哈拉以南的非洲地区。因此，这些地区的生活水平还没有达到消除贫困所需要的程度。预计随着城市化程度的提高和受教育年限的延长，特别是女性受教育年限的延长，这些地方的生育率也将下降。

然而，马尔萨斯的悲观主义仍然与我们今天息息相关，我们还没有完全推翻他的警告。地球上有近 80 亿人口，到 2050 年人口预计将增长到 97 亿左右，而且气候变化、生物多样性的丧失、特大污染等巨大的环境危险摆在我们面前，我们至今还没有表现出我们能够保持可持续发展。要做到可持续发展，我们不仅需要稳定全球人口数量，还需要结束我们正在制造的巨大的环境危害。而且，我们必须向可再生能源、可持续农业和安全回收废物的循环经济转型。在完成这些转变之前，马尔萨斯陷阱的幽灵将继续笼罩着我们。

向城市生活的渐变

纵观全球化的各个时代，我们不仅看到了人口、经济生产和政治规模的增长，而且还看到了农村生活向城市生活的决定性转变。直到最近几十年，人类才有很大一部分居住在城市并从事非农业活动。要理解这种变化，我们应该更详细地考察经济结构。

经济活动被有效地分为三个产业，即第一、第二和第三产业。第一产业包括生产粮食和饲料作物、动物产品、其他农产品（如棉花、木材、鱼和植物油）以及矿产品（如煤、油、铜、锡和贵金属）。第二产业，或称为工业，涉及将初级商品转变为最终产品（如建筑、机械、食品加工和电力）。第三产业包括支持性生产活动（货运、仓储和金融）、个人福利（教育、卫生、休闲）和管理（军队、行政和法院）的服务。

第一产业需要人均投入大量的土地或海洋资源，因此主要发生在农村地区，那里的人口密度相对较低。另一方面，第三产业，或者说服务业，需要大量的面对面交流，因此主要集中在人口密度高的城市地区。工业生产则既可以在农村地区进行，例如，靠近矿山的冶炼作业，也可以在城市地区进行，例如，靠近客户的建筑工地或服装厂。

商品生产（第一和第二产业）和服务（第三产业）都需要人力和机器。人力主要是指体力劳动，如用手除草或砍伐森林；或智力劳动，如医生诊断疾病或法官判决案件。一般来说，体力劳动需要身体健康、青春活力和充足的营养，而智力劳动则需要正规的学校教育、培训、指导和经验。

随着时间的推移，人类制造了越来越强大的机器来代替人类的肌肉。在古代社会，几乎所有的生产都是通过人类的体力劳动，借助于小规模的工具，如燧石、锥子、弓箭、容器和锤子等来完成的。那时的运输是把货物从一个地方运到另一个地方，交流是通过口头完成的。今天，机器已经取代了大多数繁重的体力劳动，而且工作也越来越智能化。即使如此，在未来的几十年里，智能机器还将进一步取代人类工作。

经济学家已经确定了这三个产业中一个反复出现的基本的变化模式。在旧石器时代，在农业出现之前，所有人都是第一产业的一部分，生产活动包括狩猎和采集；工业产业只占生产活动的很小一部分：制造工具和武器，建造住房，缝制衣服，准备食物；服务是在家庭或在家族内部进行的。在新石器时代，随着农业的出现，大约 90% 的人仍然从事第一产业，仅 10% 的人从事工业（建筑、冶金）和服务业（宗教、公共管理）。事实上，在人类历史的大部分时间里，第一产业占据了人类活动的 80% 或更多，工业和服务业只占据不到 20% 的份额。

18 世纪开始，随着科学农业（包括早期机械化和关于土壤养分的科学知识）的出现，第一产业的就业比例开始下降。原因很简单，一个社会必须投入足够的劳动力来养活人口，当农业处于初级阶段时，每个家庭几乎都没有足够的粮食来养活自己。因此，几乎每个家庭都必须从事农业生产以提供生存所需的粮食。当农业现代化，每个农民所生产的粮食产量上升时，一个家庭可以养活自己和许多其他人。在今天的美国，一个农民可以养活大约 70 个家庭，因此农业就业人口只占社会劳动力的 1.4%。

图 1.4 中所示的是全球不同产业按时代分布的模式，在每个关键

时期都用估计的数字来说明。在旧石器时代，全部的工作即狩猎和采集都属第一产业。今天，第一产业（农业和矿业）就业约占全球就业的28%，第二产业就业约占全球就业的22%，而第三产业（服务业）就业约占全球就业的50%。在未来，第一和第二产业的份额将随着就业机会继续向服务业转移而继续下降。在美国，就业从第一产业到第三产业转换的步子更大。美国第一产业的就业现在仅占总就业的2%，工业（建筑和制造业）仅占13%，服务业占所有就业的85%[7]！在21世纪的进程中，全球就业将继续不可逆转地转向服务经济，因为机器将越来越多地接管农业、矿业、建筑和制造业的任务。

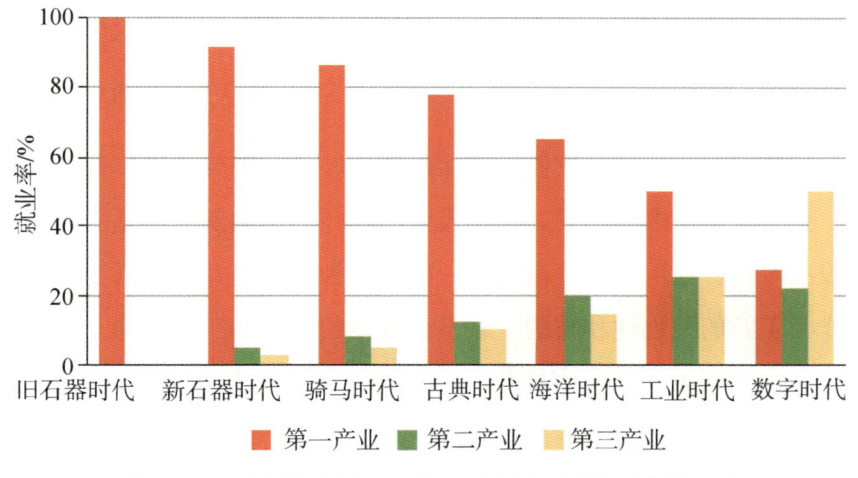

图 1.4　七个时代中第一、第二、第三产业就业份额估计数

地理、技术和制度的相互作用

任何时间、任何地点的经济体系都建立在三个基础之上：地理、技术和制度。当然，这三者是相互依存的。以工业时代最重要的发

明——燃煤蒸汽机为例，蒸汽机为工厂和运输的动力提供了一种绝妙的新方法，从而带来了工业化，并最终极大地提高了生产力和生活水平（同时在短期内使许多人流离失所，甚至陷入贫困）。

18 世纪英国蒸汽机的发明取决于其地理位置。具体来说，就是英国有煤矿，而且煤炭可以以较低的成本开采和运输。同时，蒸汽机的发明和应用也依赖于英国的经济体制。现代蒸汽机的发明者詹姆斯·瓦特可借此获利。他之所以能这么做，一方面是因为英国为知识产权提供了法律保护，并提供了一个销售产品的市场。瓦特为他的发明申请了专利，并成功地把它变现。另一方面，因为工业家可以根据英国法律随时设立自己的公司，他们便愿意购买瓦特的蒸汽机专利并投入应用。

长期以来，经济学家们一直在争论，经济的繁荣和进步究竟是地理、技术还是制度的结果。一些人大声疾呼，认为制度才是关键，因为没有专利，就不会有蒸汽机。一些人认为技术是关键，因为没有瓦特作为工匠的独创性和技能，就不会有他的专利和工业革命。另一些人则认为地理因素起决定性作用，如果没有煤炭在地理上的可及性，瓦特的聪明才智充其量也只是纸上谈兵。

显然，这场辩论是误入歧途了。工业革命的产生是地理、技术和制度相互作用的结果。这种复杂的相互作用，正是工业革命成为如此非凡事件的原因。许多因素结合在一起才产生了商业上成功的蒸汽机的突破。为了理解这个动态的变化，我们需要在地理、技术和制度这三个支柱之间进行交叉思考，如图 1.5 所示。这三个领域是相互依存的，如果不把这三者都考虑进去，我们就无法理解经济史和经济发展。

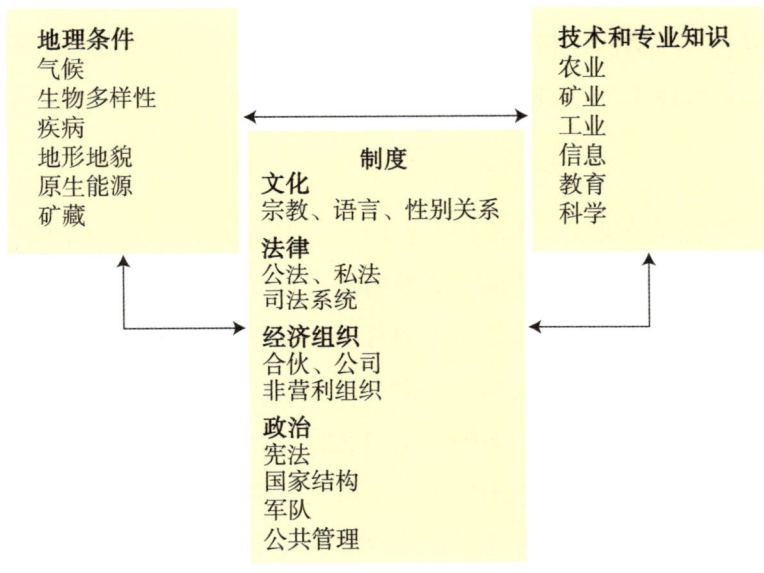

图 1.5　地理、技术和制度

　　让我们来看看地理、技术和制度的一些具体层面。地理方面至少包括六个主要因素。第一是气候，指的是全年典型的温度和降雨模式，它决定了可以生产的作物种类及可以饲养的家畜种类，以及人类工作和居住的适宜性。第二是生物多样性，包括特定动植物物种的存在或缺失。第三是疾病发病率、传播和流行的模式，这些模式由气候、生物多样性、人口密度和进化的偶然性所决定。第四是自然地形和近海程度、河流和山脉走向。第五是原生能源的可得性。第六是铜、铁、锡、金等矿藏。

　　地理因素必须根据当时拥有的技术加以考虑。一个经济体既依赖于它的物质资源基础，也依赖于利用这些自然资源的专门知识。由于每一个全球化时代都是依据相应的先进技术来划分的，地理的内涵也随着技术的进步而改变。在马被驯化之后，大草原具有的意义比以前要大得多。在蒸汽机和内燃机发明之后，煤和石油储量就变得至关重要。随着低成本光伏能源的应用，沙漠的强光照在未来将更有利用价值。

这样的例子贯穿于人类的实践中。掌握火的使用让早期人类能够迁移到更冷的地区。农业的多点发明使人类在冲积平原上密集地定居成为可能。马的驯化扩大了农业的范围。哥伦布的发现之旅最终导致欧洲人口大规模迁移到美洲。苏伊士运河和巴拿马运河深刻地改变了全球贸易的成本和模式。而随着全球变暖，北冰洋的新贸易路线可能也会发生同样的变化。英国大规模生产奎宁以控制疟疾，使欧洲人得以征服热带非洲。铁路打开了大陆内部粮食生产和贸易通道……这样的例子不胜枚举。因此，地理的经济重要性一直被不断变化的知识和技术重塑。

我们应该记住，地球的自然地理本身以长期变化为前提。的确，在 21 世纪，人类正在危险地改变着地球的自然地理。地球自然地理的自然变化从根本上重塑了人类的进化和全球化的不同时代。随着地球轨道特征的变化，最后一个冰河时期的结束为农业、定居生活和文明本身提供了可能，同时也导致海平面上升，从而淹没了连接亚洲和美洲的白令海峡大陆桥。公元前 5000—前 3000 年，非洲萨赫勒地区的干旱造就了广袤的撒哈拉沙漠，也可能导致了尼罗河沿岸人类定居点的密集化，从而产生了古埃及文明。16 世纪美洲原住民人口急剧下降，导致土地重新被森林覆盖而减少了大气层中的二氧化碳，这可能是 17 世纪初欧洲出现小冰河期的原因，可能后者又进一步引发了欧洲三十年流血冲突和其他政治动荡[8]。环境变化及其对人类社会影响的其他例子包括过度开发农田导致土壤养分枯竭，病原体传播到新的种群，人类活动造成的动植物物种灭绝（如美洲的马），以及其他变化如河流改道、天然港口改变位置等。

社会制度是社会变革的第三个基本驱动力，包括日常生活中的文化、法律、组织和政治规则。文化习俗包括宗教仪式、语言运用、两性关系模式和奉行的哲学思想。法律实践包括商法（适用于设立企业和签订合同）、私法（适用于婚姻和继承）、公法（适用于公共管理）以及冲突裁处和法律实施的系统。经济组织包括商业合伙、公司和非营利组织。政治规则，如宪法，定义了国家权力的组成，用马克斯·韦伯的说法，是以国家"合法使用暴力的垄断"来支撑的。制度创新当然是人类历史的基本决定因素。就像技术创新一样，它们也在全球传播，由移民、军队征服者、学者、外交官、旅行者，甚至是报道世界其他地区动态的间谍来传播。

地理优势

尽管不公平，但在全球化的大多数时代，世界上某些地区确实比其他地区更具经济发展的优势。比如，与非洲、美洲和大洋洲相比，欧亚大陆一直优势明显；相对于其他气候，温带气候区更受青睐；沿海地区相对于内陆地区更有优势；可获得原生能源的地方也占有相对优势。让我们依次分析这些优势。

欧亚大陆的优势

欧亚大陆是欧洲和亚洲连接而成的，占世界陆地面积的 43%

（不包括南极洲），目前约占世界人口的70%。在过去的两千年里，它一直是大约80%的人类的家园，直到1980年才降至75%以下。纵观历史，直到19世纪末美国崛起之前，欧亚大陆一直在技术创新和经济活动方面引领世界。如图1.6所示，根据安格斯·麦迪森对产出的估算，从公元1年到1820年的很长一段时间内，欧亚大陆占世界总产量的90%左右[9]。在1820年美国完成工业化之后，欧亚大陆的产出占世界产出的份额下降到58%。但到1950年，它又与第二次世界大战后的东南亚一起增长，2008年达到67%左右。

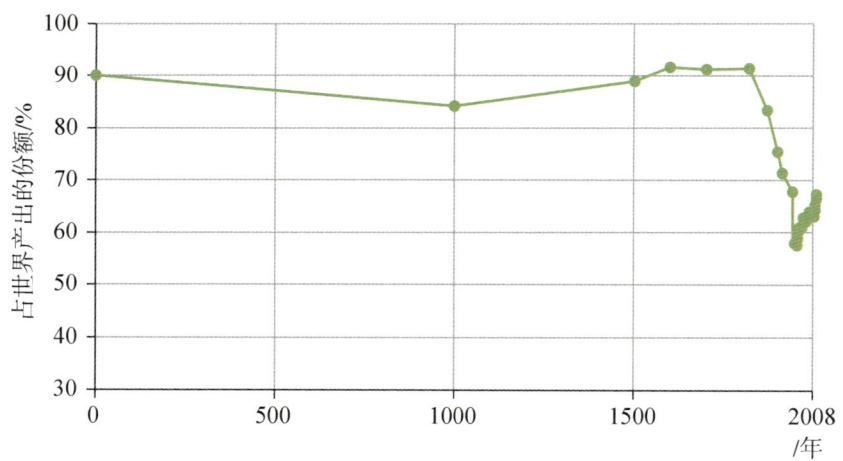

图1.6　欧亚大陆占世界产出的份额，公元1年至2008年

资料来源：Angus Maddison. "Statistics on World Population, GDP and Per Capita GDP, 1—2008 AD." *Historical Statistics* 3（2010）：1-36.

在人类历史的大部分时间里，直到最近，欧亚大陆之外的世界其他地区，包括美洲、非洲和大洋洲，在技术应用和经济发展方面普遍远远落后于欧洲和亚洲的领先者。从海平面在最后一个冰河时代末期上升后，美洲和欧亚大陆被分开了大约一万年，这种情形一直维持到哥伦布航海。到公元 1000 年，欧亚大陆的人口占世界人口的 77%，而美洲的人口仅占世界人口的 8%。因为人口比例太小，而且分散在各地，所以美洲技术发展的速度远远赶不上欧亚大陆。非洲的人口仅占世界人口总数的 14%，虽然北部非洲和非洲之角与欧亚大陆紧密相连，但撒哈拉以南的非洲被广阔的沙漠切断，更不用说还有生态壁垒，如地方性疟疾和锥虫病（一种折磨牲畜和人的昏睡病）了。大洋洲也与欧亚大陆隔绝，人口不到世界总人口的 1%。

美国是证明欧亚大陆规则的例外。今天，它是世界上最富有的经济体，但在人类历史的大部分时间里，北美都是贫穷和人烟稀少的地区。北美有着无与伦比的地理优势：温和的气候，广阔肥沃的土地，可通航的河流，广阔的海岸线，以及丰富的矿产和能源资源。然而，如果没有旧大陆的技术，如马力、冶金、小麦种植、书写系统、科学和数学等，美国的经济发展也只会止步于狩猎、采集和一点点农业。在哥伦布航行之后，越来越多的欧洲殖民者到北美定居，他们在向整个大陆扩散的过程中对当地居民施加了可怕的暴力。到 19 世纪末，美国已经成为世界上最富有的经济体，这与它的地理优势相符。这些成果完全被欧洲殖民者和他们的后代占有了。

温带气候的优势

根据广泛使用的柯本-盖格尔（Koppen-Geiger）气候分类系统，世界上的气候分为六个主要区域：热带、干旱区、温带、寒带、高山和极地。热带地区终年炎热，雨量充足，适合农业生产。干旱地区常年干旱，导致沙漠或草原的形成，适合饲养牲畜，但不适合大量的农作物生产（灌溉河谷除外）。温带地区有冬夏两季，雨量充足，适合农作物生产。寒带地区的冬天漫长而寒冷。高原和极地位于高海拔或高纬度地区（靠近北极和南极），人烟稀少。

这些气候区如图 1.7 所示。让我们从赤道开始，从热带（用红色和粉红色表示），然后向极地移动（向北半球的北极和南半球的南极移动）。我们首先穿过干旱地带（黄色和米黄色），然后穿过温带（绿色），再穿过寒冷地带（紫色），最后到达极地（浅灰色）。高原（或山地）区域用咖啡色表示。

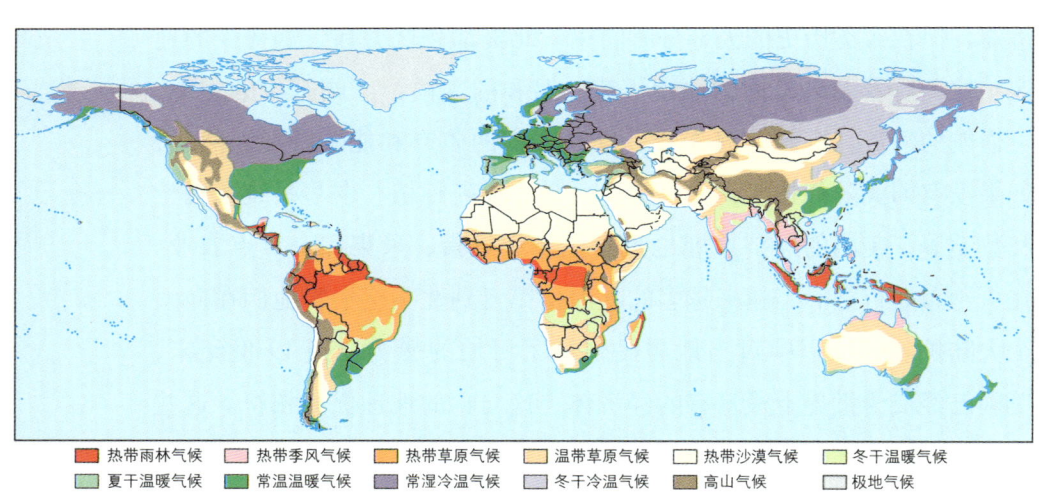

热带雨林气候　热带季风气候　热带草原气候　温带草原气候　热带沙漠气候　冬干温暖气候
夏干温暖气候　常温温暖气候　常湿冷温气候　冬干冷温气候　高山气候　极地气候

图 1.7　柯本-盖格尔气候分类系统

与其他气候区相比，绿色的温带地区长期以来在经济发展方面拥有显著的优势。由于冬夏交替以及充足的全年降水量，中纬度的温带地区一直是谷物（小麦、玉米、大米）生产和混合农场系统（结合粮食作物和农场动物）的主要地区。温和的气候适合马和其他驮畜，如驴和牛的生长。冬季阻断了疟疾等许多病媒传播疾病的传播。因此，欧亚大陆的大部分人口一直集中在温带气候区，特别是在中国东部、印度北部和西欧。

温带季风气候值得特别关注。季风气候覆盖了南亚、东南亚和东亚的大部分地区，其特点是夏季最潮湿的月份带来的降雨量是冬季最干燥月份的 10 倍以上。季风雨是亚洲高产水稻农业的命脉，而水稻反过来又养活了许多人。由于亚洲温带季风气候的影响，到 2020 年，南亚、东南亚和东亚的人口已占到世界人口的 55%。

热带气候区是热带雨林和热带稀树草原的家园，是非洲人类祖先的家园。然而，常年的高温给长期的经济发展带来了很多困难。这些困难包括高温下繁重的体力劳动，全年病媒传播的疾病，如人体内的疟疾和家畜体内的锥虫病等，以及病原体在食物和水中的迅速扩散。此外，由于土壤有机质分解得非常快，许多热带土壤的养分很容易耗尽。纵观历史，这些热带的不利因素对非洲的影响尤为严重，因为非洲大部分地区位于热带。

除了依赖灌溉，或者只生产像高粱和小米这样的短季、低产作物，干旱气候区对于大多数农作物生产来说都太干燥了。因此，干旱地区人口密度通常很低。当然，尼罗河、底格里斯河和印度河等河谷除外。在这些河谷，河流为灌溉提供了条件，冲积土又补充了土壤养分。除了河谷地区以外，大多数旱地农业都是建立在牲畜放牧的基础上的，不过放牧仅限于在旱地较湿润的部分，即草原上。欧亚大草原是野马的家园，也是马最初的驯化地。在工业时代之前的几千年里，大草原一直是连接东西半球之间以马为基础的交通和通信的"高速公路"，也就是后来广为人知的"丝绸之路"（19 世纪前这些古老的贸易路线的名字）。

除了加拿大和俄罗斯等这些较适宜种植小麦的地区外，寒带地区的生长季节太短、太冷，无法支持高产作物的生产。由于气候干燥，人口密度往往较低。这些地区的其他农业活动有伐木、捕猎动物以获取毛皮、捕鱼和放牧驯鹿等。

高原的独特之处在于它们的运输成本非常高，而且由于高山气候和陡峭的山坡，它们的地形往往不利于作物生产，但咖啡和茶等特色作物却可以在这样的高海拔地区茁壮成长。更大的优势是，高原通常有丰富的矿产，且高原社会往往在抵御来自低地的攻击方面具有决定性的优势。高原典型的特征是低人口密度、文化与低洼地带截然不同、在一个小区域内存在许多不同的语言或方言、强烈的独立传统以及对采矿的热衷。到了 20 世纪，山区特别适合低成本水力发电，比如瑞士。

人口密度是一个用来代表不同气候区农业生产力的有用的速写指标，因为适宜的气候比恶劣的气候能养活更多人口（以每平方千米计算）。因此，让我们考察一下欧亚大陆在公元前 3000 年、公元 100 年、1400 年和 2015 年这四个时期的人口分布情况，如表 1.2 所示。这四个时间被选来代表新石器时代结束的时期、古典时代高峰的罗马和汉朝时期、哥伦布之前的世界和当今的时代。在每一个时期，温带地区（C 气候区）的人口密度迄今仍为最高，接下来依次是热带地区（A 气候区）、干旱地区（B 气候区）、高山和极地地区（E + H 气候区），最后是作物产量低、冬天又特别寒冷的寒带地区（D 气候区）。

尽管从公元前3000年至2015年，欧亚大陆的总体人口密度增长了近100倍，从每平方千米1人增加到每平方千米94人，但按气候区划分的人口密度的相对排名仍然保持不变。

表1.2 按气候区划分的欧亚大陆人口分布密度

（单位：人／千米^2）

气候区	公元前 3000 年	公元 100 年	1400 年	2015 年
A	1	4	11	243
B	1	2	3	66
C	2	10	17	252
D	0	1	1	29
E+H	0	2	2	33
欧亚大陆	1	3	5	94

资料来源：Author's calculations using HYDE and CIESIN data. See data appendix for details.

靠近海岸和河流的优势

经济繁荣依赖于贸易，因为任何地方都无法自行生产满足民生需要的全部品类的商品和服务。然而，贸易的可行性取决于低廉的运输成本。要运输大宗货物，水运一直是成本最低的运输方式。即使在古代，谷物也是通过地中海运送到罗马帝国的。陆路运输要贵得多，不仅要考虑运输本身（马、汽车、卡车、铁路）的成本，还要考虑沿途必要的基础设施（道路、铁路线）和安全。

因此，包括河流、湖泊和海洋在内的航道沿线地区长期以来经济一直得到优先发展。生活在远离水道的地方则一直是一个巨大的劣势，至于内陆的高山，几乎肯定是经济发展的障碍（美洲的高地文明是这一规律的少数例外）。亚当·斯密在他的《国富论》（*Wealth of Nations*）中有一段名言：

> 由于水运比陆路更容易负担，任何一种工业都是由水运打开了更广阔的市场。所以，每种工业总是从海岸线或通航的河岸产生，然后自然地细分和提高，往往直到很长一段时间之后，这些发展才扩散到内陆地区。[10]

在河谷定居还有另一个重要的优势：农业生产力。河流为灌溉提供了淡水，在传统的河流农业系统中，如尼罗河沿岸、底格里斯河和幼发拉底河，由于河流携带的精细的沉积物从山上流向河谷，每年的洪水给土壤补充了养分。由于具有低成本运输和高粮食产量的双重好处，最早的国家都是沿着河道形成的。例如，在公元前 3000 年，尽管河谷仅占欧亚大陆陆地面积的 18%，但大约 30% 的欧亚大陆人口生活在河流沿岸 20 千米的范围以内。换句话说，靠近河流地区的人口密度大约是远离河流地区的人口密度的两倍。

事实上，从古到今，世界上大多数主要的定居点和城市都是沿着河道或海岸建造的。河边的城市一直是农业中心，沿海城市一直是工业、贸易和创新的中心，是全球知识和文化网络的中心。截至 2015 年，尽管海岸附近的土地面积只占总数的 20% 左右，却有大约 38% 的世界人口居住在这沿海 100 千米的范围内；尽管河流沿岸 20 千米的区域只占总陆地面积的 16% 左右，却有 28% 的世界人口生活在这一区域。在整个文明的进程中，至少可以追溯到公元前 3000 年，世界上大约 30% 的人口居住在海洋附近，另外大约 30% 的人口居住在河流附近[11]。

各大陆在沿海及近河的程度上有显著的不同。在这方面，欧洲特别幸运：欧洲 51% 的陆地面积在距离海洋 100 千米以内，25% 的陆地面积在距离河流 20 千米以内。欧洲大约 80% 的人口（2015 年数据）居住在水道附近，要么是沿海，要么是靠河。欧洲拥有温带气候的优势，而且水上贸易非常方便。另一方面，今天的独立国家联合体（简称独联体），也就是前俄罗斯帝国，仅约 16% 的领土在距海洋 100 千米的范围内，另外仅约 19% 的领土在距河流 20 千米的范围内。独联体人口中只有 14% 生活在海洋附近，39% 生活在河流附近，约占总人口的一半。独联体靠北方，寒冷又远离海上航线。俄罗斯的贸易途径是内河和陆路，而不是海洋。长期以来，这些特征决定了俄罗斯的历史。在亚洲，大约 40% 的人口生活在海岸附近，另有 30% 生活在河流附近，沿海靠河的程度介于欧洲和独联体之间。

拥有原生能源储备的优势

经济发展受到能源供应的限制，这包括工业（如冶金）、农业生产（如耕种）、运输和通信。原生能源包括生物数量、化石燃料（煤、石油和天然气）、风能、水能、太阳能、地热能、核能（铀）和海洋能等。当然，开发它们的能力取决于技术性的专门知识。在历史的大部分时间里，能源来源于动物的力量和人类的辛勤劳动，因此最终依赖于食物和运输用动物的饲料的供应。那些骑着马征服了这片土地的伟大的欧亚帝国的统治者，归根结底依靠的是广袤的草原，靠它攫取太阳能生长的草料喂养数量庞大的骑兵马匹。

从古代开始，能源的表现形式还包括风力帆船、风车和水轮。发明了蒸汽机之后，化石燃料在 19 世纪和 20 世纪的经济中占据了主导地位。那些幸运地拥有经济上可开采的煤炭的地方往往比那些没有煤的地方更早实现工业化。在 21 世纪，我们将不得不转向零碳排放能源，即风能、太阳能、水能、地热和海洋能，以避免因化石燃料引起的全球变暖的巨大风险，因此，地理的优势将再次发生变化。我们还将依赖巨大的技术进步发展新能源，比如通过光伏利用太阳能。

地缘政治和全球化

自从人类从非洲开始大迁徙，甚至在那之前，在非洲内部，人类群体间就一直为了争夺领土和满足基本生存需求（包括水、食物供应、家园和矿物）在互相争斗。事实上，人类的天性是由领土竞争锻造的，这种竞争既在我们的基因和文化中灌输了抱团的非凡能力，同时又根深蒂固地埋藏着对其他族群（根据种族、宗教、语言、国籍、起源地和其他身份的标志）的冲突和不信任。

至少从公元前 2000 年开始，全球化就涉及帝国之间激烈的地缘政治、经济和军事竞争。第一个伟大的西方历史学家希罗多德描述了希腊城邦和波斯帝国之间的竞争。从那以后，全球化导致了一系列相互竞争的帝国的兴衰：亚述、亚历山大大帝统治下的马其顿、希腊帝国、罗马、波斯、中国的历代王朝、印度帝国、阿拉伯帝国、欧洲帝国、苏联、美国。大约从 1600 年开始，欧洲帝国对世界其他地区的影响力越来越大，到工业时代，英国和美国先后成为全球霸主。

地理、技术和制度之间的关键联系之一是军事技术与自然地理和政治制度的相互作用[12]。全球化时代是以交通、通信、能源、食品生产、公共卫生、建筑和其他领域的技术创新来区分的，这些领域通常包括军事技术和相关力量的重大变化。革新者往往在军事力量上获得决定性的（尽管是暂时的）优势，这种优势通过军事征服导致了全球力量的剧变。通常，这些创新迟早会扩散到对手那里，并常常导致征服者和被征服者命运的决定性逆转。

当然，军事技术是多维的、高度复杂的，涉及攻与防，海陆空，轻、重武器以及现在的核武器，后勤和运输，通信、欺诈和心理战，等等。我们可在此提及一些开启了新的全球化时代的关键的军事技术突破。例如，马拉战车使美索不达米亚的城市成为国家，让埃及王国统一和控制了上、下埃及。在骑兵的支援下，希腊和罗马集结的步兵方阵，在陆战中取得了重大的胜利。马其顿方阵因发明了长矛而获得了力量，这使亚历山大在征服亚洲时获得了决定性的优势。希腊和罗马的木桨战舰是对抗敌方海军的有效打击手段。马背上的草原弓箭手则可向对方的步兵开弓射箭。

中国发明的火药，在几个世纪后导致火枪和其他火器的出现，从而彻底终结了弓箭手的优势。火炮为奥斯曼帝国、蒙古帝国和帖木儿帝国取得的辉煌胜利提供了解释。当包括西班牙、葡萄牙、荷兰和英国在内的大西洋强国成功地为他们的远洋船只增加了大炮的威力时，他们就能够控制印度洋的贸易路线。英国早期的工业化极大地增强了它的军事力量，比如蒸汽驱动的海军舰船、大规模生产的火器和重炮、机关枪、铁路和电报支持的后勤运输，以及在 20 世纪早期的装甲运兵车和坦克，等等。20 世纪头 10 年，动力飞行的发明使得早在 1912 年的第一次巴尔干战争中就出现了飞机轰炸，后来在第一次世界大战中出现了规模更大的飞机轰炸。到 1945 年，第二次世界大战则引入了弹道导弹和原子弹。

历史的一个永恒主题是，军事技术的重大变革几乎不可避免地会同时导致政治制度的深刻变革。例如，在新的军事优势的推动下，较大的帝国往往会产生新的政治控制形式，以便管理更多的人口和领土。需要大量国家支出的武器系统会使大国比小国更有优势。相比之下，一些军事创新节省了成本，因此对较小和较贫穷的国家有相对的促进作用。

在 21 世纪初，我们再次进入一个新的地缘政治时代。随着亚洲在技术、经济和军事的先进性上迈入西欧和美国的行列，力量正变得更加分散。中国、印度、朝鲜和巴基斯坦是核大国。数字技术的新时代不仅在总体上推动着全球力量关系的转变，而且还可能产生新形式的网络战。

关于地缘政治，值得注意的是全球变化的迅速程度，帝国以惊人的速度起起落落。在 1914 年，英国仍然统治着世界。到了 1960 年，大英帝国基本上已经消失，苏联似乎在挑战美国霸权的领导地位。到 1991 年 12 月，苏联也从地图上消失了。在我们这个时代，中国的崛起、印度的发展和非洲人口的激增，都预示着 21 世纪的世界将截然不同。鲍勃·迪伦的歌词听起来如此贴切：

> 现在轮到失败者了，
> 他们未来会成功，
> 因为他们在随着时间而改变。

以古观今

这些决定性的变化中有许多是由技术变革带来的，技术变革造成了新的权力的不平等，进而导致了新的战争。这是全球化的现实，必须成为我们研究的基础。然而，我们承受不起另一场全球战争。我们今天拥有的技术意味着另一场全球战争可能会是人类的自我灭绝。

我们可以引用约翰·肯尼迪总统在他 1961 年的就职演说中对我们当今生存现实的睿智的判断："这个世界已今非昔比，人类的血肉之手掌握着消灭一切贫困和生命的魔力。"这是我们自己总结的关于全球化的真相。我们不能承受过去那种混乱，否则我们会失去一切。

考虑到这一点，希望我们在回顾历史、洞察未来的同时，思考一下我们这个时代的三大问题。第一，在这个全球化的第七个时代，世界能选择一条共享繁荣、社会包容和环境可持续的道路吗？我们可以称此为可持续发展的挑战。第二，如果英国、美国的时代已经结束，而我们现在处于一个真正的多极世界，我们应该如何组织全球治理？我们可以把这称为多边治理的挑战。第三，全球和平有可能实现吗？如果有可能，要以什么样的人类共识和道德标准来实现？我们可以称此为普世价值的挑战。

全球化的各个时代扩大了我们的视野，增强了我们之间相互依存的关系。我们已经学会了全球化思考。通过了解我们共同的历史和共同的弱点，我们也可以把握人类共同的利益和价值观。这样，我们也可以找到一条共享繁荣与和平的道路。

02
旧石器时代

（公元前 7 万年至公元前 1 万年）

我们的物种——人类，其进化历史可以追溯到大约 600 万年前的非洲，当时我们的祖先类人猿分化成两个分支，一个进化成现代人类，另一个进化成现代黑猩猩和倭黑猩猩。大约 400 万年前，当人类的生物祖先开始用双脚行走时，人类出现了。人类第一次从非洲大规模迁移是在大约 200 万年前，甚至更早。当时一个早期的人属物种离开非洲，前往欧洲和亚洲。在解剖学意义上的现代人类到来之前，包括尼安德特人、丹尼索瓦人等在内的前现代人类物种，就已经在亚洲和欧洲进化了。在欧洲和亚洲各地都发现了几十万年前使用石器的古人类猎人的遗骸。这确实是第一次全球化，但不是由解剖学意义上的现代人类完成的。

人类在进化上的巨大进步包括大脑容量的大量增加，尤其是用于认知的额叶皮层。这一进化过程被称为"脑化"，可能发生在早期人类学会改进狩猎和烹调肉类的方式之后，由此产生了集中的能量可以支持更大的大脑，并极大地提高认知能力。人类的大脑需要消耗大量的能量，就像大型科技公司的高耗能数据中心一样。解剖学意义上的现代人类或智人的大脑，约占我们体重的 2%，却消耗了我们代谢能量的 20%。

充分的证据表明，在大约 20 万年前，也就是旧石器时代中期的开始，智人首先在非洲大草原上出现（尽管我们必须强调，基因和化石的发现会继续改变着这个估计的年代）[1]。根据进化生物学家 E.O.威尔逊的研究，人类的基本特征，包括我们的团体合作能力，专业术语上称之为真社会性，以及我们对团体外明显的攻击性态度，是非洲大草原上群落之间的领土竞争和自然选择的产物。旧石器时代的人类生活在一个 25~30 人的小型狩猎采集群落中，其营地季节性地围绕着营火变换[2]。

在威尔逊看来，自然选择赋予了人类行为的特征，包括语言和群体内的合作，这有助于保护营地。与一些昆虫社会相似，但与其他类人猿不同的是，智人变成了完全群居的，或者说，高度社会化的物种。与此同时，群体内的社会性与对群体外的攻击性相辅相成。团体内部的合作是因群落之间的战争而产生的。因此，团体合作，更大的大脑，更多的肉食消费，以及以营地为基础的狩猎社会的共同作用，使我们独特的人性得以形成。

全球化的第一个时代

根据最新的证据，智人可能早在 18 万年前，甚至更早就开始从非洲向外迁徙，到达了红海边的某些地方，也可能到达了今天地中海沿岸的以色列[3]。然而，这些走出非洲的第一批移民群体似乎没有存活下来。第二次迁徙，也就是众所周知的非洲大扩散，开始于 5 万年至 7 万年前。这些群体确实存活了下来，并继续在世界各地迁移和扩散。在这次大扩散中，人类越过红海进入阿拉伯，穿过狭窄的大陆桥从埃及进入东地中海。此后，早期人类从阿拉伯和黎凡特向亚洲和欧洲扩散，大约在 4.5 万年前到达欧洲。在这个过程中，他们遇到了其他的原始人——现已灭绝的尼安德特人和丹尼索瓦人。

图 2.1 总结了最近关于非洲大扩散的理论。它显示了现代人类物种到达各地的估算时间：6 万年前到达近东，4.5 万年前到达欧洲和大洋洲，1.5 万年前到达美洲[4]。不过，基因学家、人类学家、考古学家和其他专家仍然对扩散到某一具体地点的准确日期争论不休，且各

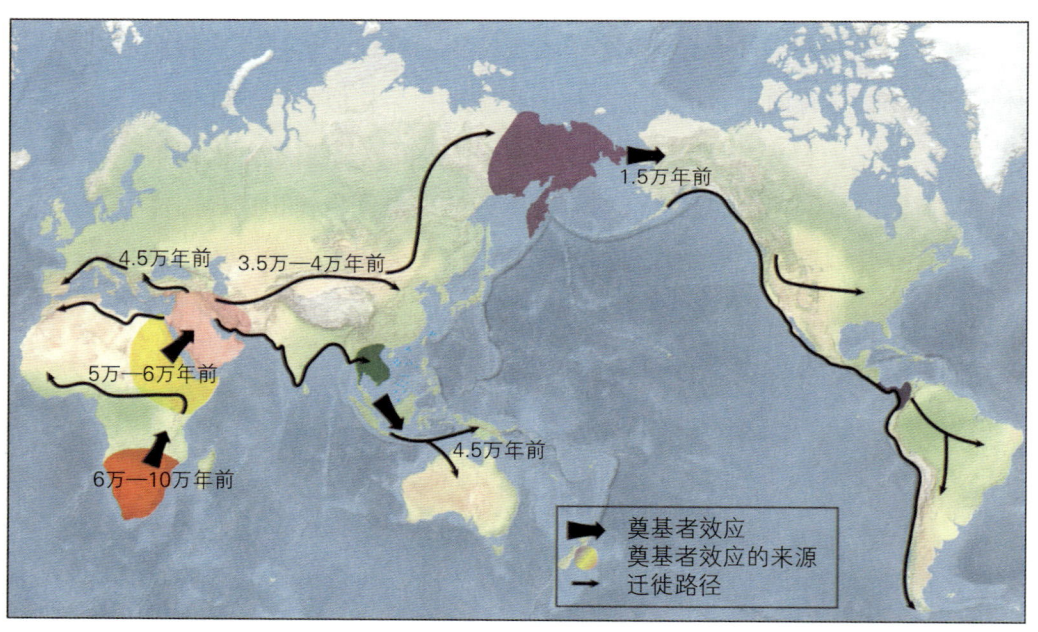

图 2.1　旧石器时代人类的扩散

资料来源：Brenna M. Henn, L. L. Cavalli-Sforza, and Marcus W. Feldman. "The Great Human Expansion." *Proceedings of the National Academy of Sciences* 109, no. 44 (2012)：17758 - 64. doi：10. 1073/pnas. 1212380109.

自都有自己的证据和方式予以支持。离开非洲的人类后裔是否也有一部分回到了非洲，以及现代人类是如何以及在哪里与非洲以外的原始人相遇，这些基本问题都还没有定论。

当人类在 4.5 万年前左右到达澳大利亚时，这些新到达的狩猎采集者很快就将许多巨型动物（有的体重超过 44 千克）捕杀殆尽[5]。大约 85% 的大型哺乳动物在人类到来后不久就灭绝了，许多鸟类和爬行动物也一样。目前人们争论的是，这些物种的灭绝是由于人类的过度捕杀，还是狩猎和气候变化共同造成的。最近研究发现的证据表明，绝大部分责任应归咎于猎人的过度捕杀。[6]

在美洲，同样的事情发生在大约 3.3 万年后。穿过白令海峡而来的狩猎采集者导致了长毛象、乳齿象、沙斯塔地懒、剑齿虎以及最重要的野马的灭绝。在美洲，过度捕猎和气候变化似乎在物种灭绝中起到了协同作用。野马和长毛象很可能是由于人类猎取这些动物的肉而灭绝的。剑齿虎的灭绝可能更为间接，是由于人类狩猎采集导致剑齿虎的猎物数量减少所致。其他巨型动物，包括巨型树懒和乳齿象，可能不是由于人类狩猎而灭绝的，而是在更新世末期，即 1.29 万至 1.7 万年前全新世前夕突然出现的寒冷期的气候造成灭绝的。

野马的灭绝对美洲原住民来说是毁灭性的打击[7]。这意味着在接下来的 1 万年里，美洲原住民将无法享受到马匹作为交通工具和动物牵引工具带来的巨大好处。当欧洲征服者骑着马到来时，当地人才再次见到了马，但那时已经太晚了。欧洲人在军事力量上具有压倒性的优势（包括强大的马力），他们还携带着旧大陆的病原体，这些病原体杀死了当地人，使得为数不多的欧洲人征服了数量多得多的当地人。

智人的到来也可能导致了最接近我们的尼安德特人和丹尼索瓦人的迅速灭绝。4万—5万年前，智人和尼安德特人在欧洲和亚洲共存了大约1万年。尼安德特人大约在4万年前灭绝，但确切的时间和原因仍然是个谜。有可能是智人在与尼安德特人的竞争中胜出，无论是在领土上的直接竞争，还是因狩猎采集更成功从而剥夺了尼安德特人的生存空间，这一过程被生态学家称为竞争排斥。尼安德特人有一定的智力和适应能力，使他们能够生存几十万年。但智人确切的优势尚不清楚，可能包括更强的语言能力、更强的控制火的能力、更强的合作能力或其他特征。具体原因很大程度上仍是未解之谜。

不过，现在可以确定的是，智人和尼安德特人混血了。尼安德特人的基因进入了在欧亚与之相遇的走出非洲后的人类的基因组。现代欧亚人有大约2%的基因组遗传自尼安德特人。同样，大洋洲原住民约有5%的基因组遗传自丹尼索瓦人，西藏人的一些基因也是如此，显然，智人在青藏高原上遇到了丹尼索瓦人[8]。尽管智人人属中只剩下一个物种——人类，我们确实含有祖先的这些亲戚的某种基因。

文化加速

地球科学家的研究表明，在上更新世的最后一个冰河时期，人类由紧密相关的个体组成的小群落生活在一起，经济建立在游牧的狩猎采集基础上。不可避免地，人口密度很低，可能每平方千米一个人左右。在从大约5万年前开始的漫长的游牧生活中，人类社会通过生物进化和文化进化的结合取得了进步。

根据现代证据，人类文化发展的加速大约发生在旧石器时代中期到旧石器时代晚期这个过渡时期。人类学证据表明，艺术、语言和宗教习俗在这一时期出现，或至少是这些文化习俗在此时有了很大的进步。可以追溯到这一时期的文化成就至少包括营地和定居点、储藏井、洞穴绘画和岩石雕刻、雕像雕刻、钓鱼、使用新材料如骨头、进一步分门别类地制造工具和身体装饰，以及长距离交换珍贵物品等。

这场文化革命的起因仍是未知且有争议的[9]。一些神经科学家推测，语言和其他文化突破的出现取决于人类神经解剖学的生物学变化，换句话说，是物种的进化[10]。其他科学家对这一结论提出了质疑，他们认为旧石器时代晚期的进化本质上是一场文化进化，而不是生物进化，并将其与下一章中描述的新石器时代晚期的农业革命进行了类比。新石器时代的进化很可能是由于文化和生态因素，而不是人类的任何生物进化。

不管原因是什么，人类在旧石器时代晚期在语言、艺术、宗教和其他文化方面实现了一定程度的"现代性"。人类文化开始繁荣。人口的增长可能是文化变迁的原因，也可能是文化变迁的结果。更高的人口密度可能增加了不同群体之间的生存竞争。这种激烈的竞争反过来又可能加速了文化进化和向群体内合作的生物进化。文化上的突破反过来又带来了许多其他的进步。人类迁徙到了新的地区，包括欧亚大陆更北的地方，最后跨越白令海峡，或者沿着太平洋沿岸的白令海峡，在 1.4 万年至 1.6 万年前进入了北美[11]。

我们可以有把握地说，语言是上更新世最伟大的"技术"突破。它带来了更为复杂的社会生活，一种由代代相传的文化发展构成的社会记忆，以及社会内部日益增长的劳动分工。简而言之，语言为高度的群体内的社会性、复杂的文化、技术提升和知识的代代相传提供了基础，所有这些都从那时起就定义了我们这个物种。

旧石器时代晚期的人类社会

旧石器时代晚期人类社会的轮廓对我们很有意义。更多地了解这些早期社会将帮助我们了解我们在定居、农业和现代文化层层叠加之前的核心人性。这些史前的大部分情况都消失在时光的迷雾中。尽管如此，孜孜以求的学者使用各种学科的工具，如人类学、考古学、史前语言学、遗传学、人类学和现代狩猎采集群落等对旧石器时代晚期的狩猎采集社会的形态作出了明晰的判断，主要包括：社区的规模、内部结构和层次、群体内的行为和群体外的行为、战争与和平等。

墓葬证据、古代遗址的遗传分析和现代狩猎采集社会的模式都表明了群落内的等级结构。最小的单位是队，大约 50 人，聚集在夜宿的营地周围；上一层是氏族，人数大约是队的 3 倍，估计有 150 人；再上一层是大队，人数大约是氏族的 3 倍，也就是 500 人左右；最高的群体层次是部落，人数又是大队的 3 倍，大约有 1500 人。一些学者认为，150 人左右的氏族规模反映了人类对亲密群体规模的认知限制。即使在今天，商业团队和紧密联系的社交网络通常也是这种规模。来自现代狩猎采集群落和至少一个墓葬地［俄罗斯松基尔遗址（Sunghir）的古老基因组记录］的证据表明，氏族通过保持更广泛的社会和交配网络来避免近亲繁殖[12]。

现代狩猎采集群落的证据表明，在这些社会中拥有一种平等主义的社会结构。而不像其他灵长类物种，如黑猩猩，有一个强大的统治——服从雄性的等级制度，人类在狩猎采集时期的社会结构似乎在本质上是平等的。金迪斯和他的同事认为有两股力量在起作用：一方面是部落内部在狩猎、烹饪、食物共享和养育子女方面的合作所带来的巨大好处；另一方面是致命的狩猎武器的广泛使用，这意味着氏族成员可以用这些武器来抵抗任何企图控制氏族的个人[13]。这种来自底层的平等主义——对权威的反抗，被称为"反向等级序列"。"领导者可能仍然很重要，但他们必须通过说服和能力而不是通过暴力来赢得自己的地位。"根据这种观点，在定居社会中，当国家积累了足够的权力以武力强加不平等时，等级社会结构才取代了平等主义。

正如威尔逊所强调的那样，在狩猎采集社会中，强大的群体内部的合作能力与其对外部群体实施极端暴力的潜力相辅相成。狩猎采集群体平时在部落之间维持着和平与合作的网络，但在保卫领土时，又会对外部群体使用极端的暴力。战争不是必然的，而是与环境有关，当一个群体受到威胁时，战争就会发生。在这种情况下，身份政治，即属于一个群体并与另一个群体斗争，是人类天性的一部分。

旧石器时代的教训

旧石器时代是整个人类历史的形成时期。在这一时期，人类从非洲扩散到世界各地，创造了最早的文化，发明了语言，建立了部落，增强了控制自然的能力，这在狩猎的进步、工具制造的进步和艺术的发明中得到了证明。人类适应了极其多样化的栖息地和气候区，并在迁移过程中随身携带了他们的发明，包括技术和制度。尽管证据有限，但这些早期社会是平等的，而不是等级森严的。此外，尽管战争也会在相互竞争的群体中爆发，但合作已经扩展到了各狩猎采集部落的网络中。

对旧石器时代的概述为我们今天提供了一些基本的教训，更确切地说，是警告。它迫使我们放弃一种自欺欺人的观点，即人类天生就与自然和谐、可持续地生活在一起，只有现代资本主义才造成了环境危机。我们现在意识到，即使是狩猎者与采集者，也可能造成环境剧变，并承受随之而来的巨大痛苦。当人类在 5 万年前迁徙到大洋洲，大约 1 万年前迁徙到美洲时，他们把大型陆地动物逼到了灭绝的边缘。他们还通过直接征服或竞争排斥的方式，使尼安德特人无法获得食物和住所，最终将人类的这一近亲推向灭绝。我们可能是我们自己最大的敌人，或者至少是我们同胞最大的敌人。环境的可持续性和跨文化的和平是不会自然形成的，而必须利用我们的理性和远见来建设。

03
新石器时代

（公元前 1 万年至公元前 3000 年）

从非洲开始的大扩散和后来现代人类跨越地球的迁徙，最终
在分散的村庄中诞生了永久的定居点，以及所谓的新石器
时代革命——大约1.1万年前农业的出现。最初，只有一小部分人类
永久性地从事农作物种植。随着时间的推移，越来越多的人类定居在
永久的农业地区，放弃了狩猎和采集的游牧生活。因此，新石器时代
因为农业而成为全球化的一个时代。

在西亚，农业在人类定居之前，即在大约1.45万年前就已经开
始了。其原因在于更新世末期和全新世初期的气候变暖。温度的上升
增加了粮食的供应，使东地中海地区的人们在种植作物前就开始建立
可以待得更久的营地，人口也随之增加。当然，在1.16万年前的冰
河时代末期和全新世开始之前，这一早期的定居生活方式在新仙女木
期最后一次寒潮的作用下发生过部分逆转。

图3.1以绿色表示最早出现农业的地区，紫色表示稍晚出现农业
的地区，棕色表示可以从生物地理推断有早期农业的地区[1]。关于农
业的兴起，我们知道些什么？我们知道农业是一种发明，在有人居住
的地方分别独立地出现。它涉及学习如何有选择地种植某些野生植物
种子的过程，尤其是草，这使人类能够种植作物，而不是简单地收集

这些植物的自然果实。

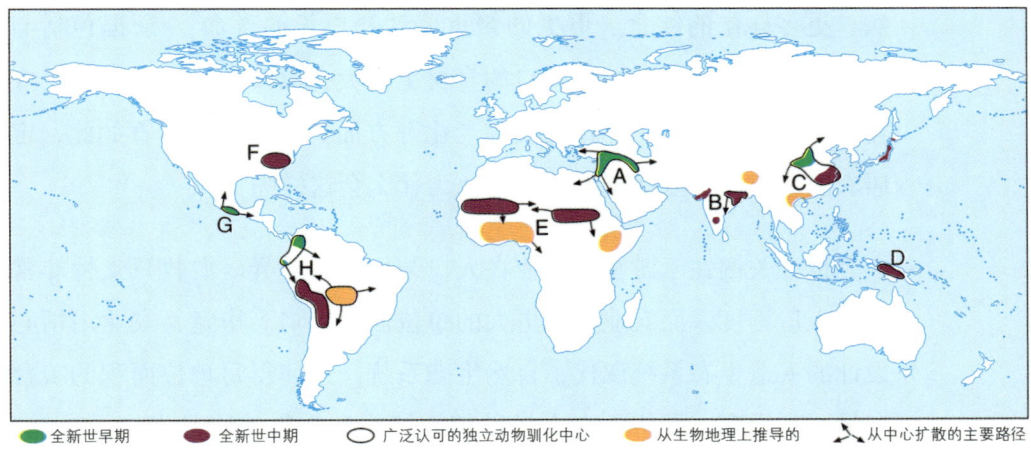

图 3.1　农业的起源

资料来源：Greger Larson, Dolores R. Piperno, Robin G. Allaby, Michael D. Purug-
ganan, Leif Andersson, Manuel Arroyo-Kalin, Loukas Barton, et al. "Current Perspectives
and the Future of Domestication Studies." *Proceedings of the National Academy of Sciences*
111, no. 17 (2014): 6139 - 6146. doi: 10. 1073/pnas. 1323964111.

　　不同地区农业的诞生几乎是同时发生的，在几千年的时间里出现
了多个类似的发现，大致与冰河时代的结束相吻合，这是一个惊人的
事件。在欧亚大陆，有两个主要的早期农业发源地。第一处是新月沃
土，从埃及尼罗河延伸到今天的伊拉克，小麦种植很可能始于土耳其
东南部。第二处是中国，在黄河和长江流域，人们在北方种植小米，
在南方种植水稻。在美洲，农业始于今天的墨西哥的玉米种植和安第
斯山脉高地的马铃薯种植。其他农业发源地包括恒河盆地，爪哇岛
（现在的印度尼西亚），以及非洲和美洲的几个地点。

根据考古学和人类学的证据，一个令人困惑和违反直觉的发现是，与同时代的农户相比，狩猎采集者似乎有更好的营养、更少的疾病、更多样化的饮食、更少的繁重劳动和更长的寿命[2]。证据包括与早期农业人口相比，游牧人口的身材更高大，以及游牧生活相对于农业生活在遭受疾病、工作强度和老化等方面具有优势。尽管如此，定居农业最终还是取代了游牧生活，为什么会这样呢？

也许关键在于游牧和农业在人口结构上的差异。游牧只支持非常低的人口密度，而农业支持更大的单位面积人口。毕竟，农业用精心设计的人造生态系统取代了自然生态系统，这使得每单位面积的粮食产量要高得多。那些不在农场种植的植物和动物的物种肯定是输家，因为人类侵犯了那些不利于粮食生产或者与粮食生产及畜牧业竞争的其他物种的栖息地。

与每平方千米支持 1 个人的游牧生活相比，定居村庄每平方千米可以支持 10 个农业人口。很明显，以农业为基础的社区将能够通过武力夺取曾经被游牧狩猎采集者使用的土地。实际上，这正是世界各地的历史：当地狩猎采集者（如美洲大平原上的原住民）发现自己被迫进入越来越小的地区，因为农业社区通过武力扩张占据了他们的领地。

不过，在这个由狩猎采集社会向定居农业社会转变的过程中，可能人们的平均幸福感降低了。也许就像《圣经》中描述的那样，人类"被逐出伊甸园"，伊甸园中悠闲的采集生活被艰苦的农场劳动生活所取代。神因亚当和夏娃偷吃了智慧树的果子而惩罚他们时是这样说的："你们必须汗流满面才得糊口，直到你们回归入土。"

如果狩猎采集的生活真的比农场劳动的生活好，为什么人类找不到一条从农业回到狩猎采集的道路呢？最合理的猜测是，早期的农业定居点面临着一个单向的人口陷阱。这里有一个简单的例子：假设第一代农民从农业中得到了发展，与每天 4 小时的狩猎采集获得 2000 卡路里（1 卡路里＝4.19 焦）不同，每个农民耕种 2 公顷的土地，他们每天 4 小时的耕种便可享受 3000 卡路里。但后来，随着定居生活和更高的热量摄入，生育率上升，婴儿死亡率下降。人口翻了一番，每个家庭的下一代只有 1 公顷的土地。也许下一代人不得不每天花 6 小时，在 1 公顷土地上才能每天获得 1800 卡路里，这比狩猎采集所获得的卡路里要少得多。

根据这个例子，由于当地的生态系统无法养活两倍于狩猎采集者的人口，游牧的狩猎采集时代便一去不复返了。农业点的第二代人必须种地才能生存。游牧的选择，尽管优于农业，但只能成为神话和记忆的遗存。人口越多，伊甸园就越不可能恢复。农业确实曾帮助了第一代定居人口，但对第二代人口来说就像陷阱，因为它意味着更多的工作但更少的收获。随着定居农场的人口一代接一代地增加，农场社区继续侵蚀着狩猎采集者的土地。

然而，定居并非一无是处。这些人口密集的农村最终得到了来自自己的全新回报。人们在更大的社区里定居使新的技术发现得以产生，包括冶金学、艺术、记事、陶艺和书写——最初是用楔形文字和象形文字，后来是用字母。定居生活就这样引发了内生增长的连锁反应，产生了技术的渐进发展和人口的相应增长。过了一段时间，也许是几千年后，定居的农业社区的生活水平最终超过了狩猎采集者群体，而且是在人口显著增加的情形下达到的。根据海德 3.1 人口估

算，欧亚大陆的人口从公元前 1 万年的大约 200 万增加到公元前 5000
年的 1500 万，公元前 2000 年约有 6000 万，到公元 1 年达到了惊人的
1.65 亿[3]。定居生活产生了丰富的食物和其他产品，在大约 1 万年的
时间里支持了人口的百倍增长。

取得最初的成功后，农业逐渐扩散到其他地区。几千年来，农业
社会的扩张持续地挤占了那些狩猎采集部落的土地资源。关于农业还
有另一个大的争论：它是通过模仿而传播的，还是因为农业流动人口
取代了狩猎采集者而传播的？

欧洲的答案似乎是后者。初步证据表明，大约公元前 6000 年，
来自安纳托利亚的早期农业生产者作为移民来到西欧，在很大程度上
取代了当地的狩猎采集者。对欧洲考古遗址中早期农民的基因分析表
明了这一点。他们的基因与安纳托利亚早期农民的基因的联系要比与
欧洲早期狩猎采集群落的基因的联系紧密得多[4]。这种取代可能是由
战争实现的，也可能是由于阿纳托利亚人和他们的农场动物携带了病
原体传播到当地狩猎采集群落而造成的。因为狩猎采集者不是在有这
些疾病的环境中长大的，故没有获得对这些疾病的免疫力。

然而，这并不是人口故事的结局。从基因记录来看，欧洲发生了
第二次大规模的剧变，大约从公元前 3000 年开始，颜那亚人骑着马
从欧亚大草原来到这里，他们似乎又一次取代了他们遇到的大部分原
住民。来自大草原的一小部分牧民到达欧洲后如何取代了当地大量定
居的农民，这也是一个谜。最近在基因记录中发现的一种可能性是，
颜那亚人可能携带了鼠疫耶尔森菌[5]。

到公元前 3000 年，小型农场社区已经分布在除了南极洲以外所有

的大陆上。因为绝大多数人都生活在以村庄为中心的狭小范围内，对新技术的学习出现了，一种种技能随之扩散，如陶瓷、早期冶金、庄稼种植、家畜驯化以及文化和宗教实践等。人们可以步行、乘马车或乘船去很远的地方。然而，远距离的贸易仍然很少，远距离的技术传播是一个几百年或几千年的过程，而不是几年或几十年。

农业在各生态区内的扩散

农业技术的传播受到地理的强烈引导，因为特定的作物具有独特的生态范围。像小麦这样的农作物只能在凉爽的地方生长，而不能在热带地区生长。像大米这样的谷物在亚热带地区生长得特别好，特别是在雨季的环境中，因为那里有大量的淡水可以浇灌农田。玉米作为碳四植物，通过其高效的光合作用也成为亚热带谷物。在这些生态区中，技术扩散是通过农民的迁徙、作物品种的推广和模仿来实现的。

根据具体的农业技术可以在哪里实现，早期农业的扩散自然地发生在这些生态区之内。最大的适宜农业的毗连区是欧亚大陆东西轴线，这是一个小麦种植区，从葡萄牙的大西洋海岸到中国的太平洋海岸，绵延 1 万千米。

贾里德·戴蒙德是当代最伟大的经济史和经济发展解释家之一，他在其精彩著作《枪炮、病菌与钢铁》（*Guns, Germs, and Steel*）中强调，欧亚大陆漫长的东西轴线促进了生态区内技术的传播[6]。小麦最初出现在新月沃土（今天的土耳其、伊拉克和地中海东部），然后向西扩散到欧洲，向东扩散到亚洲。马的驯化最早出现在里海地区（跨越黑海和高加索以北的里海），向西扩散到欧洲，向东扩散到中国。

地中海盆地为小麦、橄榄、葡萄、马、驴和其他农场动物等提供了一个共享的生态系统，这里先后出现了罗马、拜占庭、奥斯曼帝国等王国。

相比之下，美洲和非洲主要位于南北走向的轴线上，这意味着技术上的突破要跨越生态区传播更加困难。以南美洲安第斯山脉的美洲驼和羊驼为例，在1万年前马的灭绝到公元1500年左右欧洲征服者的到来，这些驼科动物是美洲原住民唯一的驮畜。然而，由于生态范围有限，它们并没有扩散出安第斯山脉。与东西走向的欧亚大草原不同，安第斯高地无法为南北美洲提供以动物为基础的高速公路系统。

欧亚大陆早期的冲积文明

以下欧亚大陆的五个早期农业区对全人类的技术、制度、文化和治理做出了根本和持久的贡献：古埃及、美索不达米亚、印度河流域、黄河流域和长江流域。这些早期文明有着基本的相似之处：都建立在冲积农业的基础上。在这种农业中，通过每年季节性洪水带来新的表层土壤，河流流域土壤的养分得到补充。在这些肥沃土壤的基础上，加上河流在交通、灌溉和防御方面的其他优势，世界上第一个城邦和此后的帝国都在这些地方发展起来[7]。在美洲，类似的发展也出现在秘鲁安第斯山脉和中美洲的河流沿线。

埃及和欧亚大陆河流文明的共同特征是显著的。他们崛起于公元前5000年至公元前3000年，这些文明都基于冲积农业。以埃及、印度河和黄河为例，它们都流经干燥的气候区，成为灌溉不可缺少的河流。这些河流依赖于每年的季风雨，而季风雨本身在不同季节、不同世纪、不同千年的变化尺度很大。季风模式的长期变化伴随着地球轨道的变化，对河流文明的繁荣和衰落产生了长期的影响[8]。

东半球的五大河流文明都使用驯养的动物作为食物、交通工具和牵引工具。在美洲，安第斯文明依靠南美的驼科动物，如羊驼和美洲驼作为驮畜，但中美洲没有任何大型动物从事驮畜或役畜的工作。在古埃及，早在公元前5000年，人们就在尼罗河和红海之间的沙漠运输中使用驯化的驴作为驮畜，而用牛作为役畜。在美索不达米亚、底格里斯河和幼发拉底河之间，公元前3000年的阿卡迪亚和亚述古文明同样使用驴和牛作为驮畜。这些文明都使用帆船在河流中航行，而且都已掌握了灌溉和防洪的方法，因其先进的水管理技术而被后世称为"液压水利文明"。

这些文明也都创造了书写形式，成为现代文字的前身。美索不达米亚最古老的书写系统可以追溯到公元前3500年左右象形文字的使用，然后在公元前2500年左右，楔形文字成为巨大的突破。尼罗河流域的象形文字可以追溯到公元前3100年左右，可能是受苏美尔文字的影响，也可能是独创。苏美尔的楔形文字和埃及的象形文字可能对后来腓尼基人的书写系统有贡献，后来腓尼基人的书写系统被改编成希腊字母，这是世界上第一个元音和辅音都有不同字符的字母表。汉字可以追溯到公元前1600年左右的商朝，当时商朝控制着黄河和长江流域的部分地区。在美洲，玛雅文字出现的时间要晚得多，最早的铭文可追溯到公元前300年左右。

河流文明是自然地理在经济发展中起作用的鲜明而生动的例子。河流有多种不可或缺的用途：土壤补给、灌溉和淡水管理、提供水产品、船舶运输和军事防御。在文明的相当早期，河流支持着人口数量和密度的惊人增长，许多城市国家的人口达到了几十万。反过来，农业的高产率养活了这些庞大的人口，也造就了复杂的劳动分工、书写系统的发展和科学知识（数学、天文学、冶金学、农学）的兴起，以及对大规模人口的治理方式的发明。

幸运纬度带

欧亚大陆东西走向的温带地区在历史上扮演着独特的角色。虽然欧亚大陆有一些地方是沙漠，几乎无人居住；有些是冻土带，终年冰冻，只有在遥远的北方有一小群人在放牧驯鹿。但欧亚大陆的大多数人口都生活在一个亚热带的纬度和气候带，包括伊恩·莫里斯在内的历史学家将其命名为"幸运纬度带"。"他们很幸运，因为他们见证了人类最伟大的技术和经济进步"[9]。我把幸运纬度带定义为欧亚大陆北纬 25 度至北纬 45 度之间的区域，如图 3.2 所示。

这个幸运纬度带占旧大陆陆地面积的 28%，但长期以来，相应的人口比例却要高得多。例如，公元 100 年，幸运纬度带居住着东半球全部人口的 64%。具体来说，在欧洲，位于幸运纬度带的地区占其陆地面积的 30%，但在公元 100 年，那里居住着欧洲 48% 的人口；在非洲，位于幸运纬度带的地区只占其陆地面积的 14%，但 52% 的人口居住在这里；在亚洲，位于幸运纬度带的地区占其陆地面积的 58%，但却拥有 71% 的人口[10]。

（以上数据可在附录中找到。）

请注意，幸运纬度带也覆盖了今天美国的大部分地区。然而，如

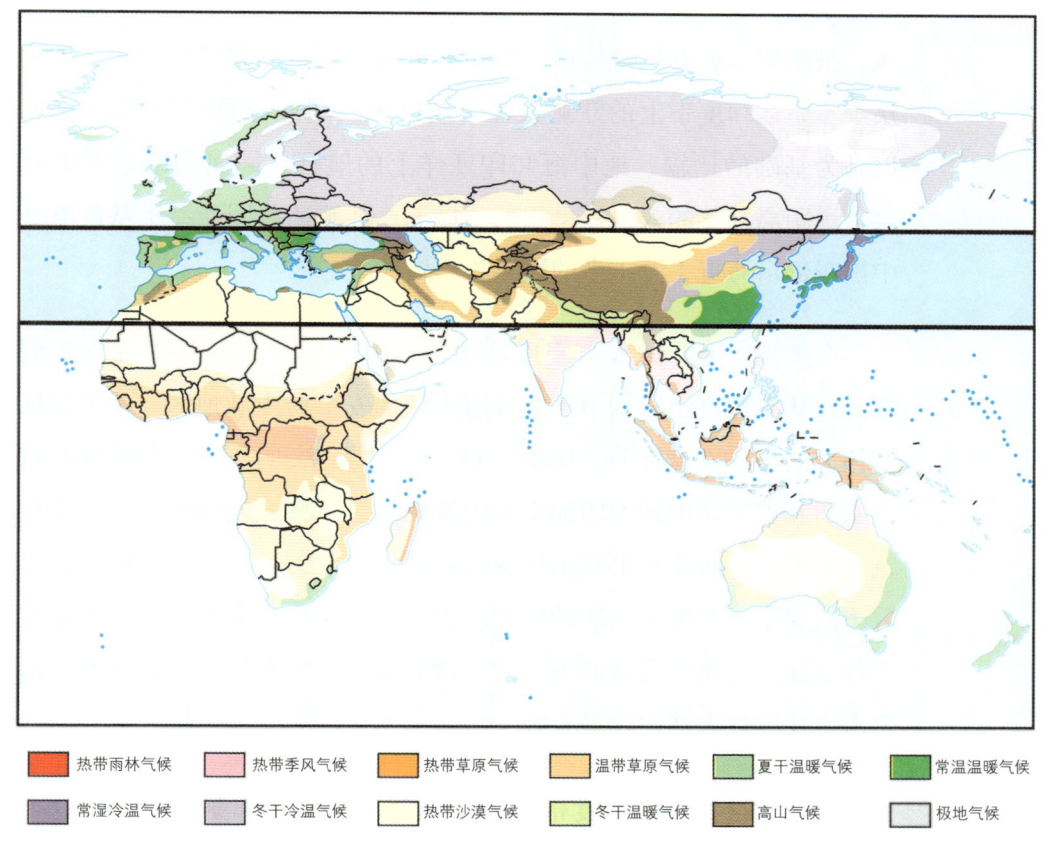

热带雨林气候 　热带季风气候 　热带草原气候 　温带草原气候 　夏干温暖气候 　常温温暖气候

常湿冷温气候 　冬干冷温气候 　热带沙漠气候 　冬干温暖气候 　高山气候 　极地气候

图 3.2　幸运纬度带和气候区

前所述，在经济史的大部分时间里，北美并没有欧亚大陆那么幸运。在大约 1 万年的时间里，美洲大陆与欧亚大陆的技术交流隔绝，直到 16 世纪，美洲大陆和旧大陆才通过贸易和移民重新连接在一起。在那之后，北美取得了显著的经济发展，当然是在残酷的征服战争和对美洲原住民种族灭绝的背景之下实现的。

在欧亚大陆的幸运纬度带，不仅产生了无数的创新，而且还扩散到整个东西狭长地带。幸运纬度带都拥有相对适宜的气候及运输路线，虽然偶尔会有鼠疫传播，但是这里没有热带病媒传播疾病，如疟疾等。幸运纬度带上的欧亚大陆长期以来共同拥有着相似的农作物、以马为基础的运输、地中海和印度洋上的航行、同属印欧语系的语言、远距离迁徙的人口、思想的传播等。甚至还共同受益于从西欧到中国东部沿海近 1 万千米的陆路长途贸易。

在美洲，更高的人口密度和更大的技术发展大都集中在赤道附近，即从墨西哥山谷到中美洲和南美洲的安第斯山脉地区。这个地区是伟大的奥尔梅克文明、玛雅文明、托尔特克文明、中美洲的阿兹特克文明和安第斯山脉的印加文明的发源地。这些文明在农业、石头建筑、天文学、历法和书写系统方面取得了惊人的进步，但它们远远落后于欧亚幸运纬度带地区的同时代人。美洲文明有书写系统，但没有字母，除了安第斯高地的美洲驼，没有役畜，没有轮式交通工具，冶金术也比欧亚大陆出现得更晚。

欧亚大陆的幸运纬度带对畜牧业和庄稼种植都是适宜的，这要归功于它的理想气候：既不像靠近两极的高纬度地区那样冷，也不像赤道热带地区那样热。这些中纬度地区的生长季节足够长，可以维持较高的作物产量；但冬季足够冷，可以阻止疟疾等病媒传播疾病的传播。幸运纬度带虽然有疟疾的季节性传播，但不像热带非洲那样一年到头都是沉重的负担。对欧亚大陆来说，更幸运的是没有锥虫病，这种病仅限于非洲和拉丁美洲的热带地区（在那里它被称为查加斯病）。它不仅会杀死人类，也会杀死家畜。

幸运纬度带也是早期技术创新和远距离传播的起点。公元前 3000

年，幸运纬度带就已经采用以下早期技术：冶金学（当时正处于铜器时代，青铜器时代正在开始），早期的文字，如埃及的象形文字、美索不达米亚的原始楔形文字和中国的早期象形文字，畜牧业，最早的驴和马的驯化，陶器，葡萄栽培（早在公元前5000年高加索地区，即今天的格鲁吉亚）等，甚至连车轮和战车也不例外地是在这些地方被最早发明和使用的。这些技术进步超过了当时在美洲、大洋洲和撒哈拉以南的非洲的技术发展。在这些地区，创新出现的时间要晚得多，也许还是从幸运纬度带传播过来的。

并不是所有幸运纬度带的地方都得到同样的厚爱。从图3.2中我们可以看到，幸运纬度带的西部（欧洲）和东部（中国）是温带地区，而从西亚到中亚的中部是旱地。西亚和中亚的大帝国，如波斯帝国、蒙古帝国、帖木儿帝国，都是旱地帝国，人口密度相对较低（但有大量的马匹和牧场）。温带帝国，如罗马帝国和汉朝，人口要多得多，总体而言，在技术上也更有活力。

有趣的是，即使在过去两个世纪的化石燃料时代，幸运纬度带仍然保持着良好的运气。由于偶然形成的地质条件，幸运纬度带蕴藏着大量煤炭。原因很巧合：大约在1亿年前，今天幸运纬度带的大部分地区是热带沼泽。死去的动植物残骸被淹没在沼泽地里，随着地质年代的推移，它们变成了工业革命的核心动力——煤。

新石器时代的教训

运气很重要。在许多古代语言中，"幸福"和"好运"的意思是相同的。在正确的时间出现在正确的地点，有时是成功的关键。在新石器时代，这种"运气"确实是至关重要的。早期的农业依赖肥沃的环境，尤其是在洪泛冲积区。同时还需要栽培农作物和饲养家畜的前提条件——动植物群。欧亚大陆幸运纬度带的东西延伸还意味着有一个巨大的技术创新及传播的区域，所以孕育了早期文明和下一个全球化时代将出现的原始国家。美洲也有它们的幸运区，特别是在中美洲和现在秘鲁的安第斯海岸沿线。但美洲的厄运是被切断了与人口众多的旧大陆的技术进步的联系，并且缺乏重要的资源，例如驯养的大型动物（如驴和马），而这将被证明是长期经济发展的关键。非洲也处于极度不利的地位，广阔的撒哈拉沙漠将非洲与欧亚大陆分隔开来，人类和家畜都面临着异常严峻的疾病环境。

04
骑马时代

（公元前 3000 年至公元前 1000 年）

欧亚大陆幅员辽阔，是世界上大多数人的家园。长期以来，欧亚大陆一直享有规模经济、长途贸易、技术创新及传播等优势。至少近 5000 年来，马在欧亚大陆的发展中发挥了关键甚至决定性的作用，因为它提供了无与伦比的运输服务、农业马力、强大的军事能力、快速的通信以及治理一个统一的大面积的国家的能力。这就是为什么大约 5500 年前马的驯化催生了欧亚大陆的第一个帝国，也是为什么我选择"骑马时代"作为全球化第三个时代的名字。

我们对这个全球化时代的考察从幸运纬度带以北的一片草原，即欧亚大草原（图 4.1）开始。这些大草原包括横跨黑海北部海岸、高加索山脉、今天的哈萨克斯坦和乌兹别克斯坦的欧亚大陆西部大草原，以及欧亚大陆东部大草原，特别是蒙古和中国北部（包括新疆、内蒙古和东北部分地区）。这些被划分为 BS（草原）气候区的大草原是半干旱地区，但不是沙漠。这一气候区占欧亚大陆陆地面积的 10.8%，人口比例略大，约在公元前 3000 年占 15.1% 和在公元前 1000 年占 14.5%。

大草原为人类提供了丰富的能源、草地和适宜的气候，而马几乎是整个人类历史上最重要的交通工具。在铺设道路之前，大草原也是连接欧亚大陆的长途公路。实际上，马力交通工具相当于古代帝国的汽车、卡车和坦克。这是商人、信使、战士和探险者们在陆地上唯一可用的高速通道。

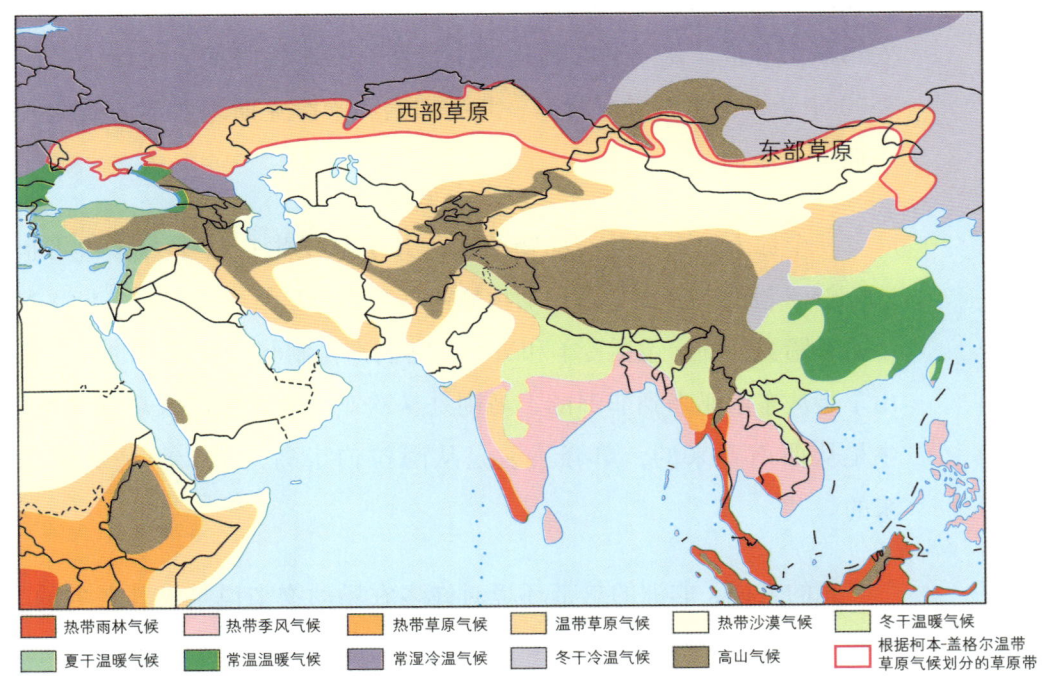

图 4.1　欧亚大草原地区

动物的驯化

要理解马的出现在人类历史上的意义，我们可以从普遍的动物驯化开始说起。动物驯化是一个漫长而复杂的过程，从大约 1.5 万年前旧石器时代的中国开始狗的驯化，一直延续到新石器时代，历经数千年。考古证据表明，反刍动物（山羊、绵羊和牛）最初是在公元前 1 万年至公元前 8000 年在西南亚被驯化的。公元前 5000 年左右，来自非洲的野驴在埃及被驯化。单峰骆驼大约在公元前 4000 年在阿拉伯被驯化，而驼科动物如羊驼和美洲驼大约在同一时期的安第斯山脉被驯化。马的驯化发生在新石器时代晚期，大约公元前 3500 年，是在横跨黑海北岸、北高加索和哈萨克斯坦西部的欧亚大草原上发生的[1]。

一个惊人的事实是：动物的驯化几乎只发生在欧亚大陆和北非（如驴）。没有一种大型农场动物最初是在热带非洲被驯化的。非洲本土的有蹄类动物，包括羚羊和斑马，它们都抵制驯化。驯养的绵羊和山羊是从东南亚来到非洲的，马则是从欧亚大陆西部的大草原来的，牛是从西南亚来的，单峰骆驼是从阿拉伯半岛来的，驴是从北非来的。

总的来说，非洲的热带环境对许多农场动物来说是极其恶劣的。在非洲西部和中部，牛、绵羊、山羊、猪、马、驴要应对很多病原体的侵害，如锥虫病（图 4.2）、由原生物引起的泰累尔梨浆虫病、通过蜱虫传播的东海岸热病和马巴贝斯虫病、由昆虫传播的环状病毒引起的非洲马瘟，等等。许多家养动物确实成功地适应了非洲的热带环境，至少在一些地方是这样，而且非洲许多地区几千年来一直实行着农牧混合的制度。尽管如此，非洲大部分热带地区长期以来因缺乏马匹、驴、其他驮畜和役畜而饱受其苦[2]。

美洲的情况更为严重。大多数家养动物是在 1492 年之后，随着欧洲征服者的到来，旧大陆和新大陆之间有了动植物品种的交换才

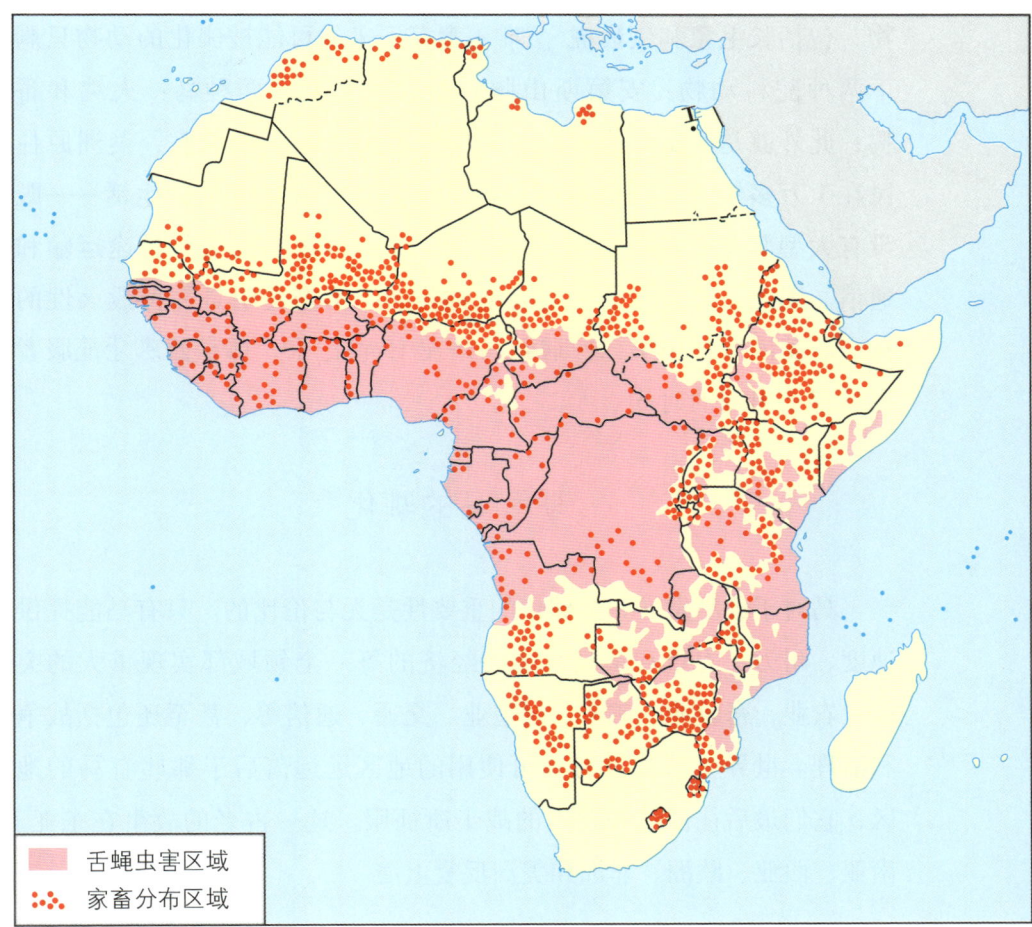

4.2 非洲舌蝇猖獗的地区

资料来源：Food and Agriculture Organization of the United Nations, 1998, G. Uilenberg, A field guide for The Diagnosis, Treatment and Prevention of African Animal Trypanosomosis, www. fao. org/3/X0413E/X0413E00. htm#TOC. Reproduced with permission.

到达新大陆的。北美的早期狩猎采集者杀死了野马和其他巨型动物，包括长毛象和剑齿虎[3]。唯一幸存下来的可能被驯化的动物只剩下两种驼科动物：安第斯山脉的骆驼和羊驼；两种鸟：火鸡和番鸭；此外就是豚鼠。除了安第斯山脉上的美洲驼和羊驼，美洲原住民在1万多年的时间里不得不忍受没有大型驯养动物的生活——既没有大型驯养动物做驮畜和役畜的工作，也没有马进行长途运输和通信。因此，北美马的早期灭绝对美洲印第安文明是一种毁灭性的打击。美洲原住民第二次遇到马是在15世纪末，那是西班牙征服者在马背上出现的时候。

驴和马的驯化

马对于经济发展和全球化的重要性是无与伦比的。只有马能提供速度、耐力、力量和情报，能使经济的每一个领域都实现重大的突破：农业、畜牧业、矿业、制造业、交通、通信等，甚至还包括战争和治理。世界上那些没有马可使用的地区远远落后于那些有马的地区，它们最后往往被马背上的战士所征服。这一古老的故事在东亚、南亚、西亚、欧洲、非洲和美洲反复上演。

马是马属的一个亚属，其他的亚属有非洲驴、亚洲驴、西藏野驴和一些斑马亚属。马在更新世晚期的自然分布范围如图4.3所示。在更新世晚期，马原产于除南亚、东南亚、阿拉伯半岛之外的美洲和欧亚大陆的绝大部分地区。但在非州，马只存在于非洲大陆的最北端，即撒哈拉沙漠以北的小温带地区。

图4.3显示，从更新世晚期（浅色）到全新世中晚期（深色），

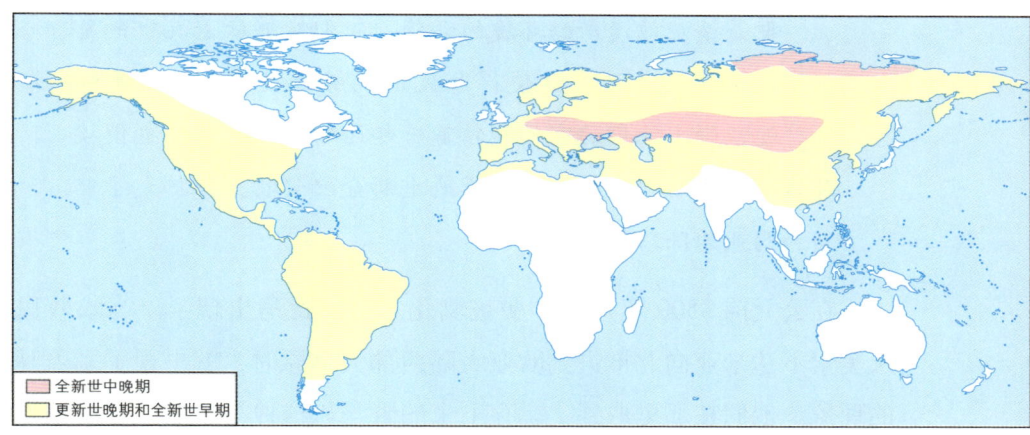

图 4.3　野马在更新世晚期至全新世中晚期的分布

资料来源：Pernille Johansen Naundrup and Jens-Christian Svenning，"A Geographic Assessment of the Global Scope for Rewilding with Wild-Living Horses（Equus ferus），" PLoS ONE 10（7）：https：//doi. org/10. 1371/journal. pone. 0132359

马的活动范围显著下降。最主要的原因是：在全新世早期，马被猎杀作为肉食，并在整个美洲和除欧亚大陆大草原以外的大部分地区濒临灭绝。大草原远离狩猎采集者和早期农民的聚居地，为野马提供了避难所。因此，在新石器时代开始约 8000 年后，从大草原开始，马成为战争和帝国的关键要素。

在马属的其他亚属中，只有非洲野驴被驯化。亚洲和西藏的野驴和各种斑马亚种都被证明对驯化有抵抗能力。非洲野驴的原产地是北非和阿拉伯半岛的旱地和沙漠。它的驯化似乎起源于公元前 5000 年左右的努比亚，也就是今天的埃及南部，比马的驯化早了 1500 年。

牛是行动缓慢的驮畜，驴的主要功能是驮重物。最近一项关于早期驴驯化的研究这样解释了它们的关键作用：

驴是适应沙漠严酷环境的动物，它们能够驮着沉重的货物穿过干旱的土地，这使得牧民们能够迁徙得更远、更频繁，还能带上他们的家什和牲畜一起运输。驴的驯化也使埃及这个新生的国家得以大规模地重新分配食物，并扩大了非洲和西亚的陆路贸易。[4]

在公元前 3500 年左右，驴被驯化之后，野马出现了。当农牧民从美索不达米亚向北推进到欧亚大陆西部大草原时，就出现了驯养马的现象。他们在那里遇到了幸存下来的野马。这种马显然不容易被驯养，驯养的过程花了相当长的时间。这种马跑得快，攻击性强，一旦被逼急了就会发起进攻。它们可能首先是通过集体狩猎被逼入绝境，才被困并被制服的。驯养的最初目的似乎是把马当作穿越草原的驮重动物。随之而来的几千年的技术进步，包括逐渐改善驾驭负载的缰绳，马鞍、马镫的发明，马车的类型和战车的设计，以及骑手在战斗中可以使用的武器等，使马的有效利用大大提高。图 4.4 所示为早期驯化马的草原区域[5]。

驯养后的马是一种多功能的动物。它有耐力、智慧和极快的速度。它既是一种驮畜，能够长途运输货物，又是一种座驾，用于战争和农业，如放牧家畜。此外，它还是一种役畜，能拉车。总之，马在经济发展中起到了决定性的作用。

骆驼和驼科动物的驯化

骆驼科的物种在沙漠和高原的极端气候中也扮演了重要的角色。在旧大陆，有两种骆驼占主导地位：阿拉伯半岛及北非的单峰骆驼，

图 4.4 以马为基础的社会的早期分布

资料来源：Pita Kelekna, *The Horse in Human History*, Cambridge University Press, 2009.

和中亚——包括土库曼斯坦、阿富汗和蒙古的戈壁沙漠的双峰骆驼。在新大陆，有两种安第斯山脉的野生骆驼——原驼和小羊驼，分别被驯化成美洲驼和羊驼。虽然比不上马，但是这些物种也都发挥了重要的经济作用。

东半球的骆驼以其坚韧和能承受极端温度而著称，单峰骆驼能适应炎热气候，而双峰骆驼则耐寒。在某些情况下，骆驼可以长时间甚至几周不喝水，而且它们的驼峰会在长时间不进食的情况下储存脂肪。作为穿越沙漠和高草原地区的驮畜，骆驼早在古埃及法老时期就在长途贸易中发挥了综合作用。东半球的骆驼被驯化的时间比马晚，大约在公元前 2000 年至公元前 1000 年之间。

骆驼扮演了多种角色：奶和肉的来源，穿越阿拉伯半岛、尼罗河以西的埃及沙漠以及后来的撒哈拉沙漠的长途商队的驮畜，战争用动物，体育竞赛的动物。骆驼能够在 100 天的时间里连续每天负重约 230 千克，走 24~32 千米的路，这意味着骆驼在穿越阿拉伯半岛、亚洲和地中海之间的运输能力与海上运输相比是有竞争力的。在贝都因人的掠夺和征服战役中，骆驼还是战马的重要补充。虽然骆驼在激烈的战斗中无法抵抗马匹，但它们可以远距离运送战争物资和水，从而有力地帮助骑兵。一位学者总结骆驼在中东游牧社会中的作用如下：

> 很明显，骆驼是关键，没有它，在旧大陆炎热的沙漠里就不会有游牧民族。这种家畜提供了食物、交通工具和军事力量的基础，而且它是在其他任何具有类似能力的动物都无法忍受的气候条件下发挥这些作用的。[6]

安第斯山脉的美洲驼和羊驼在公元前 3000 年左右被驯化于安第斯高原。这两种动物中较大的美洲驼是一种驮畜，也是粗纤维织物、奶、肉、兽皮的来源。羊驼体形较小，纤维较细，用于生产优质织物，也用于生产奶、肉类和皮革。最近的研究表明，安第斯山脉的农业生产者从事着种、养混合的农业，既种庄稼又从事畜牧业。美洲驼也是高原和秘鲁沿海低地之间进行货物交换的重要驮畜。羊驼、狗和豚鼠是安第斯山脉全部的驯养动物。

金属时代

随着马、驴和骆驼的驯化，从新石器时代到骑马时代的进步也发生在其他方面。最重要的是，新石器时代被金属时代所取代，这使得新的和更强大的工具、武器和手工制品的打造成为可能。尽管铜饰品早在几千年前就已经被人创造出来，但铜的时代始于公元前 4000 年左右。铜是一种广泛存在的元素形式，可以在相对较低的温度下，即 1085℃ 融化。铜矿石的冶炼需要更高的温度，大约 1200℃。这些温度比篝火要高，因此需要新的加热方法。

纯铜相对较软，与锡或砷混合（尽管在金属加工中是危险的）制成黄铜合金，会变得更坚固、更耐用。青铜时代随着铜锡合金的发现而到来，大约始于公元前 3300 年的近东、印度河流域和黄河流域。青铜的问题在于锡的缺乏，在新月沃土地区几乎没有可开采的锡矿床。西欧部分地区（德国、伊比利亚）建立了锡矿，但必须经长途运输才能到达近东。还有一些锡是沿着丝绸之路从中亚的矿山运来的。

铁在许多方面优于青铜，特别是在单位重量的强度方面。铁也比锡要丰富得多。然而，铁的问题是它的熔点很高，大约 1530℃，几乎比铜高近 500℃。熔化铁矿石所需的大量能量推迟了铁生产的开始，并极大地限制了铁产品的大规模生产。铁器时代开始于公元前 1500 年左右，大约比青铜时代晚了 1800 年。

新、旧大陆的发展比较

野马在全新世早期的美洲灭绝意味着美洲原住民在欧洲征服者到来之前就失去了马匹。他们也没有得到驴的好处，驴原产于北非，直到哥伦布大交换后才到达美洲。马科动物的消失当然没有阻止美洲文明的许多显著进步，但它确实从根本上改变并限制了美洲文明的进

步。由于缺马，美洲在长途陆路运输、通信、农业生产力以及由马和
驴带来的大规模治理方面缺乏潜力。虽然大羊驼在连接安第斯山脉和
秘鲁低地的过程中起到了这一作用，但作用有限。

　　人类学家皮塔·凯莱娜在她的权威著作《人类历史上的马》（*The
Horse in Human History*）中有力地论证了这一点。我在表 4.1 中总结
了她的结论，比较了欧亚大陆和美洲的长期发展，前者受益于马，后
者受限于缺马。

表 4.1　欧亚大陆和美洲的比较

社会生活的维度	美洲（没有马）	欧亚大陆（有马）
农业	大草原未得到 开发、人口稀少	整个草原都实施农业 且温带地区强度加大
冶金	金属运输量少， 冶金术传播慢	远距离运输金属， 冶金术扩散快
贸易	短距离贸易	长途贸易，以马为基础， 也鼓励其他方式 （如运河）
思想和发明的传播	写作、计算设备、算术 （如 0 的作用）等技术 的传播很少	技术广泛传播，如 字母、算术、轮子的使用
战争	小政体，联邦治理	大帝国，马背上决胜
宗教	很少扩散	远距离扩散
语言	很少互动	远距离互动

　　资料来源：Data from Pita Kelekna, *The Horse in Human History*. Cambridge：Cambridge University Press, 2009.

颜那亚人在欧亚大陆的突破

也许欧亚大陆上第一个以马为基础的主要社会是颜那亚人，他们被认为是来自高加索和东欧狩猎采集者的混合体。他们的领土位于黑海和里海之间的北高加索地区（被称为"庞蒂克-里海草原"）。关于颜那亚文明，值得注意的是，公元前 3500 年至公元前 2400 年，是他们早期驯养马的时期，他们成功地向西迁徙到了欧洲。颜那亚文明在技术和遗传上与公元前 3000 年左右北欧的绳纹文化（以其陶器上的绳纹装饰而命名）有着密切的联系。古遗传学家认为，欧洲的大部分人口实际上反映了两个种群的混合：第一个种群起源于安纳托利亚的早期农民；第二个种群起源于颜那亚人，而颜那亚人本身就是狩猎采集种群的混合体[7]。图 4.5 揭示了早期西欧农业人口的双重起源假设，还显示了两次关键的西欧移民，第一次来自安纳托利亚，在公元前 7500—前 6000 年；第二次来自大草原，在公元前 4000—前 3000 年。

为支持自西部大草原迁徙的假设，考古学家不仅拿出了基因记录，还指出，与马相关的技术如车轮、牛车等在美索不达米亚西部、东欧、北欧和印度河流域等地区都得到了快速而显著的传播。马的驯化及其带来的无与伦比的机动性，使基础技术得以在欧亚大陆的广大地区以前所未有的速度传播。

另一个基本的文化突破——印欧语系，显然是随着颜那亚人和与之相关的人们带来的。与遗传密码一样，欧亚大陆西部和南亚的语言代码显示，由安纳托利亚和西部大草原两种语言融合成了一种至关重

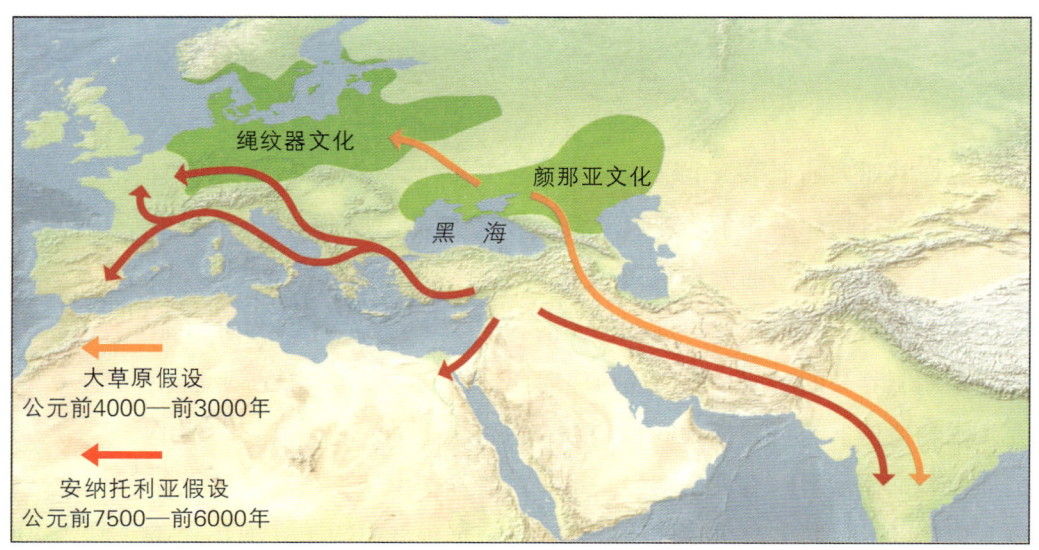

图 4.5　对立的假设：新石器时代的迁移来自大草原和来自安纳托利亚

资料来源：Wolfgang Haak, Iosif Lazaridis, Nick Patterson, Nadin Rohland, Swapan Mallick, Bastien Llamas, Guido Brandt, et al. "Massive Migration from the Steppe Is a Source for Indo-European Languages in Europe." *bioRxiv*（2015）：013433. doi：10.1101/013433.

要的语言，即印欧语系。这个家庭几乎包括了今天全欧洲的语言（除了巴斯克语、爱沙尼亚语、芬兰语和匈牙利语之外）和亚洲西部及印度北部的许多语言。古遗传学家大卫·瑞希根据基因记录提出了一个有趣的假设：

> 可以推断，首先说某种印欧语系语言的地方是南高加索山脉，或许在今天的伊朗和亚美尼亚。因为那一带古人的DNA记录符合我们关于某一族群同时是颜那亚和古老的安纳托利亚人的来源的假设。[8]

瑞希还描述了印度的遗传记录如何表明现在的印度人是来自北印度和南印度两个祖先群体的混合体。而北印度的祖先群体在遗传上与欧亚大草原、高加索和近东（安纳托利亚）的人口有联系。

早期的马背上的国家

从最初被驯化的里海大草原，马和以马为基础的文明传播到欧亚大陆的温带和草原地区。欧亚大草原一直保留着人口密度相对较低但由凶狠的骑兵构成的社会。从公元前 2000 年至公元 1500 年长达 3500 年的时间里，在欧亚大陆、北非、中东、南亚和东亚的定居社会中，以下这些名字令人闻之丧胆：希克索斯人，他们在公元前 1580 年左右征服了古埃及，统治了大约 130 年；斯基泰人，他们在公元前 900 年至公元 400 年控制了亚洲和欧洲之间的部分古代陆路通道；哥特人和匈奴人，出现在公元 400 年至 600 年[①]，也是来自草原的征服者；马扎尔人和保加利亚人，公元 1000 年左右在匈牙利和保加利亚定居；塞尔柱人和蒙古人，在公元 1200 年至 1400 年征服了亚洲的大片领土。

因早期曾与草原上的人们有过频繁而残酷的接触，人口众多的农业社会也学会了使用马。从埃及到美索不达米亚、波斯、南亚和东亚的早期马上帝国，到后来亚历山大帝国、罗马、波斯、中国和印度的古典全球化时代，马成为农业、运输和战争的支柱。如果没有马在通信、运输和军事力量中发挥的巨大作用，古典时代的陆地帝国是不可能存在的。

---

①译者注：原文如此。一般认为，匈奴人的影响在公元前 300 年至公元 400 年。

新月沃土上的关键突破

公元前 3000—前 1000 年，是新月沃土文明进步的决定性时期，包括埃及、黎凡特和美索不达米亚文明。同一时期的其他河流文明，如印度河、黄河和长江流域的文明也取得了类似的进步，具体突破包括农业、公共管理、写作和通信、工程、长途贸易等在技术和体制上的进步。这些突破使得城邦和更大的政治单位得以产生。

一个统一的埃及王国最早是在公元前 3000 年左右建立的，大约同一时期的公元前 2900 年，美索不达米亚的第一个王朝——苏美尔王朝建立了。埃及和苏美尔都有早期的文字系统，埃及有象形文字而苏美尔有楔形文字，这为行政管理提供了宝贵的工具。埃及的大部分时间由统一的王朝统治，直到大约公元前 670 年新亚述人征服埃及，接下来是巴比伦人的短暂征服，再后来是阿契美尼德波斯。在美索不达米亚，许多王朝在同一时期起起落落，包括美索不达米亚的第一个帝国——阿卡德帝国（公元前 2350—前 2100 年），接着是亚述和巴比伦王国。美索不达米亚最大的王国是新亚述人帝国（公元前 10 世纪至公元前 7 世纪），它征服了黎凡特和埃及，后来又被波斯人征服。

在此期间，这些新月沃土文明取得了令人震惊的突破。他们创造了早期的成文法典，包括汉谟拉比法典（巴比伦，公元前 1790 年），成为整个古典世界法典的典范；建造了宏伟的公共建筑，尤其是金字塔和大量的公共基础设施；建造了城市，开创了公共管理和税收的方法；在书写系统和历史文献方面也取得了突破；创立了新的哲学和宗教，对犹太教和基督教产生了深远的影响。他们还在数学、天文学、工程学、冶金学和医学等科学领域取得了巨大的进步。当然，这些王国也进行长途贸易和远距离战争，这些都依赖于马匹。约公元前1500年，战车和骑兵成为近东军事的核心特征。作为驮畜的马和驴则对长途贸易至关重要，它们运输宝石、香料、黄金、其他金属、布料和手工制品。

到骑马时代结束时，即公元前1000年，大量的城市中心散布在欧亚大陆的幸运纬度带上。最近一项关于古代城市的研究列举了公元前800—前500年人口超过1万的26个欧亚大陆的城市，这些都是骑马时代的遗产[9]。引人注目的是，如我们在图4.6中看到的，除也门的马里布之外，所有这些城市都位于幸运纬度带。这生动地证明了唯一具备开发条件的地区是这一狭窄地带，要么是在中国的温带和地中海沿岸，要么是在旱地周边的河谷（尤其是在埃及和美索不达米亚）。

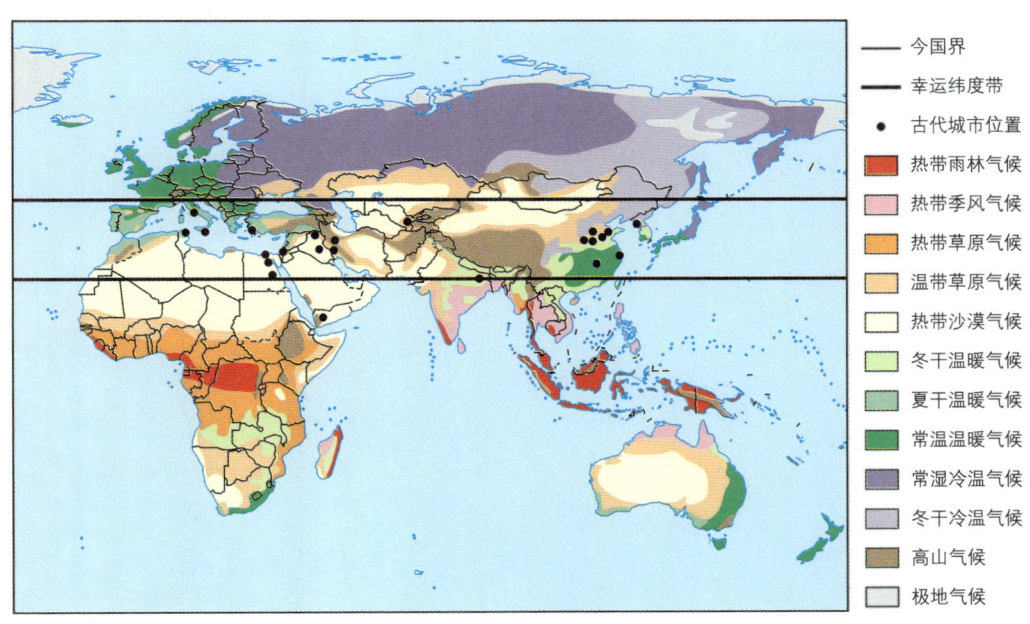

	今国界
	幸运纬度带
●	古代城市位置
	热带雨林气候
	热带季风气候
	热带草原气候
	温带草原气候
	热带沙漠气候
	冬干温暖气候
	夏干温暖气候
	常温温暖气候
	常湿冷温气候
	冬干冷温气候
	高山气候
	极地气候

图4.6　古代城市中心集中在幸运纬度带

骑马时代的教训

公元前 3000 年至公元前 1000 年是欧亚大陆主要文明的变革时期。以下三个重大的技术突破是最具决定性的：马的驯化、文字系统的发展、冶金学的突破。与此同时，公共行政、宗教和哲学也取得了巨大的进步，尤其是在新月沃土上。在公元前 1000 年左右骑马时代结束时，大型的陆地帝国开始在超出他们起源的河流流域的地方出现。第一个是新亚述帝国，它短暂地征服过美索不达米亚、黎凡特、东安纳托利亚和埃及。然而，这个帝国只是为更大的帝国在欧亚大陆幸运纬度带的崛起奠定基础。那是古典时代的故事，我们接下来就要谈到这个时代。

05
古典时代

（公元前 1000 年至公元 1500 年）

在公元前 1000 年至公元 1500 年，文明的发展是如此活跃，以至于确立了一个成就的标杆而从此被誉为古典时代。世界上许多主要的宗教如犹太教、基督教、伊斯兰教和佛教都是在这一时期形成的。由柏拉图、亚里士多德、孔子、佛陀和其他先贤创立的伟大的人生哲学和智慧传统，都是从这个时期开始的。亚述、波斯、希腊、罗马、印度历代王朝，以及后来的奥斯曼帝国和蒙古帝国，都以前所未有的野心和能量来争夺荣耀、信仰、财富和权力，这些野心和能量至今仍令我们惊叹和着迷。这一时期是全球化在最宏大的画布上展开的时期，参与者都觉得自己在书写人类历史。

我们可以称这是一个政治全球化的时代，因为帝国主义国家有意识地、蓄意地以创造全球文明为目标。帝国利用国家权力机器传播思想和技术，引进新的制度，并在整个国土范围内建设基础设施，如罗马道路、圆形剧场和高架渠，这些设施至今仍遍布欧洲、北非、东地中海和西亚。这些帝国采取了大胆的行动，虽然有时很鲁莽且常常是暴力的，但目的都是传播思想，扩大权力和增加财富。

这些帝国受益于人类过去数千年取得的技术进步，如方法更好的粮食种植、家畜饲养、货物运输和战争。当时最强大的技术在今天看来似乎平淡无奇。欧亚大陆的四个主要地区——地中海盆地、西亚、南亚和东亚，第一次有了可以被广泛阅读的字母表或文字。在人类历史上，第一次有成千上万的书籍被编写和收集。伟大的图书馆被创造出来，最著名的是在希腊-罗马时期的亚历山大图书馆。知识终于可以通过书本和正规的学校教育来编纂和传播。当世界上其他地方继续通过口述和神话讲述他们的历史时，古典时代的帝国政府和独立学者已开始永久性地详细记录人类历史。

然而，尽管拥有所有这些力量、知识和雄心，我们仍会再次发现，地理在塑造帝国命运方面一再被证明是决定性的。我们将要考察的帝国大体上都生活在它们的生态区里，气候区对帝国版图的决定性作用要比将军们大得多。

轴心时代

20 世纪的德国历史学家和哲学家卡尔·雅斯贝尔斯用"轴心时代"的概念为这个时代提供了一个至关重要的洞见[1]。雅斯贝尔斯指出，在公元前 800 年至公元前 300 年的 500 年里，欧亚大陆的四大文明古国（包括地中海的希腊-罗马、西亚的波斯、南亚的印度、东亚的中国）都同时产生了深刻的哲学和宗教思考。在这四个文明中，对生命的意义和目的的思考都出现了显著和根本性的突破。

希腊-罗马文明见证了希腊道德哲学的兴起，孕育了柏拉图和亚里士多德及其追随者在智慧上的重大突破。波斯世界产生了拜火教，他们认为宇宙是善恶的战场，这反过来又为犹太教和后来的基督教奠定了基础。印度文明产生了印度教奥义书和佛陀的教诲，佛陀教导人们通过对所有人的同情和对物欲的放弃而通往涅槃（永恒的幸福）的道路。中华文明创立了以礼教、德育、国法为基础的关于和谐社会的孔孟学说。

轴心时代的哲学和宗教的突破从那时起就影响了思辨思想，并继续在今天的宗教信仰和哲学观点中产生深刻的共鸣。希腊哲学先后被希腊帝国和罗马帝国采用，并被纳入基督教神学中。儒家思想一直是中国历代乃至今天的核心学说。如今，在亚洲，不仅有 5 亿人信奉佛教，而且其有关慈悲、正念和中道的教义也越来越多地被西方所采纳。明教（拜火教），作为阿契美尼德和萨珊王朝的波斯帝国的国教，今天已很少有信徒，但其一神论、善与恶的普遍斗争、由个人意志自由选择善或恶等信仰，深刻而持久地影响了后来的犹太教、基督教和伊斯兰教。

雅斯贝尔斯并不认为同时出现的基本世界观反映了欧亚大陆的思想交流。他认为这种同时性是一个谜，甚至是一个巧合，但它将在随后的 2500 年里开启不同文明之间的对话。在这四个文明中，哲学和宗教的突破成为公元前 500 年以后文化的基本元素，当哲学和宗教思想被纳入帝国的意识形态时，它们最终成了国家权力的工具。

人们不禁要问，是否有一个共同的原因在起作用？在所有四个区域，大约在公元前 800 年，各自语言的书面文字已发展到可以书写书籍的阶段。例如，在古希腊，由诗人和口述传承古代智慧的传统，如荷马史诗，正被使用希腊字母的书面手稿所取代。希腊字母表是历史上第一个用字母表示元音的字母表，它是在公元前 800 年左右被发明的。它把现存的腓尼基字母改成辅音字母，并增加了一些字母为元音。随之而来

的是希腊手稿的大量涌现。类似的，大约在公元前 500 年或更晚的时候
（关于确切时间的争论还在继续），古代波斯语和印度北部的古典梵语
也采用了类似的文字。在中国，文言文也同样得到了发展，在公元前
500 年前后，儒家思想以文言文的方式被记录下来。简而言之，这些新
的手稿成为书写和传播四大古文明的基本文本和哲学思想的工具。

海权和陆权

公元前 1000 年左右，随着东地中海和西亚地区经济和知识发展
的步伐加快，两种文明并驾齐驱。以海上贸易网络为基础发展经济的
城邦开始形成，其中最引人注目的是腓尼基和古希腊，第二种是以农
业和矿业为基础的城邦，它们最终成为古典时代的陆地帝国。古希腊
为这些独特的文明提供了两个美妙的词汇：thalassocracy（"thalatta"
意为海洋，"cracy"意为权力）和 tellurocracy（"tellus"意为陆地）。

腓尼基人创造了可能是历史上最重要的海洋政权，不仅因为他们
在整个地中海地区建立了一个海上贸易网络，还因为他们启发了后来
的希腊和罗马帝国。腓尼基起源于今天的黎巴嫩，是远古比布鲁斯和
提尔的沿海城市，可以追溯到公元前 5000 年左右。腓尼基人可能是
从红海或波斯湾地区来的新移民。大约从公元前 1500 年开始，腓尼
基人开始在地中海周围建立沿海殖民地，并最终向西延伸到大西洋，
其中最重要的是公元前 9 世纪建立在西地中海的迦太基。这些沿海城
市构成了一个非凡的地中海贸易网络，其产品种类繁多，包括木材、
玻璃、葡萄酒和染料。其中有一种来自海螺的紫色染料，它可能就是
腓尼基（phoenicia）这个词的来源，但有人认为腓尼基这个词源自古

希腊语，意为血红色。

除了建立了一个密集的地中海商业网络，腓尼基人还为他们的闪米特语创造了一个由 22 个字母组成的辅音字母的书写系统，这一系统在公元前 8 世纪被希腊人采用，后来又被罗马人采用。腓尼基字母本身被认为是来自埃及的象形文字。因此，东地中海文字系统从埃及的象形文字到黎凡特的原始文字，到腓尼基人的辅音文字系统，再到古希腊人辅音加元音字母的决定性突破，形成了一个巨大的知识传播弧。

腓尼基人展示了传奇般的贸易和金融技能（柏拉图在《理想国》中把他们描述为"爱财"的腓尼基人，而不是"爱智"的希腊人），但他们没有军事优势。因此，腓尼基人被那个时代崛起的陆上帝国所征服。公元前 539 年，阿契美尼德波斯帝国的居鲁士大帝征服了东方诸城。亚历山大在公元前 322 年征服了该地区，腓尼基被并入托勒密帝国和塞琉西帝国。迦太基作为一个独立的城邦继续存在，直到后来在布匿战争中被罗马帝国摧毁。

传统陆地帝国的出现

大约公元前 900 年，以陆地为基础的国家开始出现，它们超出了其发源地河流的流域而达到了帝国的规模。古埃及沿着尼罗河统一，美索不达米亚（包括阿卡迪亚人、亚述人和巴比伦人）的历代帝国主要在底格里斯河和幼发拉底河流域互相作战。然后，新亚述帝国（图 5.1）获得了足够的军事优势，不仅征服了美索不达米亚，还征服了安纳托利亚东部的部分地区和黎凡特，最终征服了埃及（公元前 671

年）。尽管有这些非凡的征服，但这个帝国因为内乱很快就崩溃了。最后在公元前612年，亚述敌人的联合军队入侵了它的首都尼尼微，亚述的领土被当地的被征服者夺回。

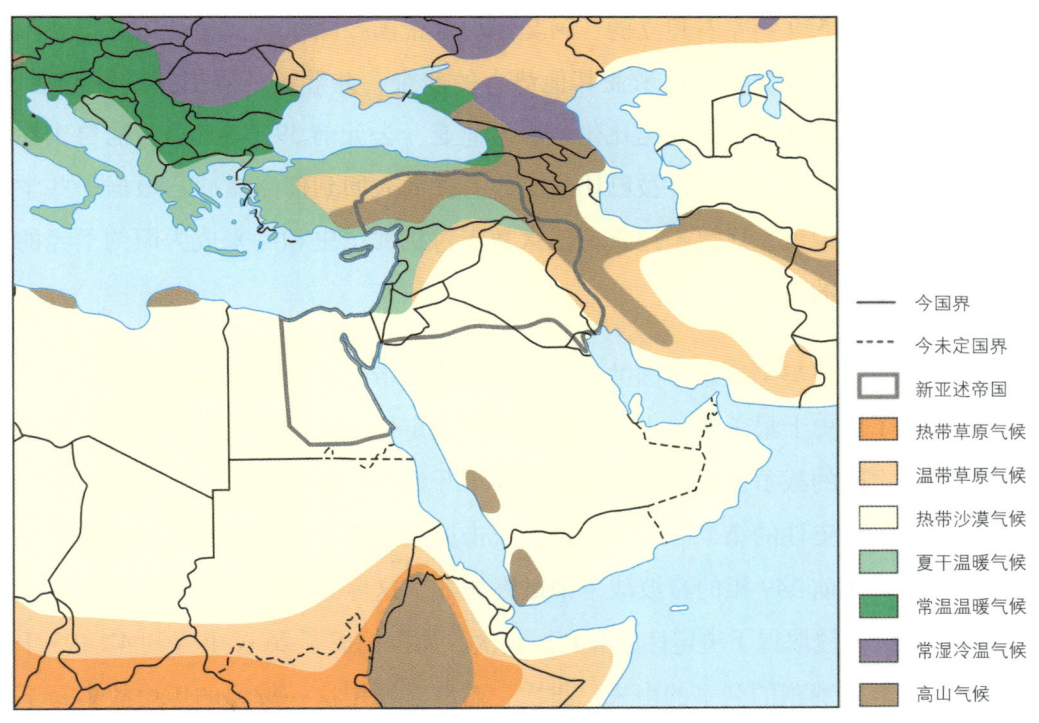

———	今国界
- - -	今未定国界
▭	新亚述帝国
■	热带草原气候
■	温带草原气候
■	热带沙漠气候
■	夏干温暖气候
■	常温温暖气候
■	常湿冷温气候
■	高山气候

图 5.1　新亚述帝国版图，公元前 671 年

　　但是，此时已有的一切已经为全球化的新时代——古典时代奠定了基础。在这个时代中，跨越幸运纬度带的各大陆地帝国将征服大片领土，与其他帝国进行密集的贸易和文化交流，并发动持续不断的战争。地中海盆地和西亚，从大西洋一直延伸到印度河，作为亚洲的一部分，是东、西方帝国争夺的战场，其文明冲突甚至持续至今。今天，当美国刺激和挑衅伊朗的时候，伊朗也会予以还击。虽然大多数

时候没有意识到，但可以肯定的是，这是 2500 年前西地中海和波斯之间偏见和冲突的镜像。

第一个伟大的波斯帝国，阿契美尼德帝国，是由居鲁士大帝在公元前 559 年左右建立的。阿契美尼德帝国扫除了新亚述帝国、巴比伦王国以及美索不达米亚其他势力的残余，并继续征服了安纳托利亚、腓尼基和埃及。在巴比伦征服朱迪亚（公元前 597 年）后，居鲁士在公元前 539 年允许被巴比伦流放的犹太人回到耶路撒冷。根据一些学者的说法，居鲁士还支持犹太教士对犹太历史和后来成为旧约圣经的史籍的编纂。

阿契美尼德帝国的显著扩张将波斯带到了希腊城邦的门口，引发了历史上最著名，也可以说是最具决定性的东西冲突——波斯与雅典之间的战争。波斯在公元前 490 年开始攻击希腊大陆，一共产生了三个历史性的结果。首先，雅典人击退波斯取得了胜利，并导致波斯在公元前 449 年的希波战争中最终失败，这标志着西方文明对来自东方的入侵取得了决定性的胜利。其次，马拉松成了 26 英里（约 42.195 千米）赛跑的名字的由来。再次，希罗多德用这一辉煌的历史故事写下了著名的《希波战争》一书，开创了西方历史写作这一领域。

几乎没有喘息之机，希波战争之后，就在长期战争结束后的几年，雅典和斯巴达又开始了伯罗奔尼撒战争（公元前 431—前 404年），导致了雅典共和国的垮台。除了修昔底德的《伯罗奔尼撒战争》为我们提供了第二本伟大的西方历史书外，雅典的溃败终结了它几十年的辉煌。那些卓越的成就被人当作雅典黄金时代的记忆，包括民主制度、学术、艺术和公民参与等，这些都是永远启发和鼓舞西方的源泉。

　　然而，雅典在西方历史上的决定性作用远未结束，因为正是它奠定了在下一个世纪要出现的柏拉图、亚里士多德和西方哲学的基础。苏格拉底的死刑于公元前 399 年执行，他最伟大的学生和追随者柏拉图于公元前 387 年开设了著名的学院。柏拉图提出了很多西方伦理的核心概念，包括超越激情恪守理性、自我认知的目标、追求美德、以美好生活为目标和追求共同利益的政治概念，这些都是西方奉若神明的思想。这些思想由柏拉图最伟大的学生，也可以说是西方历史上最伟大的思想家亚里士多德进一步完善和修改的。亚里士多德在公元前335 年创办了自己的学校，被认为是世界上第一所大学。与他的老师柏拉图不同的是，亚里士多德不仅致力于哲学思考，而且致力于实证研究。亚里士多德对生命形式和生态学的直接研究标志着生物学的诞生。亚里士多德还创立了许多其他的科学学科，包括逻辑学、修辞学、美学、政治学、伦理学等。

　　亚里士多德还因为他最著名的学生而被人铭记。公元前 343 年，亚里士多德被马其顿国王腓力二世召去辅导其年幼的儿子亚历山大，这是亚里士多德多年来一直追求的事业。亚历山大后来成为马其顿的国王，公元前 334 年，他开始在东方与波斯作战，这是对一个半世纪前阿契美尼德入侵希腊的报复。公元前 332 年，亚历山大占领埃及，成为波斯的总督。

　　公元前 330 年，亚历山大占领了波斯帝国的首都波斯波利斯，征服了波斯帝国，并继续向东部的印度河征战。公元前 323 年，在返回马其顿的途中，亚历山大突然死于巴比伦，死因不明，年仅 33 岁。

亚历山大征服的最大范围如图 5.2 所示。我们清楚地看到了亚历山大帝国版图决定性的东西轴，它就是现在广为人知的气候区和技术扩散带的轴心。亚历山大也征服了马其顿东部地区，因为他的骑兵可以簇拥着他到达那里。亚历山大死后，希腊帝国的范围也保持在了希腊人可以统治的生态区——温带和旱地冲积区，以混合农作物和畜牧业、马匹饲养和常见的传染病为特征，他从未冒险向南进入过热带地区。直到 2000 多年后，欧洲征服者才懂得如何在非洲疟疾肆虐的地区生存。

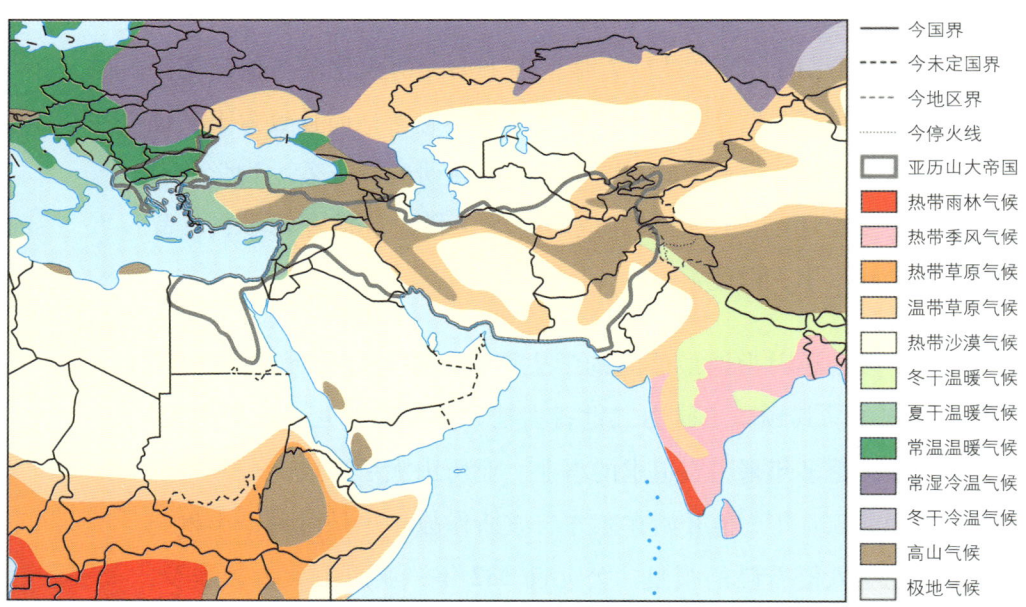

图 5.2　亚历山大帝国，公元前 323 年版图

希腊人无与伦比的遗产

亚历山大突然去世后，他的将军和追随者发动了一系列复杂的继位战争。帝国的一部分被追随者占领，建立了几个希腊化的继承国。其中最重要的是塞琉古帝国，包括安纳托利亚、黎凡特、美索不达米亚和波斯，埃及的托勒密王朝，以及经过几十年的纷争后形成的马其顿安提哥尼德帝国。这些本质上都是被亚历山大打败的阿契美尼德帝国的希腊化继承者。其他希腊化的王国包括佩尔伽摩、格列柯巴底亚王国、印度-希腊王国等。

结果是，希腊的殖民、贸易、文化和哲学又在亚历山大征服过的土地上延续了几个世纪。希腊的智慧继续指引、教化和激励着从东地中海到印度河的广阔地区的人民。政治和贸易以希腊语作为通用语，希腊手抄本在这一地区广为流传。即使是在公元前146年希腊被罗马人征服之后，甚至在公元前31年，托勒密王朝的埃及王国在屋大维与克利奥帕特拉和马克·安东尼的联合军队之间的史诗般的阿克提姆战役中最终屈服于罗马之后，这种影响仍然存在。

希腊文化是通过建立体训学校（为年轻人设立的学校）来宣传的，这些学校旨在培养学生的性格、运动能力和对希腊文化理念的忠诚。正如亚里士多德在《尼各马可伦理学》中所描述的那样，希腊的"教化"理念，即对年轻人进行教育，培养他们优秀的品格，使他们成为有道德的公民，从而过上美好的生活，这在整个希腊帝国都得到了推广。这种教育模式直到今天仍然在整个西方社会作为典范保持。

罗马帝国在公元前146年完成了对希腊的征服，但它仍然主要依赖于希腊的科学、哲学和宗教。东罗马帝国仍以讲希腊语为主，而罗马精英们也常常是希腊语和拉丁语共同使用。在很长一段时间里，雅典一直是一个卓越的学术中心。罗马帝国的大型图书馆，尤其是亚历山大和佩尔加穆的图书馆，热切地收集和保护着希腊文献和学术。甚至罗马皇帝图拉真在罗马的图书馆都分别有拉丁文和希腊文两个版本的藏书。

犹太神学家，如亚历山大的斐洛，通过吸收希腊哲学思想到其宗教思想中，使得希腊文化成为犹太教的一部分。同样地，早期基督教神学家，也是来自亚历山大的奥利金，通过学习和吸收，将希腊哲学思想也变成了基督教思想的一部分。当戴克里先把罗马帝国分为东西两部分时，东罗马帝国继续使用希腊语来处理国家事务，进一步加强了希腊思想在罗马统治中的根本作用。在西罗马帝国被日耳曼部落征服后，希腊人的学识基本上从西方的公共机构中消失了，但在基督教修道院中得以保留，至少是微弱地保留下来了。

在东方，随着伊斯兰教在第 7 世纪的崛起，学习古希腊的另一个伟大的历史推动者是阿拉伯哈里发（阿拉伯最高统治者的称号）。一代又一代的伊斯兰哲学家，有条不紊地研究并将古希腊文献翻译成阿拉伯语，这是古希腊宝贵的精神财富得以保留到今天的主要途径。哈里发阿卜杜拉·伊本·穆罕默德·曼苏尔将首都从大马士革搬到了一个新的和平之城，即今天的巴格达。他吸引了许多学者来到这座新城，并开始了一项翻译古籍的艰巨任务。在整个伊斯兰世界，伟大的哲学家，包括伊本·西那（阿维西纳）和后来的伊本·鲁世德（阿威罗伊），沿着斐洛和奥利金的道路，通过翻译吸收，将亚里士多德的科学和伦理学融入伊斯兰的思想和智慧中。曼苏尔的孙子和继任者哈里发建立了"智慧之家",作为巴格达伟大的图书馆和古今知识的宝库。巧合的是,一项伟大的发明——造纸,同时来到了巴格达。造纸是中国的一项发明。正如奥莱特·摩勒所描述的,用纤维植物造纸的技术是由两名在战斗中被俘的中国士兵传到阿拉伯世界的,后于751年在撒马尔罕建立了阿拉伯世界的第一家造纸厂,大约40年后,这一技术才传到巴格达[2]。

　　古希腊的智慧最终又回到了原地,回到了罗马和中世纪时期更广泛的西方。在12世纪和13世纪,翻译成阿拉伯语的古希腊哲学家的思想以及伊斯兰的评论又都被翻译成拉丁文并供教会的神学家学习。其中,托马斯·阿奎那(1225—1274)是最重要的教会神学家,他的《神学大全》是运用亚里士多德的工具和哲学结合基督教神学对信仰和理性的深刻反思。亚里士多德哲学在巴黎(阿奎那任教的地方)、博洛尼亚、帕多瓦、萨拉曼卡和欧洲其他地方的新大学被当作一门课程来教授。意大利文艺复兴以新的激情推动了古典文化在旧大陆的复兴。另一个重要事件也加剧了这一进程:当土耳其人在1453年占领了君士坦丁堡时,君士坦丁堡的希腊学者们逃之夭夭,把他们的古典知识和文献带到了他们新的工作地——欧洲各个大学。

罗马帝国

　　让我们回头看看古典时代帝国之间竞争的情形。罗马帝国在公元前214—前148年的几次战争中击败了马其顿,然后继续征服了位于大家熟悉的幸运纬度带东西轴线上其他的希腊国家(包括公元前32年托勒密王朝的埃及王国)。在图5.3中,我们可以看到罗马帝国于公元 117 年在图拉真皇帝统治下的版图与柯本-盖格尔气候系统中的地中海气候区（Cw 区）紧密地保持一致。罗马帝国的疆域和之前的其他帝国一样，在很大程度上也是由气候决定的。

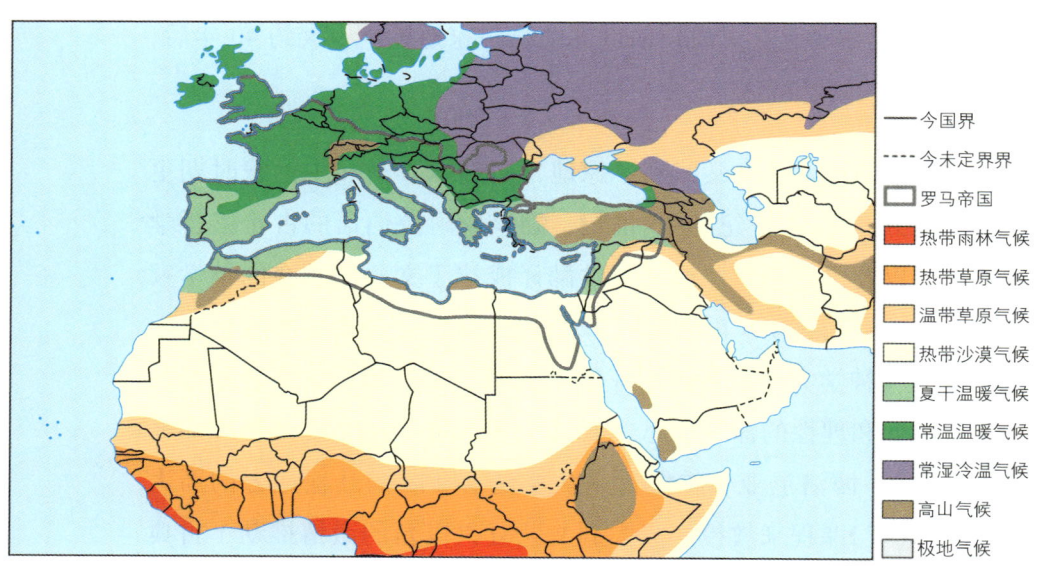

今国界
今未定界界
罗马帝国
热带雨林气候
热带草原气候
温带草原气候
热带沙漠气候
夏干温暖气候
常温温暖气候
常湿冷温气候
高山气候
极地气候

图 5.3　罗马帝国版图，公元 117 年

　　罗马帝国止于北非沿海的原因显而易见。再往南走意味着要去既不适宜居住又不能发展经济的沙漠。往北越过帝国边界，越过莱茵河就进入了今天的德国，这也是一个困苦的地区，其特点是森林茂密、土壤深厚、冬天寒冷。罗马历史学家塔西佗在公元 98 年写的《日耳曼》一书中说："此外，与狂野而不被人知的大海不同，如果那里不是一个人的祖国，谁会放弃亚洲、非洲、意大利去寻找一个有着并不可爱的景观和恶劣的气候，且不宜居住和停留的日耳曼尼亚呢？"

汉朝

现在让我们把注意力转到欧亚大陆的东部边缘上。在罗马帝国兴起的同一时期，秦始皇于公元前221年首次统一了中国。秦始皇以其在西安陪葬的兵马俑而闻名。在解释秦朝统一中国的军事成就时，历史学家卡林顿·古德里奇指出："卓越的准备，持续的压力，以及对最新的战争艺术的高超掌握，特别是与骑兵的结合，对他的敌人来说太可怕了。"[3]来自西部大草原的骑兵战法以及其他许多技术，包括来自近东的牛拉犁、来自地中海的玻璃器皿和来自南亚的天文思想，传播到了古代中国，激发了中国自身巨大的技术创新能力。

虽然秦朝只从公元前221年延续到公元前207年，但汉朝紧随其后，从公元前202年至公元220年，延续了400多年。汉朝确立了中国的疆界，它至今仍是中国版图的核心。要了解这些边界，可以研究一下中国及其邻国的气候区。现代中国的东部和南部以温暖的温带气候为特色，东北属于冷温带气候，北部与蒙古搭界的地方和西南的喜马拉雅高原是干草原地区，南部则与热带区的缅甸、老挝和越南为邻。公元73年，汉朝的版图（图5.4）达到顶峰，包括现在中国的温带地区，以及一个草原缓冲区，将汉朝与中国北方邻居匈奴汗国（今天的蒙古）的草原地区分隔开来。当时和现在一样，东南亚的热带地区不属于汉朝。

汉朝的疆域，换句话说，是东亚大陆的温带地区，加上北部的狭长草原，与广阔的北部草原形成的缓冲地带。人口集中在两个最大的区域，即从西向东穿过北部草原地区的黄河流域，和从西向东穿过南部温带地区的长江流域。黄河流域的农业体系以小麦和小米为主，气候干燥凉爽；而长江流域的农民主要种植水稻，气候温和湿润。

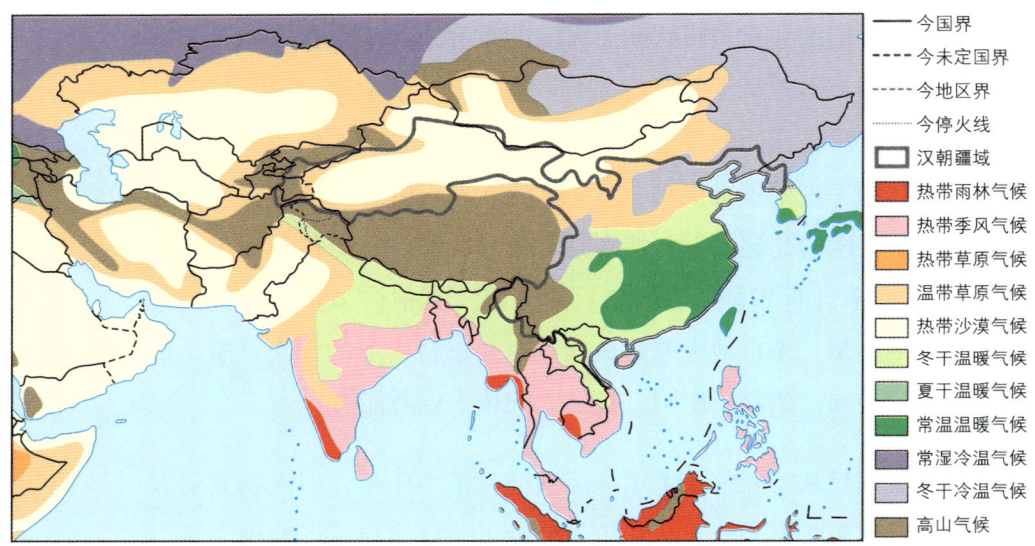

——	今国界
- - -	今未定国界
- - -	今地区界
······	今停火线
▢	汉朝疆域
▮	热带雨林气候
▮	热带季风气候
▮	热带草原气候
▮	温带草原气候
▮	热带沙漠气候
▮	冬干温暖气候
▮	夏干温暖气候
▮	常温温暖气候
▮	常湿冷温气候
▮	冬干冷温气候
▮	高山气候

图 5.4 汉朝版图，公元 73 年

汉朝以本土技术的蓬勃发展而闻名。汉朝产生了一些重大技术突破，包括造纸、航海（舵）、数学（负数、解方程）、防洪（黄河沿岸）、水车、冶金（铸铁）和地震仪。汉朝还发明了一种贯穿中国历史的管理模式：中央集权的政府统治各省、市（县）、镇（村）。儒家思想被确立为国家意识形态。

国内和平、谷物种植和畜牧混合的农场系统的高生产率，以及快速的技术突破，使得汉朝的人口在公元 1 年左右达到了约 6000 万，当时罗马帝国的人口约为 4500 万。汉朝和罗马帝国的人口加起来约占世界总人口的一半。

公元 100 年的发达国家

公元 100 年的欧亚大陆（图 5.5）由幸运纬度带东西轴线上的三个主要帝国组成：位于地中海盆地的罗马帝国、西亚的帕提亚帝国（今天的伊朗和伊拉克）、中国的汉朝。公元前 187 年，庞大的孔雀王朝瓦解后，印度次大陆被划分为许多国家，包括库申、印度-斯基泰、印度-希腊等。三大帝国的北面分别是欧洲北部茂密的森林、帕提亚北部的西欧亚大草原和中国北部的东欧亚大草原；南面分别是北非沙漠、阿拉伯半岛和东南亚的热带地区。

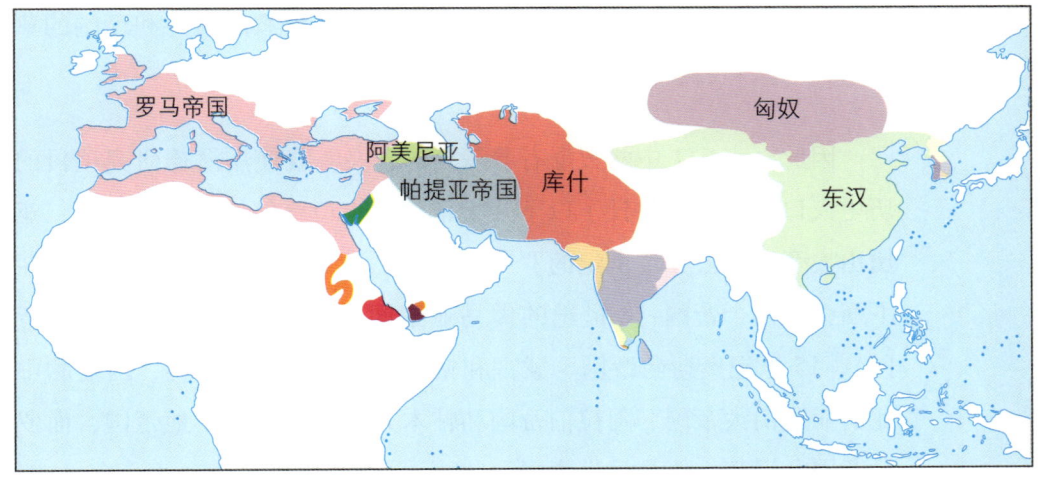

图 5.5　公元 100 年的主要欧亚帝国

到公元 100 年，罗马帝国和汉朝的人口都在 6000 万左右，而印度次大陆的人口大致相同，也许更多。波斯的人口大概有 1500 万。这些区域加在一起，几乎是世界 2.25 亿人口中 2 亿人的家园。撒哈拉以南的非洲和美洲的人口很少，与欧亚大草原、沙漠和热带地区类似，各只有几百万人口。温带欧亚大陆的混合谷物种植和畜牧业的农业系统具有巨大的生产力，由以马为基础的贸易和治理，以及跨越广阔东西轴线的先进技术的传播所支撑，这意味着幸运纬度带地区确实是世界人口、经济和技术的中心。

值得注意的是，幸运纬度带包含两个主要的气候带：欧亚大陆西部的西欧和东部末端的中国的温带地区，以及位于西亚和中亚之间的广大半干旱和沙漠地区。罗马帝国和汉朝都是温带帝国，富饶的粮食生产（罗马帝国以小麦为主，汉朝则拥有小麦、小米和大米）养活了高密度的人口。而波斯帝国以及西亚和中亚的其他地区人口要稀少得多，他们靠谷物、水果和葡萄园为生，生活在灌溉的河谷和辽阔的草原上，马匹和骑兵也都靠这些养活。

因此，表5.1中的数据有着深刻的含义。我使用海德研究项目的历史人口统计数据估计了以下几大帝国的人口跨气候区分布情况：亚历山大帝国、公元1世纪的罗马帝国、公元1世纪的汉朝等。我将在下面讨论四个帝国：8世纪的倭马亚帝国（第一个阿拉伯-伊斯兰帝国）、15世纪奥斯曼帝国、蒙古和帖木儿帝国。我们看到，西亚和中亚的亚历山大帝国、阿拉伯帝国和帖木儿帝国主要是旱地帝国，而罗马帝国和汉朝主要是温带帝国。

表 5.1 主要帝国不同气候区的人口分布百分比

（单位：%）

气候区	亚历山大帝国	罗马帝国	汉朝	倭马亚帝国	蒙古帝国	奥斯曼帝国	帖木儿帝国
A	—	—	—	—	0.46	—	—
B	50.7	17.1	17.6	54.3	22.3	37.0	60.0
C	26.4	77.2	67.4	25.3	51.2	48.7	8.7
D	—	0.33	12.1	—	18.3	1.5	0.06
H	22.9	5.3	2.8	20.5	7.8	12.9	31.3

资料来源：Author's calculations using HYDE data. See data appendix for details.

奥斯曼帝国，作为东罗马帝国的继承者，是一个混合温带（安纳托利亚和巴尔干半岛）和旱地（西亚）的地区。人口量大，密度更高的罗马帝国在规模和技术成就上拥有巨大的优势，但这最终并没有保护其免受人烟稀少的邻居征服。北欧的日耳曼部落征服了罗马；地中海东部的土耳其征服了波斯。

幸运纬度带地区的全球贸易

这三个大帝国与印度次大陆的北部王国进行了远距离的技术、工业品交换和思想交流。草原地区提供了被称为"丝绸之路"的高速公路，这条路连接了西部的罗马和东部的汉朝（图 5.6）。来自中国的丝绸流入罗马，而来自地中海的玻璃制品则流入中国。丝绸之路上有使节，例如由罗马皇帝马可·奥勒留（公元 161—180 年）派往汉朝的大使，还有哲学家和教师。公元 65 年，佛教首次从印度北部传入中国。

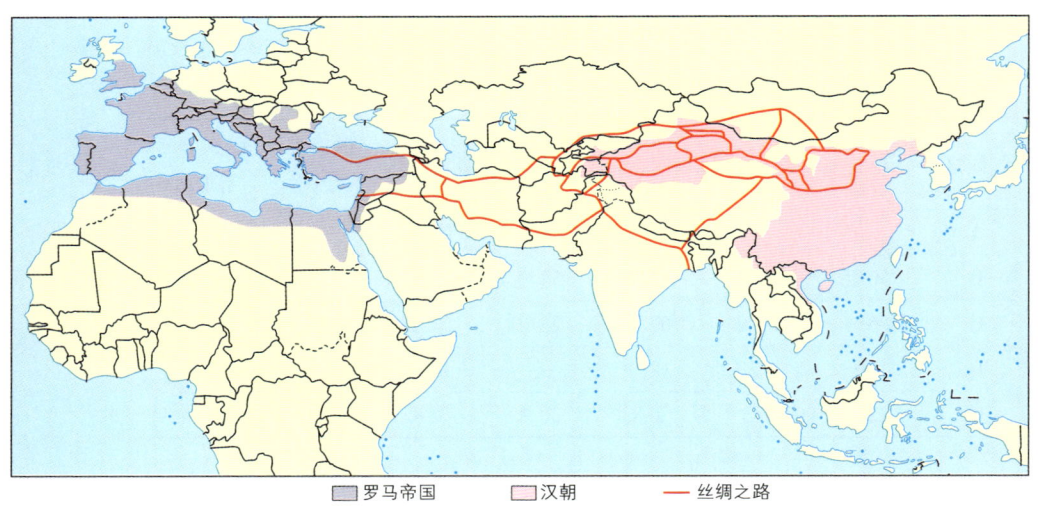

图 5.6　公元 1 世纪的丝绸之路

罗马帝国　　　　汉朝　　　　丝绸之路

罗马帝国的衰落和伊斯兰国家的兴起

　　尽管罗马在技术和人口上占主导地位，但随着时间的推移，罗马帝国的政治稳定性逐渐减弱。公元 285 年，罗马皇帝戴克里先将这个庞大的帝国分为东罗马帝国和西罗马帝国进行统治。东罗马帝国先在拜占庭后改在君士坦丁堡实施统治，西罗马帝国在罗马城实施统治。虽然罗马帝国的统治将经历进一步的统一和东西分裂的周期，但戴克里先的决定从未被永久推翻。西罗马帝国后来被来自北方的日耳曼部落征服，公元 476 年西罗马灭亡。与此同时，东罗马帝国作为拜占庭帝国继续存在，从君士坦丁堡开始，仍然统治着地中海盆地的大部分地区。公元 555 年拜占庭帝国的版图如图 5.7 所示。

　　在之后的几个世纪里，来自欧亚大草原的骑兵不断威胁着这些温

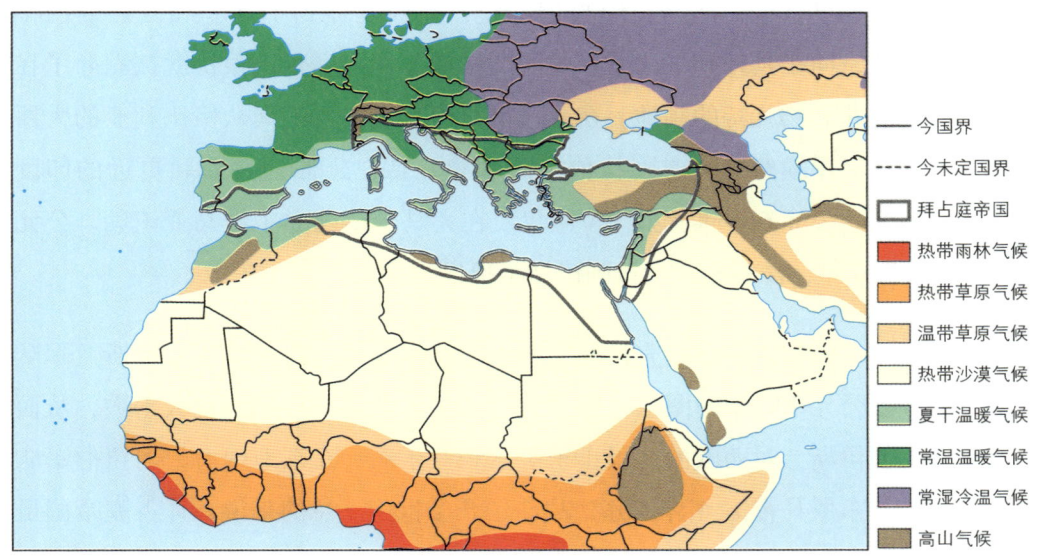

图 5.7　拜占庭帝国版图，公元 555 年

带地区。5 世纪中叶，匈奴人从黑海地区向欧洲东部和西部发动了毁灭性的袭击。哥特人、阿瓦尔人、马扎尔人、保加利亚人和匈奴人都起源于中亚的大草原，他们向南边的温带文明发起了攻击，以其残暴和破坏性而闻名。这些少数民族对有着大量人口的国家的军事胜利，既证明了骑兵在那个时代的持久优势，也证明了军事技术可以为在其他技术上处于劣势的小国提供决定性的优势。几个世纪之后，蒙古人——另一个来自大草原的征服者，取得了更大的陆地战胜利。

　　罗马灭亡引起的地中海地区的剧变，以及 7 世纪波斯萨珊王朝的衰落，迎来了另一个闪电般的征服。这一次来的是从阿拉伯沙漠里骑着马和骆驼、带来了新宗教的阿拉伯人。伊斯兰教迅速兴起，规模庞大的伊斯兰帝国一个接一个地迅速崛起。地理逻辑再次遵循着东西生态梯度，这一次跨越阿拉伯沙漠，向西延伸到了北非和西班牙的旱地，向东延伸到了西亚和中亚的旱地。拜占庭帝国很快就被剥夺了在北非和黎凡特的领地。在一个世纪内，伊斯兰王国从伊比利亚的大西洋海岸横跨北非、阿拉伯半岛和黎凡特，延伸到波斯和更远的印度河。公元 661 年，第三位哈里发在大马士革建立了倭马亚王朝。公元 750 年，倭马亚王朝被阿巴斯哈里发推翻。

阿拉伯人试图直接征服西欧的温带地区，但失败了。伊斯兰军队在公元 732 年的图尔（在今天的法国）战役中被法兰克人击败，从而使伊斯兰对西欧的征服止于伊比利亚半岛。在东地中海，阿拉伯军队与东罗马帝国（拜占庭）战斗了几个世纪。总的来说，拜占庭帝国虽然失去了地中海东部的几个岛屿，包括克里特岛、马耳他岛和西西里岛（图 5.8），但是击退了来自安纳托利亚和巴尔干地区的阿拉伯入侵者。然而，伊斯兰教的传播远远超出了阿拉伯人的征服范围。早在 7 世纪晚期，阿拉伯商人和航海家就把伊斯兰教带到了印度洋的定居点。伊斯兰教随后在印度、中国和东南亚主要贸易路线的部分地区扎根。苏菲派传教士们创造了与当地万物有灵论融为一体的宗教实践。在 15 世纪和 16 世纪，印度尼西亚群岛和马来半岛的统治者皈依了伊斯兰教，以加强他们的政治权威。

在阿拉伯统治兴起大约 4 个世纪后，阿拉伯帝国面临一个新的强劲对手：来自中亚（现在的土库曼斯坦和哈萨克斯坦）的土耳其部落，他们通过波斯进入西亚。这些土耳其部落，从塞尔柱人开始，深受波斯社会的影响，在公元 1000 年左右改信伊斯兰教。塞尔柱人打败了波斯帝国，然后进入安纳托利亚，一步一步从拜占庭帝国手中夺回安纳托利亚，并在 1071 年取得了关键性的胜利。塞尔柱王朝进入

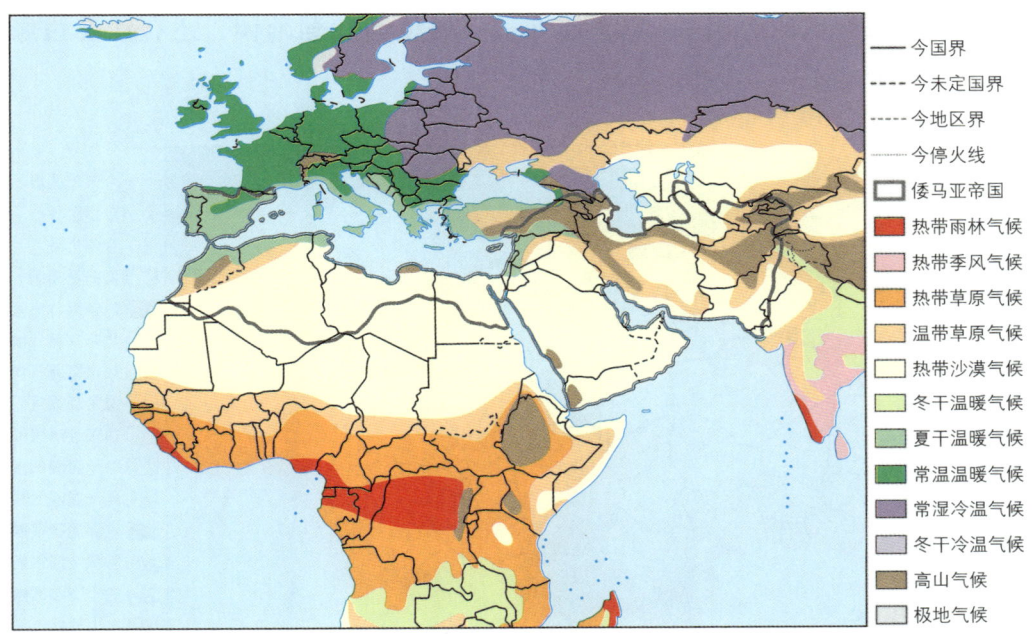

──	今国界
----	今未定国界
----	今地区界
......	今停火线
▢	倭马亚帝国
■	热带雨林气候
■	热带季风气候
■	热带草原气候
■	温带草原气候
■	热带沙漠气候
■	冬干温暖气候
■	夏干温暖气候
■	常温温暖气候
■	常湿冷温气候
■	冬干冷温气候
■	高山气候
■	极地气候

图 5.8　倭马亚帝国，公元 700 年

西亚和地中海东部地区，引发了 1095 年的由教皇乌尔班二世号召的第一次十字军东征，后者又反过来引发了以拜占庭和欧洲为一方，以西亚的土耳其为另一方的几个世纪的竞争。

　　塞尔柱王朝的统治，接下来被另一个土耳其帝国——奥斯曼帝国所取代。奥斯曼最终征服了北非的阿拉伯，并于 1453 年征服了拜占庭帝国的首都君士坦丁堡，以及巴尔干半岛和欧洲中部的部分地区，包括布达佩斯，但它却被挡在维也纳的大门之外。通过对比图 5.7 和图 5.9 我们可以看到，除了意大利半岛、摩洛哥以及西班牙最西部地区，奥斯曼帝国占领了公元 555 年开始由查士丁尼皇帝统治下的拜占庭帝国（东罗马）的大部分领土。拜占庭帝国和奥斯曼帝国都是地中海流域的帝国——那里有小麦、橄榄园和葡萄园，还有沙漠边缘地带。

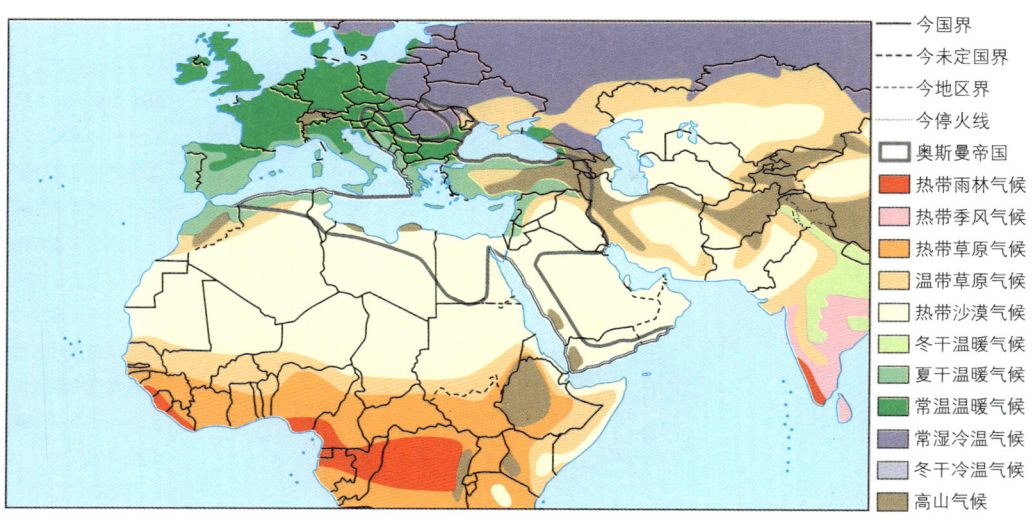

——	今国界
----	今未定国界
----	今地区界
·····	今停火线
▢	奥斯曼帝国
■	热带雨林气候
■	热带季风气候
■	热带草原气候
■	温带草原气候
■	热带沙漠气候
■	冬干温暖气候
■	夏干温暖气候
■	常温温暖气候
■	常湿冷温气候
■	冬干冷温气候
■	高山气候

图 5.9　奥斯曼帝国版图，公元 1566 年

辉煌的中国宋朝

在塞尔柱和奥斯曼崛起的同一时期，中国经历了另一个黄金时代——宋朝，从公元 960 年到 1279 年（图 5.10）。在温带欧亚大陆的东部边界，新统一的和平的中国进入了一个惊人的技术创新、人口增长和经济繁荣的时期。中国在技术（如指南针和火药）和治理（如发行纸币）方面取得的显著成功，最终将传播到西方，并为西欧在 1400 年后的全球崛起中增添实力。事实上，几个世纪以来，中国在技术创新与和平治理方面一直遥遥领先。

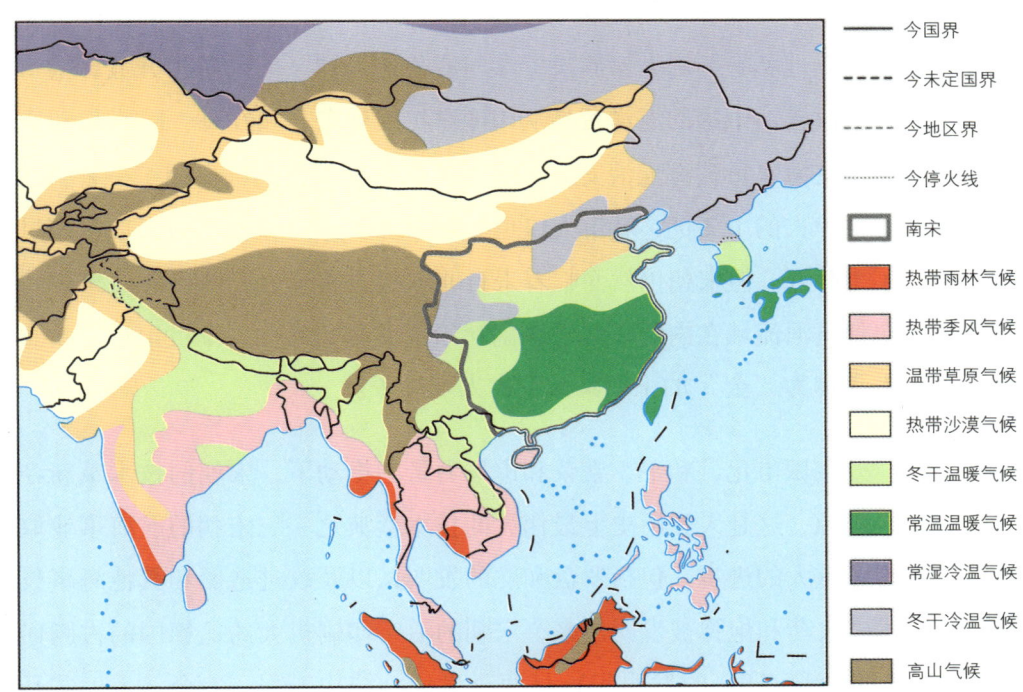

——	今国界
----	今未定国界
- - -	今地区界
········	今停火线
▢	南宋
▇	热带雨林气候
▇	热带季风气候
▇	温带草原气候
▇	热带沙漠气候
▇	冬干温暖气候
▇	常温温暖气候
▇	常湿冷温气候
▇	冬干冷温气候
▇	高山气候

图 5.10　宋朝版图

宋朝的成就来源于卓越的治理。宋朝有"儒家统治的时代"之称。迪特尔·库恩解释道：

公元960—1022年，宋朝早期的皇帝及其顾问为政府执政、文化活动和个人行为制定了很高的标准，作为他们继任者的榜样……在这三个人（宋朝的前三位统治者）的领导下，所有宋朝人都热爱学习。宋朝比中国历史上任何一个朝代都更接近儒家统治的理想……植根于经典儒家思想，它制定了一套基于人性、正直、恰当、孝道、忠诚、守礼、重文轻武的伦理标准。[4]

宋朝可能被认为是世界上第一个大规模发展资本主义经济的王朝：土地私有，商人家族投资参与股份制公司，国际贸易开放，港口得到改善，中国的海洋贸易从印度洋扩展到东非和红海。12 世纪建立的一支海军负责海上治安。农业生产力提高了，人口也翻了一番，达到了惊人的 1.2 亿，城市人口也大量增加。开封和杭州的人口都超过了 100 万。但宋朝仍然面临着来自北方邻国的暴力。1142 年，宋朝将包括黄河流域在内的华北平原割让给了女真骑兵。一个世纪后，女真人自称为"金"的王朝又被蒙古人征服了。

在城市化、和平、繁荣和市场力量的推动下，宋朝的技术革新令人震惊，这是人类历史上最伟大的技术盛典之一。宋朝的航海事业取得了重大的进步，包括罗盘和舵的发明，以及改进造船和其他海事技术。火药和炮弹被发明出来，宋朝的活字印刷机大约比德国的古腾堡（西方活字印刷的发明人）早两个世纪，结构工程、冶金、手工艺品包括精美瓷器和丝绸纺织品、机械钟表、纸币，以及银行、保险、股份制企业等机构纷纷出现。这些先进技术逐渐沿着大草原和幸运纬度带向西传播到威尼斯和西欧。

草原征服者最后的胜利

3000 多年来，来自大草原的半游牧骑兵从温带大草原逐步向南定居、入侵、战斗和统治。他们经常以寡敌众，凭借高超的骑术、骑兵的冲锋、周密的计划和英勇赢得了胜利。他们的名字——匈奴人、阿兰人、哥特人、土耳其人和蒙古人，至今仍然让欧洲人感到恐惧。就在这个幸运纬度带表面上的和平繁荣时期，即 13 世纪欧洲中世纪鼎盛时期和中国的宋朝，大草原上的蒙古人带着最后的强劲马力闯了进来。

成吉思汗是蒙古的军阀，他打败了蒙古的对手，并在 1206 年宣布自己为蒙古的国王。从那时起，成吉思汗和他的后继者率领成千上万的蒙古骑兵征服了中亚、俄罗斯、高加索、西亚和东欧。1227 年成吉思汗去世时，帝国的疆域已经从太平洋延伸到了里海。成吉思汗的儿子窝阔台继承了王位。窝阔台继续扩张帝国，直到他在 1241 年去世，蒙古人已经扩张到高加索和中亚。当窝阔台去世的消息传到军队时，蒙古人正在入侵波兰，饥肠辘辘。这阻止了马上要发生的入侵欧洲的战争，因为王子们要回来参加葬礼并选举下一任可汗。

关于蒙古军事力量的突然爆发，一个有趣的假设是，这是一个特别适合畜牧业发展的气候时期。根据对蒙古中部 1112 年树木年轮的研究，我在哥伦比亚大学的同事尼尔·佩德森和他的助理们发现，1206—1227 年是"温暖而持续潮湿的时期"。尤其是那连续 15 年保持高于平均水平的湿度，这在"过去 1112 年里是前所未有的"。他们认为"这些气候条件促进了草原生产力的提高，有利于蒙古政治和军事力量的形成"。从本质上说，异常好的降雨带来了好的草料，这为征服欧亚大陆提供了马力[5]。

到 1259 年，蒙古帝国的规模达到了图 5.11 所示的惊人程度，成为历史上国土连续面积最大的陆地帝国。基辅罗斯（俄罗斯的前身）、中亚、高加索、波斯以及部分巴尔干半岛和东欧都处于蒙古人的统治之下。欧亚大陆被蒙古人的恩威笼罩。这是一个令人震惊的军事组织，它建立在卓越的骑兵及其卓越的战术之上，包括在困难的地形上进行远距离作战的能力。由于马上信使每天的行程可长达 200 千米，一个邮政系统将这个庞大的帝国统一起来。

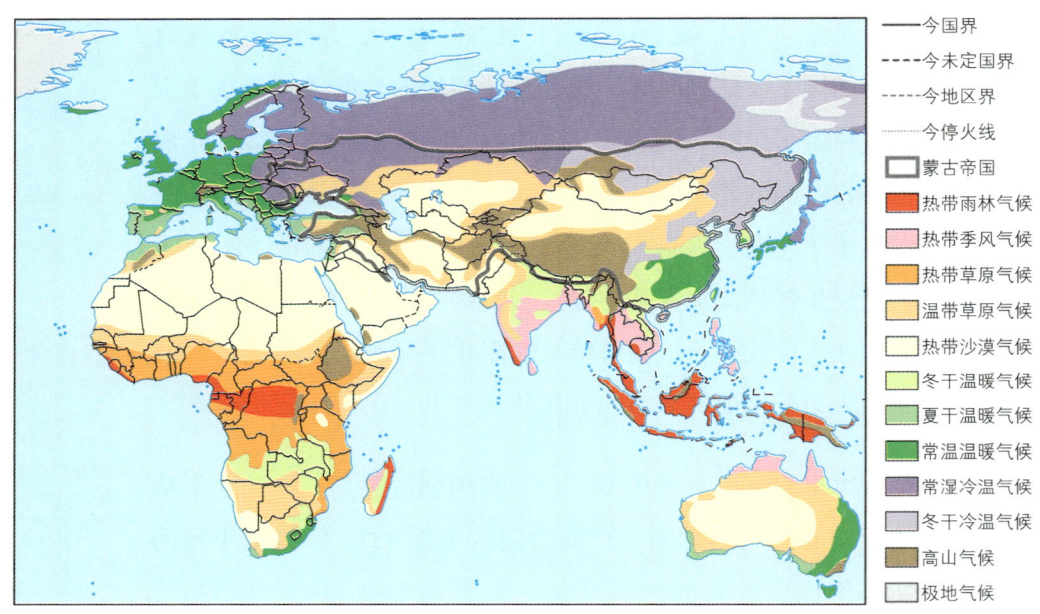

—— 今国界	
---- 今未定国界	
---- 今地区界	
···· 今停火线	
☐ 蒙古帝国	
■ 热带雨林气候	
■ 热带季风气候	
■ 热带草原气候	
■ 温带草原气候	
■ 热带沙漠气候	
■ 冬干温暖气候	
■ 夏干温暖气候	
■ 常温温暖气候	
■ 常湿冷温气候	
■ 冬干冷温气候	
■ 高山气候	
■ 极地气候	

图 5.11　蒙古帝国鼎盛时期的版图，公元 1259 年

征战异常血腥，数百万人被杀。1347 年，黑死病也是通过蒙古人的贸易网络从黑海传到西西里岛的，多达四分之一的欧洲人死于黑死病。然而，蒙古帝国统治下的广袤的欧亚大陆也带来了东西方贸易的大规模扩张。由于商人得到保护，贸易逐渐繁荣。马可·波罗就是沿着蒙古的丝绸之路踏上了著名的"汗巴里"（Khanbaliq，今天的北京）之旅，那是忽必烈汗设立的元朝的首都。

14 世纪，蒙古帝国因内部纷争而开始瓦解，分裂为几个独立的汗国。接下来，这些汗国很快就崩溃了。1368 年汉族人民掀起农民起义，结束了长达一个世纪的蒙古统治，迎来了明朝。其他的蒙古汗国持续的时间更长，但最终都被当地势力所取代。

最后一次企图建立一个横跨欧亚大陆的超级帝国的不同寻常的尝试是由一个出生在靠近撒马尔罕（现在的乌兹别克斯坦）的土耳其人完成的，他的灵感来自成吉思汗。他出生于 1336 年，比成吉思汗晚 174 年，因年轻时受过腿伤而被西方人称为帖木儿兰（跛足帖木儿）。虽然帖木儿不是成吉思汗的直系后代，他是突厥化蒙古人而不是蒙古人，但他声称自己与成吉思汗有共同的祖先，并把他的征战描绘成是为了恢复蒙古人的合法统治。他还以伊斯兰教的名义宣布他的征战。

帖木儿花了 35 年的时间在战争和远征中，试图重建蒙古帝国，甚至征服世界。在图 5.12 所示的最大范围内，帖木儿帝国吞并了波斯、跨高加索地区（现在的格鲁吉亚、亚美尼亚和阿塞拜疆）和中亚大部分地区（现在的阿富汗和巴基斯坦），但它在黎凡特、俄罗斯和中国受到了遏制。他的帝国几乎完全局限于 BS（沙漠）和 BW（草原）气候区，很少成功地扩展到干旱地区以外。帖木儿在 1405 年去世后不久，他的帝国就崩溃了，中亚草原上的骑士帝国也随之灭亡。接下来的几个世纪，大草原地区将被其他国家，尤其是波斯和俄罗斯征服。

古典时代的教训

人们很容易被古典时代的规模、故事和成就所震撼。这是大规模的文明创造。四大文明——希腊-罗马文明、波斯文明、伊斯兰文明和中国文明在争夺权力的同时也在进行长途贸易，并在欧亚大陆上不

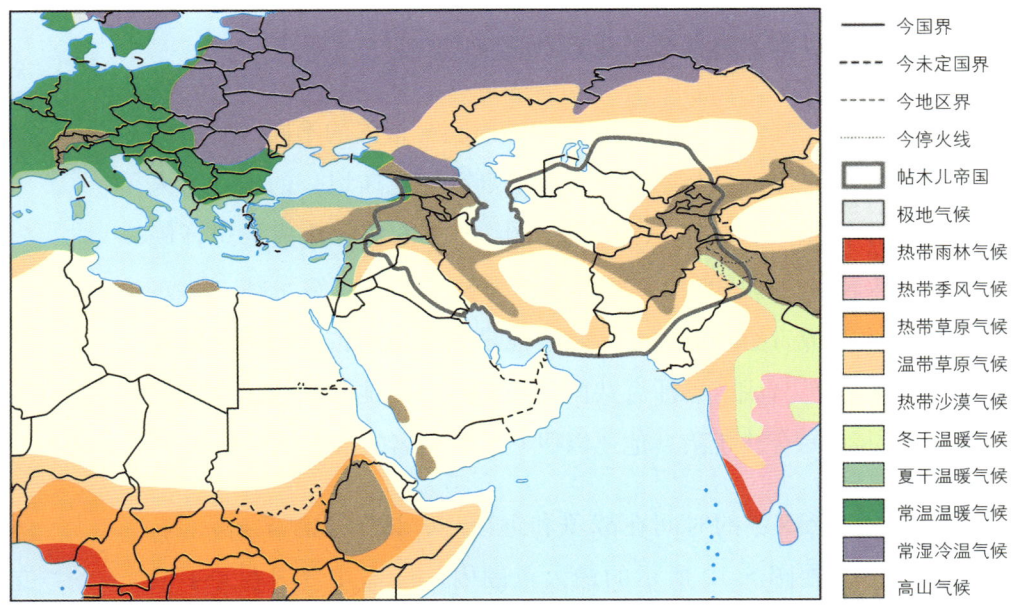

图 5.12　帖木儿帝国版图，公元 1400 年

	图例
——	今国界
- - -	今未定国界
- - -	今地区界
………	今停火线
▭	帖木儿帝国
▭	极地气候
■	热带雨林气候
■	热带季风气候
■	热带草原气候
■	温带草原气候
■	热带沙漠气候
■	冬干温暖气候
■	夏干温暖气候
■	常温温暖气候
■	常湿冷温气候
■	高山气候

断地交流思想和技术。当然，这些成就并不包括整个世界，在这一时期，我忽略了非洲、美洲和大洋洲的故事。然而，欧亚大陆在公元前1000 年至公元 1 年期间，人口占 85%；在公元 1500 年，人口占 77%；这可是千真万确的事实[6]。在欧亚大陆内部，幸运纬度带在公元前1000 年占欧亚人口的 67%，在公元 1500 年占 57%。正如我一再强调的那样，世界经济史和技术进步大多集中在欧亚大陆幸运纬度带。

2000 年前，大规模跨国治理的潜力已经实现。可以说，欧洲联盟（简称欧盟）试图以"盛世时期的罗马"的模式治理欧洲，但没有帝国战争，也没有一个民族主宰其他民族的沙文主义。中华人民共和国同样致力于维护类似汉朝的内部和平和宋朝的卓越创新的精神。虽然今天的伊斯兰世界是碎片化的，但让我们回顾在巴格达阿巴斯哈里发统治下的伊斯兰教的黄金时代，伊斯兰学者为了创造知识与科学融合，从一切来源寻求古代智慧，并曾是世界知识的引领者。这一崇高的努力为包括我们自己在内的后代保存了许多古典遗产。

06
海洋时代

（1500 年至 1800 年）

公元 1500 年，我们到达了人类历史上的一个关键时刻，当时欧洲人绕过非洲南端的好望角，第一次航行到亚洲。这是自亚洲和美洲之间的白令海峡在全新世初期被淹没以来，一万多年第一次恢复了旧大陆和美洲之间的活跃交流。15 世纪 90 年代的两次航行，即 1492 年克里斯托弗·哥伦布从西班牙的大西洋海岸到加勒比海，以及 1498 年瓦斯科·达·伽马从里斯本到印度的卡利卡特，又于 1499 年回到里斯本，决定性地改变了世界历史的方向。人类对世界和自身地位的认识、全球经济的组织、全球权力的中心和决定性技术都被以海洋为基础的全球化新时代所颠覆。然而，在认识到这两次航行及其后果的巨大影响之前，我们应该先解决一个更基本的问题：为什么是西欧而不是东亚主宰了海洋，从而主宰了世界？

中国的大逆转

15 世纪初期，中国的航海能力在世界上首屈一指。在几百年后才被认为是中国海军卓越成就的著名的郑和七下西洋[1]，发生在 15 世纪前 30 年的明朝。这些庞大的船队从中国出发，航行至东南亚，经过南海和马六甲海峡，环绕爪哇和苏门答腊，进入印度洋，一直到东非、阿拉伯半岛、印度海岸，然后返回中国。第四次航行（1413—1415 年）的航线如图 6.1 所示。

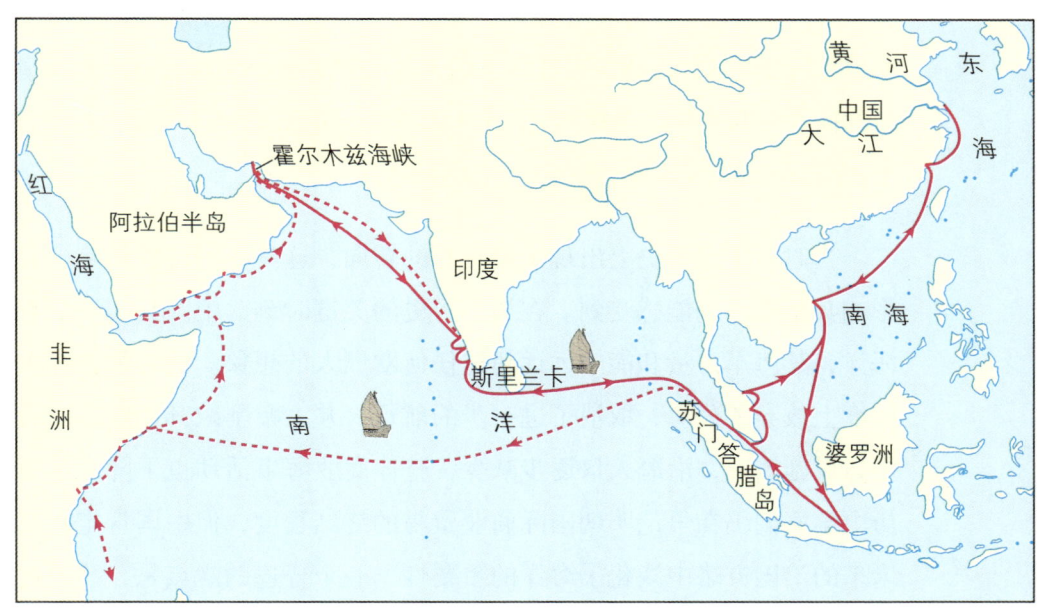

图 6.1　郑和第四次航行线路图，1413—1415 年

　　这些伟大的航行是中国先进海军技术和其他伟大成就的一次非凡展示，是中国尝试全球治理的一次行动。根据记载，第一次航行由317 艘船和 28000 名船员组成舰队，其他六次航行的规模也差不多。明朝皇帝的主要目标之一是确保印度洋上的所有国家都清楚地了解当时的地缘政治秩序。这些航行的目的是建立一个朝贡贸易体系。中国船队访问之后，各王国的代表也回访中国。在以后的访问中，这些国家向中央王国进贡，并相应地从中国得到了礼物。与此同时，独立于朝贡贸易之外的民间商业贸易却受到了极大的限制。事实上，在 1371

年，明朝皇帝就已经全面禁止纯民间贸易了。

郑和的赞助人和保护人是永乐皇帝（1402—1424 年在位）。永乐皇帝去世后，他的儿子下令停止航海，理由是不必要、昂贵，而且违反了儒家思想的原则。1425 年，永乐皇帝的儿子去世，下一位继任者，永乐皇帝的孙子在 1430 年命令郑和进行第七次航行。郑和于 1433 年疑似死于海上，或者可能死于在第七次航行结束后不久。

当时，中国历史上出现了反贸易的转向，这具有决定性影响，其影响甚至至今仍能感受到。在那个历史的关键时刻，中国其实统治着海洋，其海军力量和能力远远超过任何欧洲人的想象。但明朝在很大程度上放弃了公海，取消了进一步的航行，并大幅削减其船队。随着港口设施缩减，沿海人口逐步减少，整体商业海事活动也下降。尽管历史学家们仍在争论明朝国际商业贸易的终结程度，但中国肯定在其未来的治国方略中淡化了海洋的重要性。一个普遍的观点是，北方边境上草原骑兵的持续威胁导致中国将目光投向北方，而不是海洋。另一种观点认为，明朝的儒家官僚对商业活动持排斥态度。

结果影响深远。就在大西洋沿岸的葡萄牙和西班牙这两个小国开始对远洋航行和贸易产生兴趣的时候，中国基本上放弃了对印度洋的竞争。不是中国在去往欧洲的途中绕过好望角，而是欧洲列强在去往亚洲的途中绕过好望角。在 1433 年后的一个世纪里，西班牙、葡萄牙和其他欧洲强国的炮船在印度洋海域航行，环游地球。中国逐渐失去了技术领先的地位，在科学、工程和数学方面落后于欧洲。到 19世纪，技术的差距如此之大，以至于中国的主权不像过去那样被北方邻国所侵犯，而是被比中国人口少得多、绕了半个地球的北大西洋的欧洲国家所侵犯。

1776年，也就是郑和最后一次航海的340年后，亚当·斯密这样描述中国：

> 长期以来，中国一直是世界上最富有的国家之一，也就是说，是世界上最富饶、最文明、最勤劳、人口最多的国家之一。然而，它似乎长期停滞不前。500多年前去过那里的马可·波罗对那里的种植、工业和人口的描述，几乎与当今旅游者对那里的描述完全一样。甚至可能在马可·波罗之前很久，中国就已经获得了当时的法律和制度许可下所能获得的同等程度的财富。[2]

中国在很长一段时间内"停滞不前"，部分原因可能是它放弃了技术和科学知识方面的成果，而这些成果本应带来更活跃的海洋商业贸易。直到1978年，也就是郑和第七次航行结束的545年后，中国才再次开放，热情拥抱世界贸易，并将其作为治国之道的核心之一。

北大西洋航行探索

在欧亚大陆的另一边，有一位非常具有开拓精神的小国国王——航海之国葡萄牙的亨利国王，他鼓励葡萄牙商队冒险沿西非海岸航行，鼓励海上探险，并推动航海技术的进步。最终，这些有远见的努力促使葡萄牙航海家巴托罗缪·迪亚斯于1488年到达非洲南端的好望角。然后，在印度洋上的阿拉伯或印度水手的帮助下，瓦斯科·达·伽马于1498年绕过非洲南端航行到印度南部的卡利卡特海岸。

欧洲人想寻找一条通往亚洲的海上航线的主要原因是东罗马帝国的衰落所带来的连锁反应。1453 年，奥斯曼帝国的苏丹穆罕穆德二世打败了拜占庭帝国的君士坦丁一世，占领了君士坦丁堡。随着奥斯曼帝国在新命名的伊斯坦布尔的统治，古代的丝绸之路和通往亚洲的海上航线都处于其统治范围内（当时通往亚洲需要从地中海到埃及或地中海东部港口，再通过苏伊士或阿拉伯半岛陆路运输到印度洋，然后与阿拉伯商人进行海上贸易后到达印度或中国）。因为东地中海的航行受到了奥斯曼帝国船队的威胁，寻找一条通往亚洲的替代航线变得迫在眉睫。

西欧的统治者对航海产生了新的浓厚兴趣。突然之间，北大西洋国家包括西班牙、葡萄牙、英国、法国和荷兰，在地理上反而比之前东西贸易中长期处在领军地位的热那亚、威尼斯和拜占庭占据了上风。巧合的是，在 1492 年，也就是基督教从伊斯兰教手里夺回对西班牙统治权的那一年，费迪南德国王和伊莎贝拉女王赞助了哥伦布的航行，哥伦布建议向西穿越大西洋，找到一条通往亚洲的新航线。遗憾的是，1492 年发生的另一件事是将犹太人驱逐出西班牙。

其他人可能会说，剩下的就是历史了。哥伦布并没有到达印度，而是磕磕绊绊地到达了美洲（图 6.2），尽管他始终相信自己已经到达了印度。瓦斯科·达·伽马则从里斯本出发开始了他的航行，到达了印度，并于 1498—1499 年返回葡萄牙（图 6.3）。为了从这两个历史性的突破中获利，葡萄牙和西班牙开始了互相竞争。更重要的是，自从更新世末期海平面上升淹没了连接亚洲和北美的白令海峡大陆桥以来，这两次航行在一万多年来第一次把整个人类居住的世界重新连接了起来。

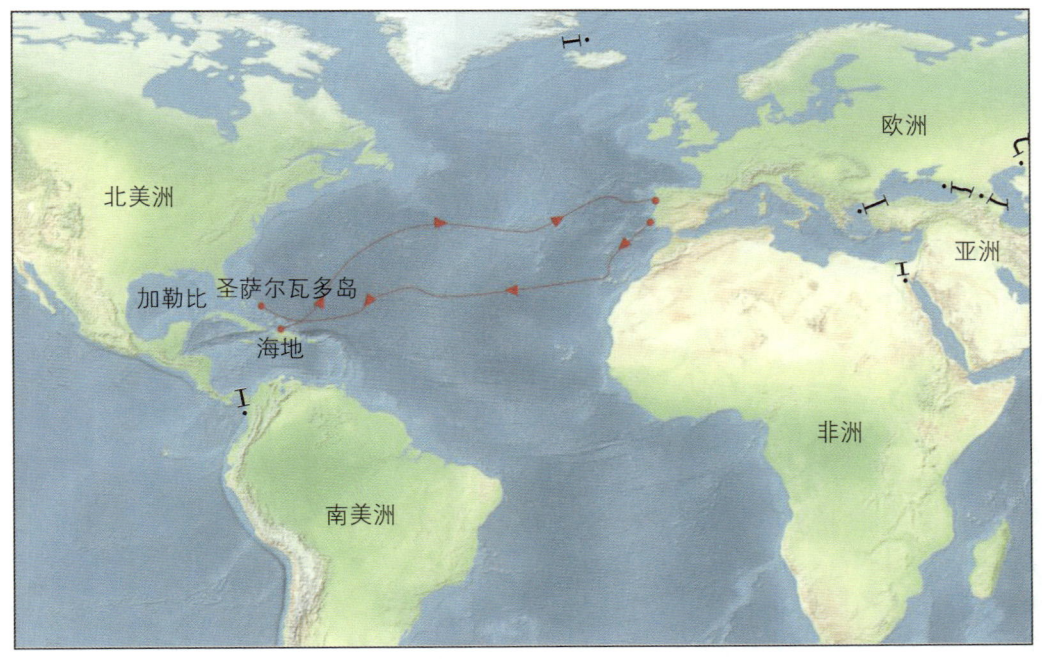

图 6.2　哥伦布第一次航行线路图，1492—1493 年

哥伦布大交换

正如伟大的环境历史学家阿尔弗雷德·克罗斯比所指出的，哥伦布的航行带来的远不止是欧洲人和美洲原住民的会面，他创造了一个前所未有的双向交换的通道，让新、旧大陆的植物、动物，当然还有灾难性的病原体进行交换。这种被克罗斯比称为"哥伦布大交换"的双向交换，在生物学上是前所未有的，其深远的影响一直持续到今天[3]。

最明显的影响是旧大陆和新大陆之间的农作物交换，以及许多家

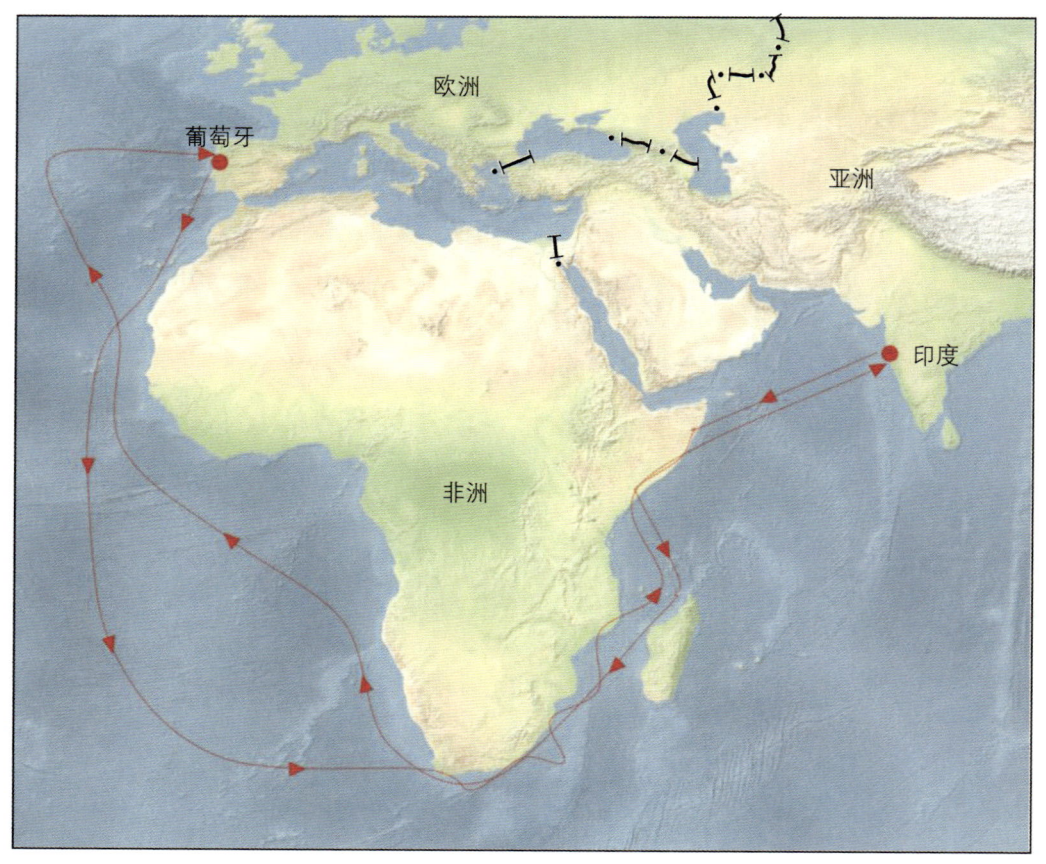

图 6.3　瓦斯科·达·伽马的第一次航行线路图，1497—1499 年

畜首次被引进美洲。美洲为旧大陆提供了玉米、土豆和西红柿等主食。反过来，旧大陆为美洲提供了小麦和大米，这些作物以前从未在美洲种植过。而且，一万年来，马突然间第一次出现在北美，还有牛、羊、山羊和猪等驯养的农场畜类也出现了。令人上瘾的作物也开始双向流动：甘蔗从欧洲流向美洲，烟草从美洲流向欧洲。这些作物将从根本上改变加勒比和欧洲的经济。双向交换的其他作物如图6.4 所示。

　　欧洲人及其携带的牲畜的到来，也同时把旧大陆的疾病带到美洲。这些疾病是美洲原住民以前从未接触过的，因此他们没有任何免疫力。旧大陆几乎把所有的病原体都单向传播到了美洲。反过来，很少有疾病从美洲传播到旧大陆。原因是，旧大陆的大多数疾病开始于动物宿主，尤其是家畜，而这些动物在美洲是不存在的。由于美洲原住民们几乎没有驯养的家畜，他们很少有新的人畜共患的疾病传染给欧洲来客。

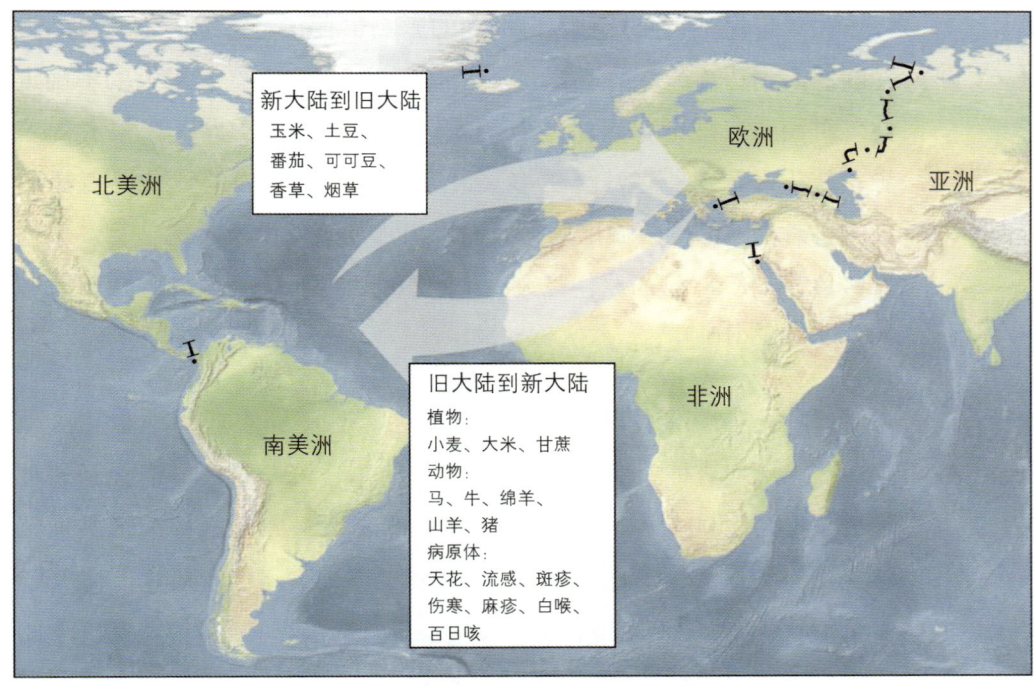

图6.4　"哥伦布大交换"的植物、动物和病原体示意图

　　来自欧洲的传染疾病的名单很长且都是致命的，包括天花、流感、伤寒、麻疹、白喉和百日咳。天花是大规模的杀手，它杀死了数

量相当惊人的接触过欧洲人的原住民。非洲奴隶和奴隶贩子还把疟疾和黄热病这两种通过蚊子传播的病原体从非洲带到了新大陆。那么，是否有新的病原体从美洲被带回欧洲呢？也许有。其中一种可能是梅毒，它在欧洲的首次爆发是 1495 年。以下三种可能性都存在很大的争议：梅毒早就存在于旧大陆，但此前未被诊断出来；梅毒是由哥伦布返航的船员带回欧洲的；或者欧洲梅毒是一种从美洲带回来的密螺旋体细菌的变种。最近的证据指向了后者，即这种疾病源于新大陆[4]。

关于哥伦布大交换对人口地理的影响也存在着持续的争论，因为在欧洲人到达美洲之前，美洲原住民人口的规模存在着很大的不确定性。对美洲在哥伦布到达之前的人口的估算，科学界存在很大的差异，从几百万到一亿甚至更多。最近一次非常仔细的评估是亚历山大·科赫和他的同事做出的。他们得出了如表 6.1 所示的估算。根据这些估算，1500 年的原住民人口为 6050 万。到 1600 年，人口下降了90%，只有 610 万[5]。

这种灾难性的人口减少的后果之一，是美洲农业用地也相应减少。按照人均耕种土地约 1 公顷计算，人口下降 90% 意味着土地耕种量也减少约 5500 万公顷。大部分弃耕的土地又回归森林或被其他植被覆盖的状态，导致空气中的二氧化碳急剧减少。作者估计，在 1500 年至 1600 年之间，大气中大约减少了 74 亿吨碳，或者说，空气中的二氧化碳减少了百万分之三点五。反过来，大气中二氧化碳含量的减少会造成地球降温，这可能是 16 世纪地球温度下降的原因之一。据估计，当时的地球温度下降了约 0.15 摄氏度。这波轻微的降温又被称为 16 世纪欧洲的小冰河时代。

表 6.1 美洲人口和土地使用估计数

项目	1500 年	1600 年
人口/百万	60.5	6.1（－90%）
人均土地使用/公顷	1.04	1.0
土地使用/百万公顷	61.9	6.1（－90%）
净碳吸收/GtC①	—	7.4（1500—1600 年）

资料来源：Data from Alexander Koch, Chris Brierley, Mark M. Maslin, and Simon L. Lewis, "Earth System Impacts of the Europrean Arrival and Great Dying in the Americas after 1492." *Science Direct* 207（March 2019）：13－36.

无论气候如何，原住民人口的减少无疑是悲惨和灾难性的。疾病是主要的引发因素，但欧洲人对原住民的战争、掠夺、征服、镇压和文化破坏无疑也难逃其责。即使在今天，与欧洲和亚洲相比，美洲的人口仍然稀少。截至 2018 年，各大洲的人口密度（每平方千米人口）估计如下：

亚洲：95；欧洲：73；非洲：34；北美洲：22；南美洲：22；澳大利亚：3。

火药时代和公海

欧洲国家的战略形势在印度洋则有所不同。在那里，欧洲人面对的是人口众多、历史悠久、拥有先进军事能力的社会。与美洲不同的是，那里的人们与欧洲人共享相类似的病原宿主（家畜）。不过，欧洲人还是获得了一个个落脚点以建立一个个商业和军事据点。随着时间的推移，尽管他们是来自数千千米之外的入侵者，欧洲人还是逐渐

①译者注：GtC 为 10 亿吨碳。

控制了印度洋的海上航线。他们的优势很大程度上来源于军事技术：火药和保护性强的堡垒。尽管这些技术最初来自中国，但现在已经转化为欧洲的优势。

火药是在中国宋朝发明的①，最早的枪支也是在宋朝发明的。然而，这些技术是在欧洲才得到升华。军用火药和枪支最早可能是由蒙古人采用了汉人的技术后带到欧洲的。由于欧洲列强在欧洲内部进行了大量的战争，他们很快就发明了大炮，逐步提高了大炮的威力和精确度，并把它们安装在远洋的大帆船和其他船只上。

这些装载了大炮的船只为欧洲国家在印度洋建立新的殖民地、贸易据点和堡垒提供了军事优势。虽然中国和其他亚洲国家很快效仿了来自欧洲的新火炮，但欧洲海军早期的军事优势使其早已在一些重要的战略前哨建立了根据地。欧洲在贸易方面的收获与中国在权威、声望和贸易收入方面的损失相匹配。中国的朝贡体系在很大程度上崩溃了，一方面是因为中国主动从印度洋撤出，另一方面是因为欧洲列强在印度洋的军事实力不断增强。

新欧洲探索时代

君士坦丁堡的陷落及通往美洲和亚洲海路的发现，不仅改变了全球贸易的线路，而且也改变了欧洲人的思路。依赖新技术的新大陆的发现彻底改变了欧洲人的世界观。《圣经》中没有提到美洲，也没有

---

①译者注：原文如此。一般认为，火药是在唐朝发明的，在宋朝得到大规模的军事应用。

提到欧洲人在那里发现的动植物种类。日光之下，真的有新东西。

当时有另外三件大事使欧洲人的世界观在关于经验论、科学和技术三方面发生了根本性的变化。第一是君士坦丁堡沦陷后，大批希腊学者涌入欧洲。随着希腊学者来到意大利博洛尼亚、那不勒斯、帕多瓦和锡耶纳等地的大学，西欧人得以学习大量源于古希腊的哲学。

第二是文艺复兴的伟大浪潮。这一波希腊来的学者和随之而来的知识传播是文艺复兴的一个主要因素。虽然西欧对古希腊和罗马的艺术、哲学、伟大技术等的重新探索在 15 世纪上半叶就已经开始了，但东罗马帝国的灭亡又给了它一个额外的刺激。文艺复兴也归因于西欧各地不断发展的商业和城市化，尤其是在意大利北部、荷兰和德国南部。佛罗伦萨因为毛织物贸易和工业的迅速发展，成为文艺复兴的学习中心和艺术中心。

这个时代的第三件大事是活字印刷术在欧洲的发明（或者说吸收自中国），大约在 1439 年由德国的约翰内斯·古腾堡领导。这项发明极大地降低了书籍的成本，在 1480 年，欧洲很快就建立了 100 多家印刷厂。到 1500 年，估计有 2000 万册图书被印刷，这个数字在接下来的一个世纪还会猛增。通过低成本印刷品快速传播知识，学习的时代得到了极大的发展。

这些趋势的累积影响引发出一个思想革命的时代，教条和公知都被抛在一边。16 世纪前 10 年无疑是现代历史上人类思想发展最具标志性的年代之一。1511 年，鹿特丹的人文学者德西德里乌斯·伊拉斯谟发表了他对教会的讽刺批评，抨击了它的愚蠢。1513 年，佛罗伦萨的尼古拉·马基雅维利出版了《君主论》，这本书是他为欧洲各王子写的权力手册。1514 年，尼古拉·哥白尼在克拉科夫传阅了他的日心说的早期草稿——《评注》，30 年后正式出版。1515 年，托马斯·莫尔爵士出版了《乌托邦》，将欧洲人的注意力集中到政治和社会改革的可能性上。1517 年，马丁·路德在威登堡的教堂门口张贴了他的《九十五条论纲》，掀起了宗教改革的浪潮。

尽管这些非凡事件并没有指向任何单一的智力成果，但它们代表了整个欧洲智力发酵的释放，并带来了知识的显著进步。当然，宗教改革也导致了天主教徒和新教徒之间的暴力冲突，这种冲突持续了几个世纪。知识发酵的聚合引发了欧洲的科学革命。接下来 16 世纪末伽利略的科学发现又为 17 世纪中叶的牛顿物理学开辟了道路。伴随着这些历史性突破的是实验的激增，以及对工程和新技术设备的浓厚兴趣，这在一定程度上是为了应对军事挑战。17 世纪初，弗朗西斯·培根在《新奥格纳姆》中阐述了实验的新科学方法和那个时代正在形成的信念，即倡导科学研究将改变世界，甚至可能征服世界。1660 年，英国最伟大的思想家们沿着培根指引的道路，成立了一个新的伦敦皇家学会来提高自然知识的研究和传播。1666 年，法国国王路易十四创建了一家重要的新机构——法国科学院，来推广新的科学观点。

欧洲的大学和科学院提供了一个在规模和深度上都让世界其他地方无法比拟的、硕果累累的知识网络。一些新的欧洲科学通过天主教会的杰出工作在全球传播[6]。1540 年，在教皇保罗三世的批准下，10 名巴黎大学毕业生在伊格纳修斯·德·洛约拉的领导下成立了传教团。基督教的传教士迅速跨越大洋，前往葡萄牙和西班牙的殖民地，建立新的传教和学习中心，其中一些后来成了教会学院和大学。基督教传教士创造了第一个全球高等教育网络，在欧洲各地迅速建立了教会学校和印刷厂，在南美、印度、日本、中国、菲律宾和非洲的葡萄牙殖民地建立了教会学校，既传教又教知识。

这些分布广泛的传教士整理了全球植物学和地理学的新知识。在16世纪和17世纪，他们把欧洲科学和数学的许多先进知识带到印度的莫卧儿王朝、中国的明朝、早期的日本德川幕府和其他地方。传教士也表现出非凡的道德勇气，他们捍卫当地居民的权利，抵抗葡萄牙和西班牙殖民者的掠夺，经常处于落入殖民地当局或奴隶贩子之手的极度危险之中。

全球资本主义的诞生

欧洲、美洲和亚洲新的全球范围的贸易也标志着全球资本主义的诞生，这是一种新的全球范围的经济组织体系。新经济体系有四个显著特点：

（1）帝国力量横跨海洋和生态区。西欧温带国家在美洲和亚洲的热带地区开拓殖民地，生产热带产品，如烟草、甘蔗、棉花、橡胶或矿物质等。

（2）生产系统全球化，在殖民地国家开办了种植园和矿场，向母国出口初级商品进行工业加工，尤其是棉花。

（3）欧洲各国政府特许以营利为目的的私营公司进行这些全球活动。在这些新成立的特许公司中，最重要的是1600年特许成立的英国东印度公司和1602年特许成立的荷兰东印度公司。

（4）这些私营公司在其章程和国家海军的保护下实施着自己的军事运作和外交政策。

欧洲列强在美洲和亚洲面临着不同的挑战。在美洲，他们的主要目标是掠夺新大陆的自然资源，其中最重要的是黄金和白银。随着时间的推移，后来又让美洲为欧洲市场生产高价值的农作物，既包括美洲本地产品，如可可、棉花、橡胶和烟草，又包括欧洲人从非洲和亚洲带来种植在美洲的作物，特别是蔗糖、咖啡和大米。

而在亚洲，欧洲列强的第一个目标是控制部分亚洲贸易，包括来自印尼群岛的香料、来自印度的棉织物、来自中国的丝绸和瓷器。1500 年以前，这些商品的贸易大部分要经过阿拉伯、土耳其和威尼斯的中间商之手，因此这些商品在欧洲市场的价格很高。大西洋列强的目标是切断中间环节，直接从欧亚贸易中获利。后来，欧洲国家和私营公司在亚洲沿海的部分地区扩充他们的军事影响以控制当地的生产及贸易，限制亚洲制成品出口到欧洲，比如限制印度纺织品在欧洲市场销售，以保护欧洲的新兴产业。

生产和贸易的权力属于私营公司，这些公司成为今天跨国公司的前身。英国东印度公司和荷兰东印度公司由各自的政府支持垄断了在东印度群岛的贸易，目的是从葡萄牙和西班牙手中夺走贸易控制权，而葡萄牙和西班牙的贸易控制权又是从阿拉伯和其他国家手中夺得的。英国和荷兰作为印度洋贸易的后来者，将不得不与葡萄牙和西班牙开战，以赢得它们在全球贸易中的地位。英国东印度公司不仅打败了竞争对手，而且还最终打败了印度[7]。

欧洲对全球帝国的争夺

欧洲在大西洋和美洲发现了新大陆，引发了一场至今仍在继续的残酷的全球帝国之争。1450 年后，第一批殖民地出现在大西洋群岛和美洲，然后是亚洲和非洲。在这场竞争中，葡萄牙、西班牙、荷兰和英国等北大西洋的航海国家处于领先地位，随后法国、俄罗斯、德国和意大利也加入了争夺海外殖民地的竞争。

1456 年，航海家亨利在西非探险时发现了佛得角群岛，引发了这场争夺战。6 年后的 1462 年，葡萄牙进入了这些无人居住的热带岛屿，使佛得角成为欧洲国家的第一个热带殖民地。西班牙在 1492 年完成了对它的重新征服。西班牙的基督教君主费迪南德和伊莎贝拉把注意力转向了海洋贸易，他们支持哥伦布寻找一条通往亚洲的西部航线，这样可以与葡萄牙竞争，因为它正试图找到一条环绕非洲的南部航线。哥伦布发现加勒比群岛后，两个伊比利亚国家开始争夺殖民地。

葡萄牙声称，根据其早期的发现，它拥有所有"南部土地"① 的权利。西班牙的君主们则求助于教皇亚历山大六世——西班牙博尔吉亚家族的第二位教皇，因为他们知道教皇肯定会支持西班牙的诉求。1493 年，教皇承认西班牙对新发现的土地的所有权。然后在 1494 年，教皇在葡萄牙和西班牙之间撮合了一项瓜分世界的协议。根据《托尔

---

①译者注：北纬 28 度以南的土地，依据的是早前葡萄牙与第三方签订的《阿尔卡苏瓦什》条约。

德西利亚斯条约》（托尔德西利亚斯为西班牙地名），葡萄牙将拥有位于大西洋中部、佛得角以西 370 里格（每里格为 3 海里）的经线（又称教皇子午线）以东的所有新发现的土地；西班牙将拥有这条子午线以西的所有新发现的土地。此后，由于对地球大小的估计存在差异，关于子午线的精确位置一直争论不休。

最初，分界线仅指大西洋，但随着 1519 年的亚洲航行和麦哲伦的环球航行，他们认为有必要把亚洲也瓜分掉。于是，1529 年签订的《萨拉戈萨条约》，在印度洋上画一条与教皇子午线相反的经线为界限（教皇子午线 180 度对边，与之形成一个大圆）。西班牙将拥有这条子午线以西的土地，包括菲律宾；而葡萄牙将拥有这条线以东的土地，包括令人垂涎的印尼的香料群岛，这是非常受欢迎且利润丰厚的肉豆蔻的来源地。

因此，世界上新发现的土地被两个天主教国家——葡萄牙和西班牙——瓜分了。但是，其他新来者却有着截然不同的想法。从 16 世纪早期开始，另外两个崛起的大西洋强国——英国和荷兰，都是反教皇权威的宗教改革的积极分子，他们坚决地反对教皇拟定的条约。最终英国取得了胜利，在 19 世纪成为世界上最强大的帝国。在早期的海军侵略中，英国选择了一条西北航道前往亚洲，这条航道不会在热带地区直接与葡萄牙和西班牙对峙。由此，英国人在北美北部海岸发现了今天的新英格兰和加拿大海岸。

但英国的航行未能找到通往印度的西北航道。结果，英国首先采取了海盗行动，然后采取了直接的军事对抗，以挑战葡萄牙和西班牙的霸权。在西班牙看来，英国的海军英雄，如弗朗西斯·德雷克爵士，只不过是海盗或恐怖分子。随着 16 世纪的发展，英国掌握了海军设计，建造了可以威胁西班牙军舰的又快又易操作的大帆船。决定性的战役发生在 1588 年，当时西班牙国王决定入侵英国，镇压这个自命不凡的国家。英国打败了西班牙无敌舰队，这是军事史上的一个重大事件，标志着英国走上了全球强国之路，西班牙帝国则走向衰落。

随着海军实力的增强，英国在东印度群岛以及加勒比海地区与葡萄牙和西班牙展开了帝国战争。1600 年，伊丽莎白女王特许设立英国东印度公司，并授予其在东印度群岛的贸易垄断权。荷兰东印度公司也紧随其后，于 1602 年获得特许设立。1664 年，法国东印度公司成立。从一开始，贸易、战争和殖民就难解难分地纠缠在一起。西班牙和葡萄牙是 16 世纪第一批建立全球帝国的欧洲国家，而英国和荷兰则在 17 世纪奋起直追。图 6.5 显示了 1580 年前后以《托尔德西利亚斯条约》和《萨拉戈萨条约》为依据的西班牙和葡萄牙帝国的控制范围。西班牙拥有或者至少声称拥有了除巴西和北美洲东部（这里主要由英国和荷兰控制）以外的美洲大陆，以及西太平洋的菲律宾和其他岛屿。西班牙在非洲沿岸也有领地。葡萄牙的帝国包括巴西、大西洋岛屿、非洲沿岸的殖民地以及整个印度洋的殖民地。

到 1700 年，世界的权力划分如图 6.6 所示。亚洲的大国包括中国的清朝、印度的莫卧儿帝国、波斯的萨法维王朝和西亚的奥斯曼帝国。新大陆现在被四个欧洲强国瓜分：葡萄牙、西班牙、英国和法国。由于英国在 17 世纪的三次英荷战争中取得胜利，荷兰被淘汰出局。荷兰的新阿姆斯特丹于 1664 年成为英国的"纽约"，1673 年临时回归荷兰，1674 年又重新归英国控制。

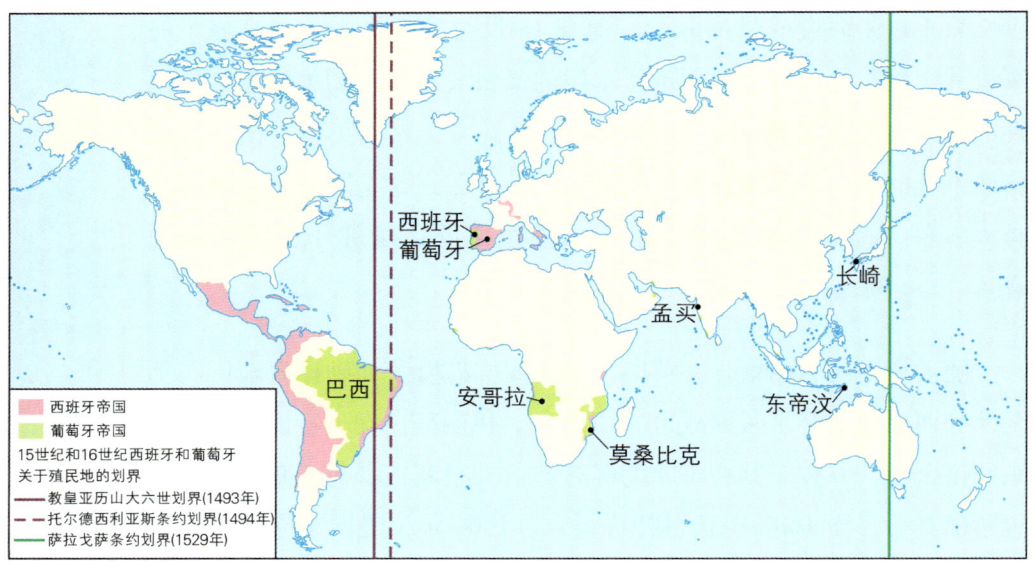

图 6.5　以教皇划界为依据的西班牙和葡萄牙海外帝国势力范围

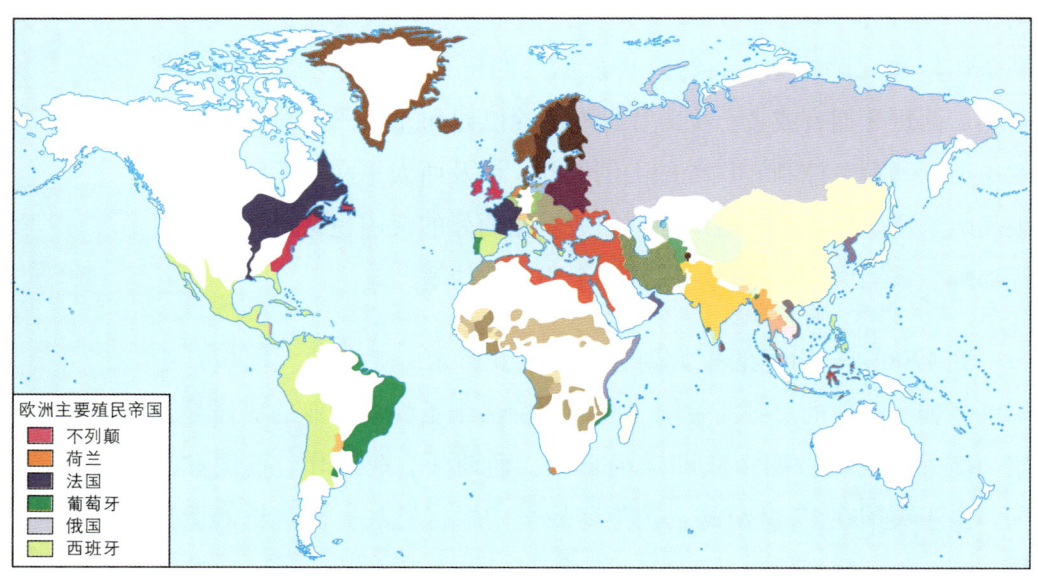

图 6.6　世界帝国和部分国家，1700 年

随着时间的推移，大英帝国将逐渐获得全球海军的主导地位。19
世纪后期伟大的海军历史学家阿尔弗雷德·塞耶·马汉把英国的长期
经济和帝国成功以及法国、荷兰、葡萄牙和西班牙的长期衰落归因于
英国的海上优势。马汉在 1890 年出版的《海权对历史的影响
（1660—1783）》一书中解释说，国家的财富依赖于长途贸易，长途
贸易依赖于海外殖民地，海外殖民地的安全依赖于海军的卓越地位[8]。
按照马汉的说法，1588 年英国打败西班牙无敌舰队后，西班牙的衰落
（以及葡萄牙的共同衰落）是不可避免的。荷兰在 17 世纪相对衰落是
由荷兰海军实力的衰落以及随后对英国海军的依赖造成的。在马汉看
来，法国帝国的衰落也是由其海军在 1756—1763 年的七年战争中被
英国打败所决定的。

北方的俄罗斯陆地帝国

当欧洲的大西洋国家正在争夺跨洋帝国时，俄罗斯在 18 世纪崛
起为欧亚大陆北方广袤的陆地帝国，如图 6.6 所示。继蒙古帝国和帖
木儿帝国之后，俄罗斯成为历史上面积第三大的毗连帝国，在 1895
年的鼎盛时期有 2200 万平方千米，仅次于 1270 年蒙古帝国达到最大
面积的 2300 万平方千米。1920 年的大英帝国的国土面积比俄罗斯更
大，其全球陆地面积总和达到 3500 万平方千米[9]。

俄罗斯帝国在地理方面与众不同：它完全是一个北方气候区的帝
国。我们以独联体国家（前俄罗斯帝国的一部分）作为参考，该地区
大约有 70% 的地区位于 D（寒冷）气候区，7% 的地区位于 E（极地）
气候区，19% 的地区位于 B（干旱）气候区，基本上没有土地分布在
热带或温带，见表 6.2。再看俄罗斯西部的欧洲，大部分地区（按面

积计算约占 71%）气候温和。亚洲则是热带、旱带和温带地区的混合体（按面积计算，A、B、C 气候区总计约占 76%），但俄罗斯全境都位于寒冷、极地或干旱气候区。

表 6.2　独联体、欧盟和亚洲的气候区和人口密度

气候区	面积占比/%			人口密度/（人/千米²）1400 年			人口密度/（人/千米²）2015 年		
	独联体	欧盟	亚洲	独联体	欧盟	亚洲	独联体	欧盟	亚洲
A	0.0	0.0	17.7	—	—	11	—	20	243
B	18.7	1.0	40.4	1	10	4	19	91	83
C	0.5	70.7	17.7	3	12	21	80	128	348
D	70.0	22.9	8.0	0	8	8	11	48	153
E	6.6	2.3	0.0	0	0	0	—	0	0
H	4.2	3.1	16.2	2	10	2	43	115	40
整体	—	—	—	1	10	8	13	106	157

资料来源：Author's calculations using HYDE and CIESIN data. See data appendix for details.

从历史角度来看，直到 20 世纪，俄罗斯的气候有三种压倒性的影响。首先，帝国南部的草原地区在地球上遥远的北方，生长季节很短，粮食产量非常低。其次，第一个状况产生的结果是人口少且人口密度远远低于欧洲和亚洲。例如，在 1400 年，独联体地区国家的人口密度每平方千米不到一人，不及欧洲和亚洲人口密度的十分之一。再次，由于农民家庭在恶劣的环境中挣扎着养活自己，几乎没有盈余用以销售或者缴税，直到 20 世纪，俄罗斯仍然以农村人口为主。根据海德 3.1 的估算，直到 1800 年，俄罗斯的城市化率只有 2%，大约

是西欧城市化率的十分之一[10]。

俄罗斯的农民不仅贫穷，土地稀少，而且大多被奴役，直到1861年沙皇才宣布解放农奴。因此，俄罗斯独特的地理环境留下了一份长期的遗产，那就是人烟稀少、目不识丁和绝大多数不自由的农村人口，这些人构成了1917年布尔什维克革命的社会基础。在20世纪的苏联共产主义时期，俄罗斯大地上的工业化和城市化是通过由上而下的一党专政来完成的。

帝国缔造者得寸进尺的贪婪

欧洲列强在新大陆和亚洲对财富、荣耀和殖民地的争夺，以及通过新的股份公司寻求财富的私有化，开创了贪婪的风气。一方面，殖民者剥削当地居民并掠夺他们的土地；另一方面，他们还要创造一种理念来证明这种行为是正当的。与其相反，基督教鼓吹的节制和慈善的美德一直强调对财富、荣耀和激情的自我控制。因此，殖民者迫切需要一种新的道德理念来证明征服和镇压殖民地全体人民的非常之举是正当的。随着时间的推移，人们认为征服是上帝赋予的权利，甚至是一种责任，目的是将文明带给异教徒。此外，成功是上帝的眷顾和天意的象征。当然，也有一些异议。例如，西班牙君主政体最终在1542年的新法律中宣布奴役美洲原住民为非法。然而，即使如此，这些异议程度非常有限。全球帝国时代是一个极端残酷的时代，新兴的资本主义新秩序骨子里带着无情的贪婪。

到了18世纪，一种新的意识形态正在形成，特别是在英国，"贪婪是好的"（当时总结了一个公式：贪婪＝好），因为贪婪激发了一个社会的努力和创造性。从逻辑上讲，通过释放贪婪，社会能够最好地驾驭其公民贪得无厌的野心、巨大的能量和聪明才智。虽然贪婪本身可能没有吸引力，而且似乎是反社会的，但释放贪婪实际上可能产生共同利益。由此诞生了亚当·斯密将其具体化为"看不见的手"的理念，即每个人对自身利益的追求促进了整个社会的共同利益，就好像是通过一只看不见的手操控一样。斯密本人是一位道德家，他相信个人美德、自律和公正。然而，斯密的"看不见的手"很快成为一种论点，即让市场力量尽其所能地发挥作用，不管分配结果如何。

这一违反直觉的想法首先不是来自斯密，而是来自 18 世纪初伦敦的一位手抄本作者和诗人伯纳德·曼德维尔的诗歌《蜜蜂的寓言》。在这首诗中，贪婪和自私的蜜蜂创造了巨大的能量，使得蜂巢成为蜜蜂王国的奇迹。缺点制造美德。曼德维尔风趣地说：

> 因此，每一个体都充满了缺点，
> 但整个大众却构成了天堂。
> ……
> 他们的罪行使他们变得伟大，
> ……
> 最糟糕的大众，
> 却为共同利益做出了贡献。

曼德维尔声称，最糟糕的群体创造了共同利益。唉，这种观点绝不会被欧洲帝国的被征服者所接受。

国家和资本的交织

在自由贸易理论中，政府应该远离市场，让供求自由发挥力量。我曾强调过，这一理论未能解决市场力量的分配后果，可能会让大多数人陷入贫困。它也没有描述资本主义的本来面目以及它一开始的样子。资本主义企业不仅在追求利润的过程中往往非常无情，它们经常，甚至是典型地，利用国家权力来扩大利润，并将损失转移给他人——有时是同胞，但更多的是其他国家的弱势群体。

回顾 1577 年，在英国与西班牙和葡萄牙的竞争中进入全球市场之初，当弗朗西斯·德雷克计划用他的"金鹿号"（the Golden Hind）环球航行时，伊丽莎白女王是其中的个人投资者。然而，除了探索之外，真正的计划是做海盗，即抢劫从南美运回金银和其他珍宝的西班牙船队。1578 年，德雷克捕获了一艘装载着大量的黄金、白银、珠宝、瓷器和其他珍宝的西班牙大帆船。德雷克回国后，将抢劫所得与女王分享，女王则用这些钱偿还了国家债务。德雷克由此成为民族英雄，并在 1588 年打败西班牙无敌舰队时担任海军中将。

1600 年，东印度公司的成立标志着现代资本主义更具决定性的突破。这是一家专门从事跨国贸易的股份公司。私人投资者再一次可以依靠国家的力量和恩典。伊丽莎白女王允许东印度公司作为垄断企业，垄断好望角以东和麦哲伦海峡以西的所有贸易。从一开始，该公司就以国中之国的身份在印度进行交易，向法院和主要政客行贿送礼，并可以配备私人军队。它有贿赂的特权又得到公司法提供的有限责任的保护。

新大陆的原住民和非洲的奴隶

新大陆的历史很快就演变成了三种截然不同的人群的舞台。第一种是美洲原住民，他们深受旧大陆疾病和征服的打击，但仍在为物质、文化和政治生存而斗争。第二种是欧洲的征服者和殖民者。第三种是数以百万计的非洲奴隶，他们被带到新大陆的矿山和种植园工作。虽然几个世纪以来，这个地区一直号称试图建设一个多民族和多种族社会，但时至今日，美洲仍然是被征服和阶级分化塑造成的一个最不平等和充满冲突的地区。

欧洲的征服者是为了荣耀和财富而来，但他们从一开始就被谁来创造财富这个根本问题所困扰。梦想一夜暴富，征服者把希望寄托在对埃尔多拉多黄金之城的向往之上。西班牙人发现了金矿和银矿，并在 16 世纪对它们疯狂地开采，从而使欧洲充斥着贵金属。但即便有矿，也需要工人来从事这些累人的、危及生命的劳动。种植园也很残酷，要求在热带条件下进行艰苦的体力劳动，由于高温压力，劳动者极易受到一系列热带疾病的侵袭，往往导致早逝。从一开始，吸引欧洲移民到热带地区就是一项艰巨的任务，尤其是在有关新大陆严峻现实的消息传回欧洲以后。

美洲原住民主要生活在中美洲和安第斯山脉（今天的玻利维亚、哥伦比亚、厄瓜多尔和秘鲁）的边远山区。有部分原住民也在北美人烟稀少的地区生存了下来。然而，在加勒比海、巴西海岸以及欧洲人开展密集采矿和种植作业的任何地方，死亡都很猖獗。最初，西班牙征服者将土地和权力授予领主，并允许领主奴役其领地的原住民。一场关于原住民权利的激烈辩论很快在西班牙精英中展开，包括教会和国王。著名的天主教修士巴托洛梅·丹·拉斯·卡萨斯认为，原住民也有灵魂，因此不能被领主奴役或虐待。令人欣慰的是，西班牙国王同意了他的观点并于 1542 年颁布了新法律，宣布对美国原住民的奴役为非法。这种行为应当被视为道德理性战胜权力和贪婪的有力例证。不过，这在人类历史上极为罕见。

然而，最终的结果还是很难令人满意。不仅对原住民的残忍压迫仍在继续上演，而且由于新法律和原住民人口减少而造成的劳动力短缺也很快促成了从非洲引进大量奴隶的决定。在接下来的两个世纪里，葡萄牙和西班牙统治下的巴西成为奴隶贸易的主要目的地。就英国人而言，他们毫不犹豫且满怀热情地加入了奴隶贸易，把加勒比海变成了数百年的奴隶殖民地。

图 6.7 从数量上说明了 1514—1866 年期间的约 3.6 万次航行中，大量奴隶从非洲被贩运到美洲。另外，也有少量奴隶被贩运到北非、阿拉伯半岛和阿拉伯海的其他目的地。这张地图的数据是通过对从非洲到美洲这条残酷的"中间通道"所运送的非洲人的数量进行艰苦计算得来的。大多数被带到新大陆的非洲奴隶来自几内亚湾和非洲大西洋沿岸更南部的地区，特别是现在的安哥拉，他们中的大多数被送往巴西和加勒比地区。有些人被送往北美，那里的奴隶劳工成为殖民地棉花帝国的基础，这些殖民地在独立战争后成为美国南部地区。

非洲奴隶为西班牙、葡萄牙和英国殖民地的种植园和矿业经济提供了劳动力，尤其是在热带地区。最重要的种植园商品是糖，生长在巴西东北部和加勒比地区，这两个地区的奴隶加在一起，占了

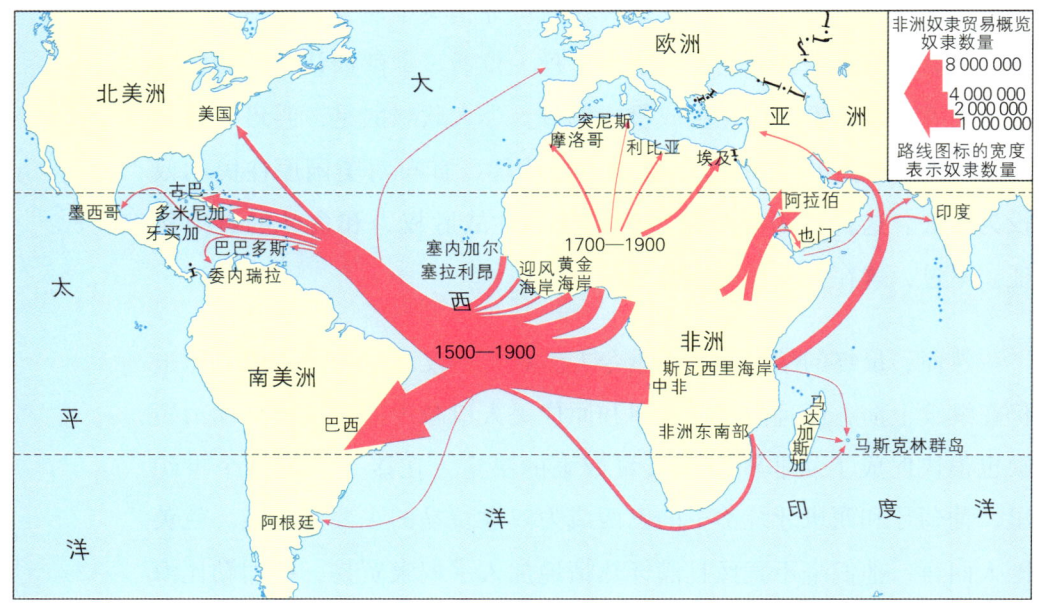

图 6.7 非洲奴隶贸易，1500—1900 年

资料来源：Eltis & Richardson, ATLAS OF THE TRANSATLANTIC SLAVE TRADE (2010), Map 1 from accompanying web site, Overview of Slave Trade out of Africa, 1500—1900. Reproduced with the permission of Yale University Press.

来到美洲和秘鲁海岸的奴隶的绝大多数。奴隶还被带到墨西哥和安第斯山脉的矿山、巴西和中美洲的咖啡种植园，以及美国南部的烟草和棉花种植园。蓄奴主要是热带地区的事情，因为来自欧洲的自由劳工不能忍受新热带地区致命的农活条件，特别是在恶性疟疾通过奴隶贸易从非洲传入美洲并变成流行病后。虽然在美洲的温带地区也有些奴隶，但从未在这些地方大量存在，而且温带地区废除奴隶制的时间比热带地区要早得多。美国北部各州在 19 世纪初就废除或开始逐步废除奴隶制，而南部各州的奴隶制直到 1865 年南部邦联在美国内战中战败后才结束。奴隶制于 1886 年在西班牙和古巴结束，1888 年在巴西结束。

随着美洲奴隶种植园的兴起，出现了臭名昭著的三方贸易模式，俗称"三角贸易"。美洲的奴隶殖民地从欧洲进口奴隶，并出口奴隶制造的产品——糖、棉花和烟草。欧洲进口这些商品，并向非洲出口制成品，包括纺织品、武器和金属。非洲酋长把奴隶出口到欧洲奴隶贩子那里，以换取欧洲的制成品。

美洲的殖民化和与亚洲贸易的扩大也在欧洲掀起了消费主义的新狂潮，其特点是对亚洲和非洲香料的需求猛增。最受欢迎的产品是来自中国的茶、丝绸和瓷器，印度的精细纺织品，也门的咖啡，以及来自美洲新殖民地工厂的三种令人上瘾的产品——糖、咖啡和烟草。葡萄牙和西班牙殖民者将甘蔗种植从伊比利亚带到巴西和加勒比地区。荷兰人第一次把咖啡种植从爪哇的种植园带到他们的加勒比殖民地马提尼克岛。烟草原产于美洲，由美洲原住民吸食，后来被介绍给欧洲殖民者，殖民者随后在加勒比和北美大陆建立了烟草种植园，特别是在弗吉尼亚周围。

糖、咖啡和烟草都刺激了欧洲需求的激增，反过来，美洲种植园的利润也随之飙升。但是，这三种作物都是在加勒比、巴西和北美南部这种并不适宜的热带和亚热带气候下生长的。因此，对非洲奴隶的需求急剧增加。被带到美洲的非洲奴隶约有一半在甘蔗种植园工作，大部分在加勒比地区，到 18 世纪，那里的甘蔗产量超过了巴西。甘蔗种植园的人口统计学揭示了一个惊人的事实：死亡率高得令人震惊，多达三分之一的奴隶在刚抵达的第一年就死了。

在此期间，估计总共有 1400 万非洲人被当作奴隶。这确实是全球资本主义的一个残酷和可怕的阶段。现代世界经济发展所基于的残酷历史不能被遗忘，因为这种残酷在今天仍以其他方式出现：人口贩卖是最典型的例子之一，它以包身工和童工的形式作为全球供应链的一部分继续存在着。人类不应该为了贪婪和追求利润而对他人进行可怕的虐待。

供养欧洲工厂：棉花

英国和荷兰的东印度公司可以被认为是现代资本主义的第一批公司。作为以利润为导向、以贪婪为基础的股份制企业，它们为未来的发展奠定了基调和行为准则。正如历史学家斯文·贝克特在他的著作《棉花帝国：一部全球史》（*Empire of Cotton：A Global History*）中所描述的那样，它们在 17 世纪早期的大部分业务是棉织物贸易，从印度购买后卖给非洲的奴隶贩子和欧洲不断增长的城市人口。到了 18 世纪，因英国政府采取措施保护国内纺织制造商而限制从印度进口纺织品，英国制造商对原棉的需求越来越大。此后，随着纺纱和织布的机械化，以及蒸汽机在纺织厂的应用，对棉花的需求进一步成倍增长。

正如贝克特所观察到的，这使得英国的棉花制造业成为"人类历史上第一个缺乏本地原材料的主要产业"。于是，全球资本主义的新篇章开始了，英国企业为英国蓬勃发展的纺织业疯狂地寻求更多的原棉供应[11]。不幸的是，对英国纺织业的"救赎"是由奴隶完成的，他们在加勒比和巴西的种植园里种植"白金"。虽然如此，1791 年圣多明克的奴隶起义诞生了一个独立的海地，给英国的纺织工业沉重的一击。英国纺织工业的原材料供应突然陷入危机。

解决方案再一次出现了，从行业的角度来看，这似乎是天意。美国南方可以提供土地和奴隶劳工来养活英国的纺织厂。贝克特解释了这个解决方案的本质：

> 美国与世界上几乎所有其他产棉地区的不同之处在于，种植园主拥有几乎无限的土地、劳动力和资本供应，以及无与伦比的政治权力。正如我们所知，在奥斯曼帝国和印度，强大的土著统治者控制着土地，盘根错节的社会群体为土地使用权而斗争。在西印度群岛和巴西，糖料种植者争夺土地、劳力和权力。美国富有土地却没有这些障碍。[12]

英国工业及资本与美国奴隶制的联盟从 18 世纪 90 年代一直持续到南北战争。具有讽刺意味的是，此时的奴隶制绝不是一个与现代资本主义格格不入的过时制度。与之相反，它处在全球资本主义最前沿，它在无数苦难的基础上创造了巨大的财富。美国是世界上唯一一个通过内战结束奴隶制的国家，这一事实突显了英、美制度的残酷。就连沙皇俄国也于 1861 年由沙皇亚历山大颁布的《解放令》和平地结束了农奴制，而此时表面上是自由之国的美国正滑向内战。

全球帝国和全球战争

欧洲的全球帝国第一次跨越海洋和大陆，引发了另一种新现象，即全球战争，它也跨越海洋和大陆。从 17 世纪后期开始，欧洲列强之间的主要冲突都是涉及几个大陆的战争。其影响是可怕的，世界上越来越多的国家卷入了欧洲的战争。因此，20世纪的两次世界大战最终在全球夺去了数千万人的生命。

1688—1697年的九年战争可能被认为是第一次全球战争，因为它同时发生在美洲、欧洲和亚洲。欧洲的主要参战方是路易十四统治下的法国，敌人是英国、荷兰和神圣罗马帝国的联盟。主要战场在欧洲，起因是路易十四试图将法国的影响沿着法国的边界扩张到邻国。在与法国战争的初期，荷兰君主威廉·奥兰治成功入侵英国，从国王詹姆斯二世手中夺取了王位，这场入侵后来被称为1688年的光荣革命。当冲突的消息传到美洲和亚洲时，这场战争变成了全球性的。在北美，这场被称为"威廉国王之战"的战争主要涉及英国殖民者及其美洲原住民同盟对抗法国殖民者及其美洲原住民同盟。这是法国和英国在北美爆发的几场战争的开始。在亚洲，法国和英—荷军队在印度东南部交战，特别是在庞地切尼地区。虽然在美洲和印度的战争不是决定性的，但它们为未来几个世纪蔓延到美洲、亚洲乃至非洲的欧洲战争的模式奠定了基础。

第二次全球战争是1756年至1763年的七年战争。这是一个五大洲的冲突——欧洲、北美洲、南美洲、非洲和亚洲——在两个欧洲大联盟之间发生，一个由英国领导，由葡萄牙、普鲁士和其他德国公国组成；另一个由法国领导，由奥地利（神圣罗马）帝国、西班牙和瑞典组成。这场战争和"九年战争"一样，开始于欧洲，当时是奥地利和普鲁士争夺西里西亚的控制权，但很快就蔓延到世界各地。在美洲，最开始只是英国和法国殖民者之间的小冲突，但在1756年后，升级为整个美洲和加勒比地区的领土争夺战。美洲战争的主要结果是法国将领土割让给英国和西班牙。在非洲，英国海军征服了法国在塞内加尔的殖民地，战争结束后，法国通过条约将大部分殖民地移交给英国。在印度南部，英国的胜利也削弱了法国的势力。

在1776年开始的美国独立战争中，法国很快就赶上了它的对手——英国。法国对脱离英国的殖民地的积极干预对美国独立战争的胜利起了决定性的作用。然而，在法国和英国之间不断升级的竞争中，每一次胜利都蕴含着未来逆转的种子。法国为支持美国独立而投入的巨额资金导致了18世纪80年代法国的金融危机，而这场危机又引发了1789年的法国大革命。法国大革命又引发了1793—1815年的新一轮血腥的欧洲战争。法国革命战争的后期被称为拿破仑战争，拿破仑于1799年成为法国的第一执政官，1804年成为法国的皇帝。

拿破仑战争是迄今为止最为血腥的战争，造成了数百万平民和军人的伤亡，战争再次在几个大洲的战场同时上演，包括欧洲、北美洲、南美洲、非洲（埃及）、高加索和印度洋。这些都是"全面战争"，大规模的人口动员和征兵、大量的平民伤亡。1815年拿破仑战败的主要地缘政治结果是英国在欧洲海上霸权的崛起，以及葡萄牙和西班牙帝国几乎致命的衰退，这两个帝国都曾被拿破仑征服。拿破仑战争结束后的几年内，葡萄牙和西班牙在美洲的大部分殖民地都被独立战争夺走了。

到1830年，欧洲的帝国如图6.8所示。除了英国在加拿大和加勒比地区拥有殖民地，其他欧洲国家在加勒比地区拥有一些岛屿殖民地外，美洲现在大部分是独立国家。英国和荷兰当时还只是在非洲沿海地区殖民，而没有在非洲南部的内陆殖民。非洲其他地区直到19世纪末才屈服于欧洲帝国主义，原因在下一章叙述。在亚洲，英国控制了印度

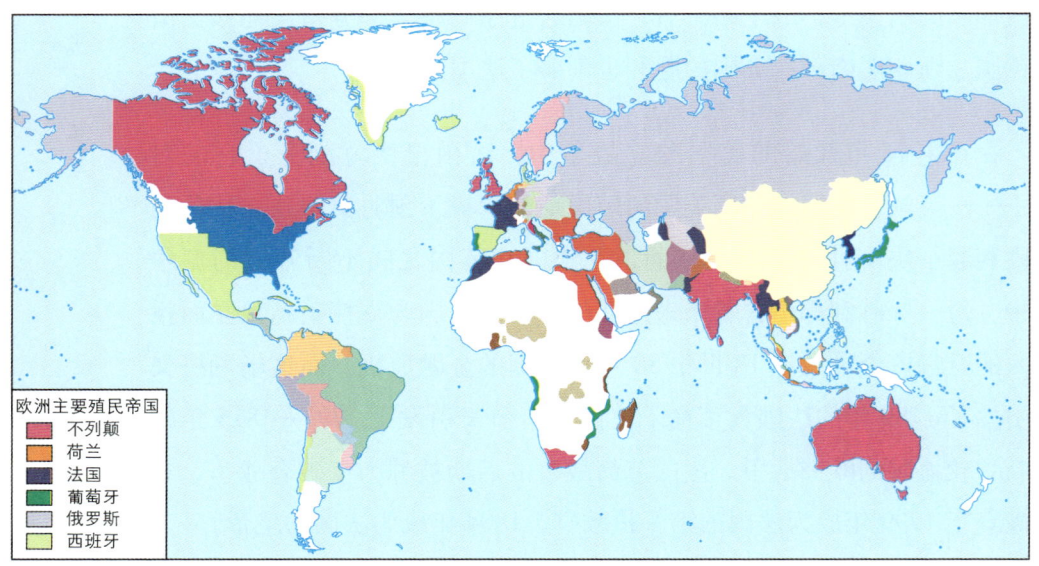

图 6.8   世界帝国和相关国家，1830 年

和马来西亚的大部分地区，以及澳大利亚；而荷兰则在印度尼西亚群岛上保留了自己的殖民地。西班牙和葡萄牙也都拥有一些亚洲殖民地，包括西班牙统治下的菲律宾和葡萄牙统治下的东帝汶。

19 世纪经济发展的奇迹大部分发生在欧洲大陆，这开创了工业全球化的新时代。

亚当·斯密对全球帝国时代的总结

现代经济思想的伟大奠基人亚当·斯密，生活在 18 世纪的苏格兰，于 1776 年出版了他的代表作《国富论》。作为一个伟大的人文主义者，他以全球主义者的视角而不是英国人的偏见来观察全球化的后果。在他自己的关于道德怜悯的著作中，斯密站在"公正的旁观者"的位置进行道德说理。以下是斯密对这个非凡的第五个全球化时代的看法，我之所以详细地引用他的话，是因为仔细倾听像斯密这样的伟人对这些关键事件的思考是一件美妙的事情。他的话激励我们怀着同情心积极地思考当今的时代。

美洲的发现及好望角到东印度群岛的航道的发现，是人类历史上记载的两件最伟大和最重要的事件。它们的影响已经非常重大，但是，在这些发现以来的短短两三个世纪里，人们还不能看到它们的全部后果。人类的智慧无法预见这些大事件将会给人类带来什么好处或什么灾难。在某种程度上把世界上最遥远的地方连接起来，使它们能够满足彼此的需求，增加彼此的欢乐，促进彼此的产业，它们的总趋势似乎是有益的。然而，对于东印度群岛和西印度群岛的原住民来说，这些事件所带来的一切商业利益都在它们所造成的可怕的不幸中丧失殆尽了。也许，这些不幸似乎是偶然发生的，而不是由这些事件本身的性质决定的。在发现美洲等新大陆的特定时期，欧洲人的力量优势如此之大，以至于他们能够在这些遥远的国家不受惩罚地为所欲为。也许在未来，这些国家的人民可能会逐渐变强，或者欧洲国家的人民可能会逐渐变弱。总有一天世界上不同地区的人民可能会拥有同等的勇气和力量。那就只要通过激发相互恐惧，就可以威慑独立国家之间相互尊重。但是，似乎没有什么比知识的相互交流和各种进步更有可能建立这种力量的平衡了。而且，各国之间广泛地开展贸易，自然而然地，必然会带来各种进步。[13]

这段精彩的话充满了人性，与我们息息相关。斯密说，导致第五个全球化时代的事件，即发现连接欧洲、美洲和亚洲的海路，是人类历史上最重大的事件，因为它们"在某种程度上把世界上最遥远的地方连接起来"。虽然互惠贸易使世界各地能"满足彼此的需求"，可能会给全人类带来好处，但实际上，在斯密的时代，由于欧洲具有压倒性的优势，这仅仅给欧洲一方带来了好处，却给东、西印度群岛的居民带来了灾难。毕竟，欧洲人来这里不仅是为了贸易，而且还为了征服和掠夺。

值得注意的是，斯密期待一个更公平、更平衡的世界：东、西印度群岛的居民"可能会逐渐变强，或者欧洲国家的人民可能会逐渐变弱"；为了拥有"同等的勇气和力量"，使其"相互恐惧"，从而相互尊重。斯密自问到，这将如何实现？答案是通过全球贸易本身。正如斯密所说，通过"知识的相互交流和各种进步"，商业必然会带来力量的平等。简而言之，贸易将引发知识的传播，并最终带来实力的重新平衡。斯密在这里谈论的是英国的殖民主义，但它也可以用来指我们当今的时代。当中国和其他前殖民地通过参与全球经济，在技术能力和军事实力方面取得巨大进步后，就如斯密预言，这样的再平衡将导致"在某种程度上对彼此权利的尊重"。这确实应该是我们这个时代的希望。

海洋时代的教训

海洋时代催生了全球资本主义。历史上第一次，特许的私人营利性公司参与复杂的、全球规模的生产和贸易网络。私营企业被贪婪所陶醉，雇佣私人军队，奴役数百万人，通过贿赂获得在国内外特殊的政治地位，而且通常不受惩罚。但是，除了私人的贪婪外，这还是一个征服的时代，是欧洲列强之间不受约束的竞争时代。海外世界可以任人夺取，因此释放出来的贪婪几乎是无法阻止的。

亚当·斯密的杰作《国富论》总结了财富的秘密：全球贸易是促进专业化和提高生产力的动力。斯密配方的作用超乎了他的想象。我们将在全球化的下一个阶段看到，由于新发明扩大了市场，从而激励了更多的发明，生产力开始迅速和持续地提高。自我持续的增长过程正在进行。其结果是产生了一种新的政治力量，即后来被称为霸权主义的全球超级力量，英国取得了全球主导地位，其规模和成就甚至超过了罗马帝国。但是，正如我们将要看到的，英国和其他列强的利益往往建立在工业时代那些被他们剥削的人的痛苦之上。

07
工业时代

（1800 年至 2000 年）

我们已经进入了全球化的第六个时代——工业时代，这个时代塑造了现代世界。为了方便起见，我把时间定为 1800—2000 年，持续了两个世纪。我也许可以把开始日期定得更早一点，比如说，1750 年，当工业化开始在英国聚集力量时；或者说，1820 年，拿破仑战争之后，新的和平使欧洲大陆比历史上任何其他时代更快速地转变。但不管细节如何，我们可以确定最重要的一点：第六个时代是一个具有决定性的转变时期，比历史上任何时候都变化得更快、更深、更广泛。在短短的两个世纪里，一切都改变了：我们如何生活，在哪里生活，以及如何管理自己。

在全球化的第六个时代开始时，大约在 1820 年，世界仍然处于压倒性的贫穷中，绝大部分都是农村。世界上大约有 85% 的人口靠农业养活自己，几乎所有的人都处于勉强糊口的水平；大约 93% 的人口生活在农村地区。大多数人从不敢冒险远离他们的出生地，这往往是因为他们被奴役或在某种程度上与土地主有着不能切断的联系。极端贫困普遍存在，预期寿命短，主要原因是婴儿和儿童的死亡率极高。然而到了 2000 年，一切都变了。几乎一半（46.7%）的世界变成了城市，平均收入飙升，平均预期寿命达到 67 岁（2000—2005 年）[1]。

这些显著变化见表7.1。

表 7.1　人口与城市化

项目	1800 年左右	2000 年左右
人口	10 亿	60 亿
城市化率	7.3%	46.8%
人均 GDP（美元）按购买力平价调整（2018 年价格）	1200（1820 年）	10500
极端贫困率	84%（1820 年）	25%
出生时预期寿命	29 岁	66 岁

资料来源：Franois Bourguignon and Christian Morrisson. "Inequality among World Citizens：1820‒1992." American economic review 92, no. 4（2002）：727‒744；James C Riley. "Estimates of regional and global life expectancy, 1800‒2001." Population and development review 31, no. 3（2005）：537‒543；Kees Klein Goldewijk, Arthur Beusen, and Peter Janssen. "Long‒Term Dynamic Modeling of Global Population and Built‒up Area in a Spatially Explicit Way：Hyde 3. 1." *The Holocene* 20, no. 4（2010）：565‒573；Angus Maddison. "Statistics on World Population, GDP and Per Capita GDP, 1‒2008 AD." *Historical Statistics* 3（2010）：1‒36.

生活方式也发生了翻天覆地的变化。从宁静的乡村生活到现在大多数人生活在城市的喧嚣中。从相对孤立的村庄到现在人类相互联系在一个不间断的全球互联网中。在人类历史的大部分时间里，技术变革的步伐缓慢，而现在我们却进入了一个永不停息的技术剧变的世界。我们也来到了一个时刻充满忧虑的世界，因为人类的生存受到我们自己制造的东西的威胁，无论是核武器还是全球范围的环境威胁。

这个非凡的第六个全球化时代的某些关键特征即将终结，最引人注目的是英国、美国在世界经济和技术领域长达 200 年的主导地位的动摇。下一章将讨论数字技术如何再次颠覆了我们的生产模式，甚至是我们的日常生活模式。但要了解我们当前的时代和我们面临的选择，我们必须了解工业时代，以及它如何创造了现代经济。

1776 年可以作为我们研究工业化起点的好年份。因为这一年发生的四件大事抓住了工业时代的精髓。第一件，你可能会猜到，那就是《独立宣传》的发表宣告了美国的诞生。这确实是历史上值得注意的事件，因为它释放了各种力量使得美国在 20 世纪下半叶成为全球强国。第二个是我已经多次提到的事件：亚当·斯密的《国富论》的出版。这是一本关于全球性地获取和分配劳动力（即全球分工）的现代经济新指南。第三个是另一本书——爱德华·吉本的《罗马帝国的衰亡》（*Decline and Fall of the Roman Empire*）的出版。和斯密一样，吉本也是 18 世纪英国启蒙运动中智慧和人性的集大成者。吉本的杰作提醒我们，就像罗马的衰落一样，世界上任何一种主导力量终究有一天会面临衰落，比如 20 世纪大英帝国的衰落，以及 21 世纪初美国的衰落一样。

然而，从历史意义上来看，1776 年的第四个事件可能是最重要的。这一年，发明家詹姆斯·瓦特成功地将他的新蒸汽机商业化。我们已经讨论了历史上许多关键的发明：农业、动物驯养、字母表、火药、印刷机、航海，等等。然而，除了古腾堡的印刷机之外，很难想象哪一个发明家的发明能与瓦特的蒸汽机相提并论（图 7.1）。蒸汽机催生了工业时代和现代经济。虽然蒸汽机并不是经济现代化的唯一原因，但如果没有蒸汽机，过去两个世纪的其他大多数技术突破都是不可能实现的[2]。

图 7.1　詹姆斯·瓦特的蒸汽机，约 1776 年

资料来源：Wikimedia Commons contributors，"File：Maquina vapor Watt ETSIIM. jpg，" Wikimedia Commons，the free media repository，https：//commons. wikimedia. org/ w/index . php？title=File：Maquina_ vapor_ Watt_ ETSIIM. jpg&oldid=362051513

　　牛顿曾说过："如果我看得更远，那是因为我站在巨人的肩膀上。"瓦特也是在前辈的杰出创新的基础上取得了重大突破。托马斯·萨维利在 1699 年发明了第一台现代蒸汽机，用燃烧煤炭产生的蒸汽来抽水，目的是用蒸汽机把煤矿里的水抽出来以提高矿井的生产力。随后，托马斯·纽可曼对萨维利的突破性想法又进行了改进，他进一步提出了利用蒸汽动力移动活塞的想法。首先，萨维利发明了泵，通过创造一个临时的真空来强迫水通过泵。随后，纽可曼又在 1712 年发明了用蒸汽带动活塞抽水。在这些蒸汽机的帮助下开采的煤主要被英国人在冬季用来取

暖。当然，后来人们开采煤来制造蒸汽机，而蒸汽机成为英国的铁路、轮船和工厂的动力来源，特别是用于大规模钢铁生产。

纽可曼的发动机被用来从煤矿里抽水，但效率不高。它需要大量的能源投入，用于其他应用并不经济。18 世纪 60 年代，詹姆斯·瓦特在苏格兰格拉斯哥大学的一个制造科学仪器的车间工作，他开始考虑如何提高纽可曼的蒸汽机的效率。瓦特对纽可曼的发动机进行了两项伟大的革新。一是将蒸汽能量转化为运动。瓦特没有采用纽可曼使用的转换梁，而是将旋转运动引入蒸汽机。瓦特的第二个改变更具有革命性——增加了一个单独的冷凝器。纽可曼的蒸汽机要先加热，然后冷却锅炉，使冷热温度交替变化，从而产生和凝结蒸汽。这浪费了大量的热能，意味着纽可曼的发动机需要大量的煤，而且成本很高。瓦特通过引进一个与锅炉分离的冷凝器，大大提高了蒸汽机的效率，因此也大大节约了成本。他将蒸汽机从一种用于矿井抽水的高成本设备转变为一种低成本设备，这种设备在未来可以有数千种用途。世界经济因这一发明而改变。

从有机经济到高能经济

随着蒸汽机的发明，英国进入了工业时代。从 1700 年到 1820 年，英国人均产出每年增长 0.26%。在 1820 年至 1850 年期间，增长率提高到每年 1.04%。在 1850 年至 1900 年期间，这一比例再次上升至每年 1.32%。人均产出翻一番所需的时间，从 1700—1820 年所需的 270 年，下降到 1820—1850 年的 67 年，再到 1850—1900 年的仅仅 53 年[3]。

英国经济历史学家 E. A. 里格利将这一突破描述为从"有机经济"向"高能经济"的转变。里格利所说的有机经济是指"所有的工业生产都依赖于蔬菜或动物原料"的经济[4]。"用于原材料生产和将这些材料转化为最终产品的工业能源绝大部分来自人类劳动和畜力，这是一种有机投入。风车和水车提供了一些能量，但只是有机输入的一小部分。后来才有煤，这是 1800 年后将大规模使用的三种化石燃料（煤、石油和天然气）中的第一种。随着生产逐渐摆脱对稀缺的有机能源的依赖，以及用于维持人类和动物的食品和饲料谷物的大量种植，经济得以起飞。

如表 7.2 所示，里格利根据输入类型对英格兰和威尔士的能源消耗进行了估计，具有很强的指导意义。18 世纪上半叶，能源消耗总量增长了 37%；18 世纪下半叶，能源消耗总量增长了 124%；19 世纪上半叶，能源消耗总量增长了 255%。值得注意的是，早在蒸汽机出现之前，煤的使用量就已经很高了。但这些煤大部分仅用于家庭取暖和做饭。

表 7.2 能源消耗

（单位：千万亿焦耳）

类别	1700—1709 年	1750—1759 年	1800—1809 年	1850—1859 年
牲口	32.8	33.6	34.3	50.1
人口	27.3	29.7	41.8	67.8
柴火	22.5	22.6	18.5	2.2
风力	1.4	2.8	12.7	24.4
水力	1.0	1.3	1.1	1.7
煤	84.0	140.8	408.7	1689.1
总计	168.9	230.9	517.1	1835.5
煤占总数的百分比/%	50.0	61.0	79.0	92.0

资料来源：E. A. Wrigley, *Energy and the English Industrial Revolution* (Cambridge University Press, 2010), 27, table 2.1.

瓦特的蒸汽机在整个经济中都有应用。用现代的说法，它是一种通用技术——能在多种经济领域使用的技术[5]。有了蒸汽机，各种设备都可以机械化。随着纺纱和织布的机械化，以及采用蒸汽动力的工厂进行大规模生产，最主要的应用很快发生在纺织业。随着炼钢用蒸汽鼓风炉的巨大进步，冶金工业随之突飞猛进。交通运输也很快取得了根本性突破，出现了蒸汽铁路、蒸汽内河驳船和蒸汽远洋轮船。

因为蒸汽动力极大地降低了运输、煤炭生产、钢铁生产、纺织生产和其他工业过程的成本，各种新的可能性在整个经济活动中猛增。最重要的成本削减之一来自农业。有了蒸汽动力的海运，从南美运输有机肥料，也就是从秘鲁和智利海岸的鸟和蝙蝠的粪便中提取硝酸盐，就变得经济了。铁路使新的农业地区得到商业性地开发，如阿根廷的彭巴斯草原，其新产品将用于越洋出口。在 19 世纪，世界粮食种植能力大幅提高，这得益于农学的科学突破和农业机械化的发展。

随着粮食产量的增加，人口也随之增加。更多的食物意味着更高的存活率和更高的生育率。因此，从有机经济向高能经济的转变使全球人口大量增加。世界人口从 1700 年的 6 亿增长到 1800 年的 9 亿，到 1900 年增长到 16 亿。全球人口规模受有机经济中粮食产量限制的古老规则终于结束了。

随着工业时代的到来，世界人口和人均产出的空前增长生动地体现在图 1.1 和图 1.3 中，1820 年左右的转折点很明显。在漫长的历史中，人均产量几乎没有变化的局面随着工业化的开始而结束。1000 年至 1820 年间，世界人均产出以每年 0.05% 这一几乎难以察觉的速度增长。从 1820 年到 1900 年，这一增长率高出 10 倍，达到每年 0.5%。

同样，全球人口在 1000 年到 1700 年之间每年增长 0.1%，在 1700 年到 1820 年之间每年增长 0.5%，在 1820 年到 1920 年之间每年增长 0.6%。简而言之，世界经济取得了现代经济增长的突破，全球人口随着收入的增加而激增。

为什么工业化始于英国

是什么使瓦特的发明成为可能？为什么英国率先实现工业化，并迅速成为领头羊？并不是只有英国才是科学家的故乡。我想说，在列奥纳多·达·芬奇和伽利略成为欧洲科学革命主要推动者的情况下，意大利应当占据重要地位。16 世纪早期波兰科学家哥白尼提出了一个重要的见解——日心说，让伽利略和牛顿开始思考一种新的物理学。人们甚至可以将荷兰在国家治理和商业方面的巨大进步视为英国自身商业革命的先驱。毕竟，正是 1688 年荷兰君主威廉的入侵给英国带来了光荣革命，并为其走向现代资本主义制度提供了清晰的道路。

英国所具有的是一种非凡的有利条件的组合，这些条件加在一起使瓦特的发明及其随后的迅速应用成为可能。工业革命并不常见。必须有若干条件结合起来才能实现起飞，实现自我持续的工业化和持续的经济增长。英国的独特之处在于，它首次将所有必要的东西组合在一起。大约一千年前的中国宋朝或许也提供了类似的有利条件，但缺乏启动工业化的火花。

英国的第一个条件是知识氛围。在这个环境中，科学和实证论得到极大的尊重，甚至是崇拜。英国神学家和哲学家罗杰·培根在 13 世纪就宣扬关于实证自然知识的哲学。和他同名，也许还是远亲的弗朗西斯·培根在 17 世纪早期进一步提出通过科学和技术使人类进步，且科学来源于实验的现代理念。这种实证方法为下个世纪伽利略和牛顿提出的新物理学奠定了基础。

正如诗人亚历山大·蒲柏在描写牛顿时所言："大自然和大自然的法则隐藏在黑夜里，上帝说，让牛顿去吧！一切都是光明的。"牛顿用他的新物理学解释了宇宙，使许多后来的科学突破成为可能。牛顿是在剑桥大学完成他的工作的，剑桥大学至今仍是基础科学的先驱。英国的大学对工业化至关重要。瓦特可以在格拉斯哥大学的一个仪器实验室里进行他的开创性工作，这一事实本身就充分说明了技术进步的知识基础。瓦特因为他的突破而备受尊敬，爱丁堡皇家学会和法国科学院等机构都授予了他会员资格。

仅有知识环境的支持是不够的，因为意大利也有光荣的科学传统和伟大的大学网络。事实上，在英国还有其他因素在起作用。另一个关键点是，瓦特寻求发展他的技术，不仅是作为一个技术概念，而且是作为一个商业冒险。他的目标是赚钱，他确实成功地做到了这一点。长期以来，英国提供了一个市场机制发达、以专利权形式保护知识产权的环境。在这个基础上，瓦特能够吸引私人资本，特别是他的商业伙伴和优秀的制造商理查德·博尔顿。瓦特和博尔顿请求保护他们的专利权不受他人侵犯，法院也确实支持了他们的诉求。

科学探索、大学、市场机制，有这些仍然不够。的确，有人可能会说，荷兰早于英国形成了这种组合。但英国拥有荷兰所缺乏的东西：煤。容易获得的煤炭是关键——不仅仅是煤炭，还有煤炭工业。英国长期以来一直使用煤为家庭供暖和做饭，因此在煤炭的开采、运输和销售方面经验丰富。这是一个非凡的优势。一个经济学家在假设的情况下可能会说，"好吧，如果不是煤炭，它可能是其他东西，也许是石油或天然气"。但为了让其他化石燃料成为可能，煤炭必须排在第一位。更复杂的内燃机和燃气轮机都是建立在蒸汽机的基础上的，如果没有几十年来累积的采矿、冶金、机械制造和发动机技术的进步，这两者都不可能出现。

然而，经验和科学视野、大学、市场机制以及煤炭的可采性和开采使用的经验，仍然不是故事的全部。事实证明，蒸汽机是如此有利可图，因为英国是全球贸易体系的一部分，由跨国公司（以东印度公司为例）提供支持，这些公司可以将棉花等商品运输到英国新的使用蒸汽驱动的工厂中，将其加工成纺织品。换句话说，瓦特拥有一个巨大的潜在市场，而不仅仅是一个想法和获得专利及煤炭资源的机会。

在人类历史上，自给自足的工业化只在 18 世纪和 19 世纪早期的英国发生过一次。此后所有的工业化都是英国技术、公司法和金融机制突破的产物。在英国工业革命之前，其他地方已经发展了纺织业、制铁业、机械业，但没有一个地方摆脱了有机经济的束缚。也许宋朝或明朝的中国比英国更有条件这样做。中国也有市场、贸易、科技知识和煤炭，尽管煤炭不是那么容易获得。英国在工业化方面击败中国或许没有根本原因。人类的历史，就像自然进化一样，是偶然和随机的。

也许，一个有用的类比是地球上生命本身的起源。科学家怀疑，生命起源于一种独特的融合情况：有机材料（尤其是自我复制的 RNA），一种能源（也许是深海的热泉），以及有自组织属性的第一个活细胞（如脂质膜和 RNA 自我复制链）。不知何故，它们就像拼图的碎片一样自行组装起来。这肯定不太可能是一个进程。由于今天所有的生命明显地拥有共同的化学 DNA，自我复制生命的出现可能只发生过一次。

自我持续的经济增长似乎也是如此。英国需要同时具备几个条件才能引发工业革命。随后美国、西欧、俄罗斯、日本、中国，到现在的非洲的工业化，都可以从工业史上追溯到一个共同的祖先——瓦特及其 1776 年诞生在格拉斯哥的蒸汽机。

内生增长与康德拉季耶夫长波

蒸汽机是如此具有决定性，它推动了工厂生产、精密制造和新蒸汽动力的无数应用方面的进步，由此引发的连锁反应是一系列新发现。哈佛大学的马丁·魏茨曼教授指出，创新可以通过"思想杂交"建立在现有技术的基础上，也就是说，将现有技术组合成新的模式，而这些模式又可以组合成更具创新性的设计[6]。

让我根据他的想法举一个非常简单的例子。假设有 10 种不同的技术。然后这 10 种技术有 45 种双向组合（1/2×10×9）。假设这些成对组合中有 20% 产生了一种有用的新技术，我们就会有 9 种额外的技术。然后，这 9 种新技术可以相互混合或与原始技术结合，从而产生更多的创新。魏茨曼称这个动态的过程为"重组增长"。

其基本内涵是：创新引发创新。我们可以从盈利的机会这一相关角度来看待这一动态过程。假设每一次技术突破都促进了经济增长（为了保持简单的数字，假设每一个基本的技术突破都使经济规模扩大一倍），如果我们把蒸汽机发明之前的英国的 GDP（国民生产总值）设定在 100 单位，那么我们可以说蒸汽机把 GDP 提高到了200 单位。GDP 越大，创新的动力也就越大。每一项发明都可能带来更多的收入，从而弥补研发、创新以及新发明早期应用的成本。当 GDP 等于 200 单位时，更多潜在的类似瓦特的发明被开发出来，最终产生另一项发明，将 GDP 提升到 400 单位，然后又导致更多的研发和进一步的创新。经济学家将这种自我维持的过程（创新—更大的市场规模—创新—更大的市场规模）称为"内生增长"。经济学家保罗·罗默在 20 世纪 80 年代对内生增长进行了严谨的数学描述，并因其成就获得了诺贝尔经济学奖。

蒸汽机和对高能经济的突破引发了这样一个内生增长的进程，到目前为止，它已经持续了两个多世纪。全球人均 GDP 在工业化之前的几个世纪几乎没有变化，但自 1820 年以来一直在迅速而稳定地增长。这种长期增长的动力是一波持续的技术进步，其中许多是通过在以前的技术基础上杂交新技术发展起来的，另外一些则是使用了全新的创意和方法。

这些技术浪潮常常与不同的阶段捆绑在一起，就像与各个全球化时代分别捆绑一样。最早的科技浪潮理论来自俄罗斯经济学家尼古拉·康德拉季耶夫。他在 20 世纪 20 年代写到，每隔五六十年就会出现一次主要的技术浪潮。每一波浪潮都带来了商业投资的新时代，推动了经济的发展，并延续了经济的增长。图 7.2 中显示了这种"康德拉季耶夫之波"的一种演绎，这是由威伦尔斯和古奇完成的[7]。在这个图中，1780—1830 年间蒸汽机产生了第一波，接下来是 1830—1880年间对铁路和钢铁的投资导致了第二波，这两波既依赖于蒸汽机，也

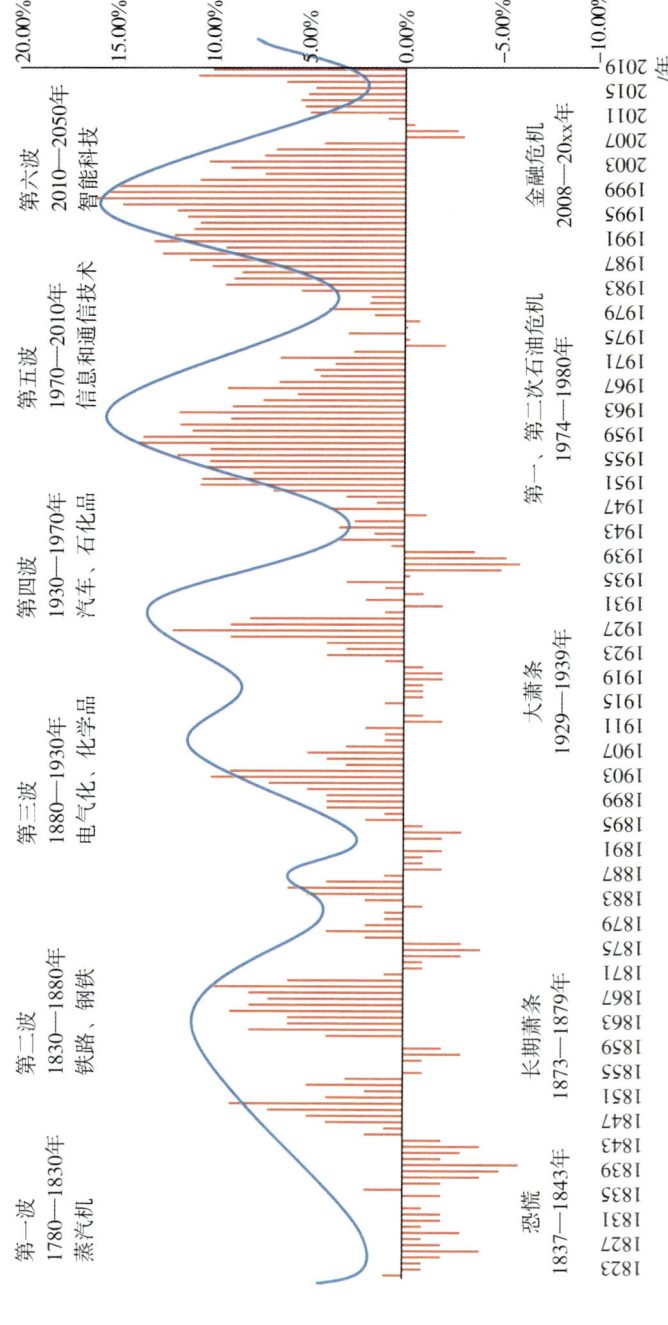

图7.2 康德拉季耶夫周期理论，1823—2019年

资料来源：Rolling 10-year return on the S&P 500 from Jan. 1814 to June 2019 (in % per year). Data from Datastream, Bloomberg, Helsinki Capital partners (illustration), Markku Wilenius.

依赖于与蒸汽机相关的其他新技术。第三波是 1880—1930 年间的电气化时代，建立在法拉第电磁感应的发现和现代化学的基础上。第四波浪潮建立在汽车（以及内燃机）和石油化工的基础上，被称为石油时代，发生在 1930—1970 年间。接下来是基于信息和通信技术的第五波浪潮，大约在 2010 年。

最后，威伦尔斯和古奇确定了 2010—2050 年为第六波"智能科技"时代，包括机器人和人工智能。红色的柱状图是用标准普尔 500 指数来衡量股票的 10 年年回报率。他们的论点是，每一波科技浪潮都会导致股市价格上涨，预示着未来的盈利能力和投资动机。在技术周期结束时，回报率回落至零，等待新的技术创新来启动下一个投资周期。最近有另一种方法划分了 4 个而不是 6 个工业化阶段：（1）水和蒸汽动力；（2）电力和内燃机；（3）信息通信技术；（4）技术融合。技术融合是指信息通信技术、生物技术（如基因组学）和新材料（如纳米技术）的结合[8]。

工业化在欧洲的扩散

英国的工业化始于 18 世纪中期，纽可曼发明了蒸汽机，并在纺织和冶金方面进行了其他创新。然而，真正的工业化是在拿破仑战争结束后才开始的。到 1820 年，英国和荷兰的人均 GDP（根据历史学家安格斯·麦迪森研究的数据，以一套统一的国际价格衡量）在欧洲处于领先地位，但差距不大。表 7.3 总结了 19 世纪的情况。他把每个国家的人均收入与英国的人均收入相比，把后者的指数值设为 100 单位。因此，指数为 70 表示人均收入是英国的 70%。1820 年，除荷兰（指数为 108）之外，英国在欧洲其他国家中名列前茅。在 1820 年至

1850 年间，英国以及与英国距离比较近的国家（如法国和荷兰）的经济增长速度通常快于那些与英国距离较远的国家（如西班牙、意大利、希腊和芬兰）。到 1900 年，这个趋势更加明显，平均而言，一个国家离英国越近（以各国首都之间的直线距离衡量），其人均收入就越高。

我们所观察到的是一个地理扩散的过程。工业化开始于英国，然后随着时间的推移逐渐扩散到欧洲的其他地方，那些最遥远的地区通常在较晚的时候才开始工业化。这有点像把石头扔进水里，涟漪以同心圆的方式向外扩散，所以最早感受到冲击的是石头落水的地方，更远的地方要稍后才会逐渐感受到。

表 7.3　按购买力平价调整后选定的国家和年份计算的人均 GDP

（英国 = 100 单位）

国家或地区	1820 年	1850 年	1870 年	1900 年
英国	100	100	100	100
法国	67	69	59	64
荷兰	108	102	86	76
西班牙	59	46	38	40
西欧	70	67	61	64
中国	35	26	17	12
印度	31	23	17	13
日本	39	29	23	26
美国	74	77	77	91
非洲	25	—	16	13
拉丁美洲	41	—	21	25

资料来源：Angus Maddison. "Statistics on World Population, GDP and Per Capita GDP, 1—2008 AD." *Historical Statistics* 3（2010）：1 - 36.

这种逐渐扩散的原因是什么？记住，英国的工业化有几个基础，包括工业产品市场、煤炭、交通、工业技能和技术秘密。这些也是后来者实现工业化的先决条件。他们的产品需要一个市场，英国正好提供了这种市场；他们需要煤，这些煤可能来自他们自己的煤矿，也可能来自英国或其他矿区的运输；他们需要运输，沿海国家海上运输的成本往往比中欧和东欧陆路运输的费用低；他们需要工业技能（从读写和计算能力开始）和技术知识。对于所有这些先决条件，靠近英国这个伟大的工业化的故乡意味着近水楼台。随着工业化浪潮的扩散，从英国附近的邻居开始，包括比利时、荷兰和法国（1820—1850 年），扩展到更遥远的国家，包括斯堪的纳维亚、德国、意大利、西班牙（19 世纪下半叶），最后到达东欧和俄罗斯（19 世纪晚期）。

当然，国家的具体情况也很重要。有些国家有煤炭，有些则没有。一旦水电技术为人所知，像瑞士这样的国家就可以利用水力发电。有些国家从一开始就有全国性的市场（法国、荷兰），而另一些国家（意大利、德国）直到 1870 年前后才统一。欧洲的另外一些地区，特别是东欧，仍然存在着农奴制，在以市场经济为基础的工业化开始之前，农奴制必须被废除。然而，对所有这些国家来说，英国都起到了表率和模范作用。它提供了技术、金融资本、专门知识和市场来提高落后国家的收入。

全球大分化

工业全球化时代极大地加剧了北大西洋、西欧和美国与世界其他地区在收入、工业生产和军事力量方面的差距。自 1500 年以来，西欧在许多方面取得了重要的进展，包括军事力量、全球征服、工业规模、跨国生产和许多品类的贸易，如棉花、糖、烟草等。根据麦迪森的估算，到 1820 年，西欧和亚洲的人均产量已经出现了很大的差距。与西方国家相比，中国、印度和日本的人均收入约为 600 美元（以1990 年的国际美元计算），欧洲人均收入约为 1200 美元，英国人均收入约为 1700 美元，属于全球领先水平。随着美国的工业化，这一差距在 19 世纪急剧扩大。

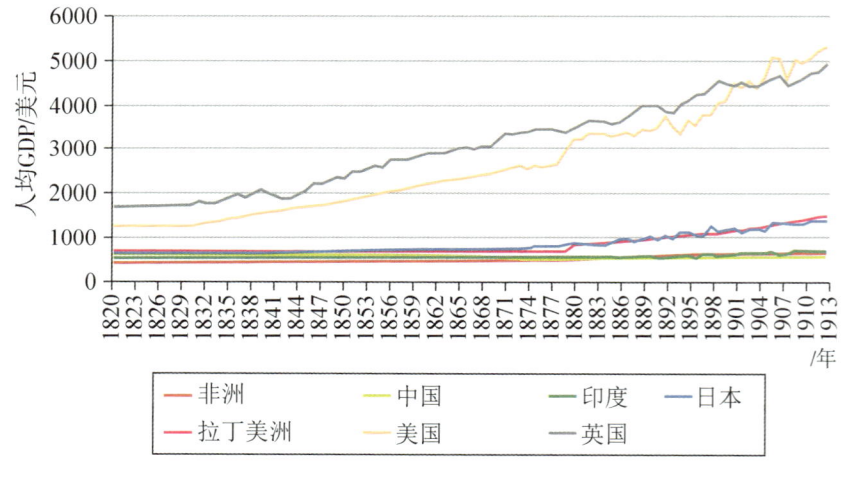

图 7.3　主要国家和地区的经济差异（1820—1913 年）

资料来源：Angus Maddison. "Statistics on World Population, GDP and Per Capita GDP, 1—2008 AD." *Historical Statistics* 3（2010）：1–36.

图 7.3 通过比较英国和美国这两个最具活力的工业化国家与世界其他几个地区，总结了这一戏剧性的故事。我们看到了三组数据。第一组，英国和美国保持着全球领先地位，经济飞速发展，到 1913 年，两国人均收入达到约 5000 美元。第二组，拉丁美洲和日本构成了一个中间群体，从 19 世纪下半叶开始，经济增长非常有限，到 1913

年，收入增长到 1400 美元左右。第三组，落后者包括非洲、中国和印度，它们的人均产出基本上没有增长，1913 年人均 GDP 约为 600 美元。因此，到 1913 年，英、美两个主要国家的人均收入大约是非洲、中国和印度的 8 倍！仅美国而言，其人口只有 1 亿，但其 GDP 就超过了中国和印度的总和，而中国和印度的人口共约为 7.5 亿。

欧洲和亚洲之间的大分化故事是 19 世纪世界经济的伟大戏剧。这段时期，世界落入北大西洋列强之手，先是英国和其他欧洲帝国，然后是 20 世纪的美国，特别是第二次世界大战后。直到 20 世纪末，随着中国和印度的快速发展，亚洲才开始缩小 19 世纪以来相对于欧洲列强在收入和实力方面的巨大差距。

决定全球工业化模式的因素之一首先是煤。当然，到 20 世纪则取决于石油和天然气。靠近煤矿的地方往往较早实现工业化，而远离煤矿的地区则往往较晚实现工业化。从图 7.4 中可以看出，世界上煤炭储量最丰富的地区包括西欧、美国、澳大利亚、俄罗斯、中国、印度、印度尼西亚、南非、安第斯山脉和巴西东南部，而大部分热带非洲和大部分热带美洲则没有煤炭矿床。19 世纪上半叶，在英国早期的带动下，西欧开始了以煤为基础的工业化第一阶段。几十年后，美国、澳大利亚、日本和俄罗斯在 19 世纪下半叶相继进行了煤炭开采和以煤炭为基础的工业化，并最终推广到 20 世纪的其他产煤地区。20 世纪，随着内燃机和燃气轮机的发明，碳氢化合物的存在不仅对石油和天然气的生产有利，而且对石化工业和其他能源密集型行业的发展有利。

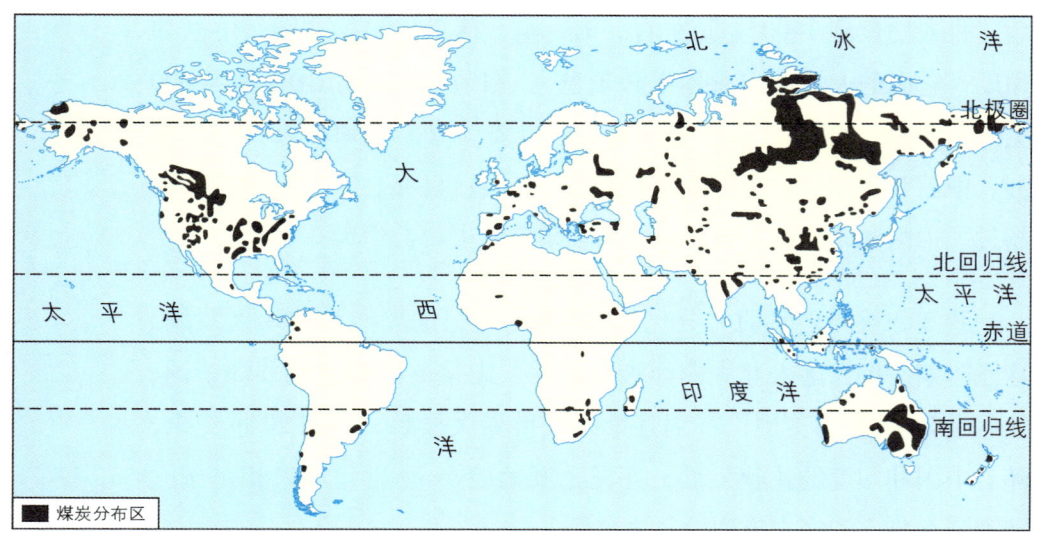

图 7.4 煤炭主要地质矿床，2017 年

资料来源："World Coal Deposits Map," mapsofworld. com. Reproduced with permission.

亚洲故事：中国、印度和日本

理解亚洲在欧洲和美国工业化时的遭遇非常重要，因为它塑造了我们今天所继承的这个世界，一个现在正在被迅速重新排序的世界。1820 年，中国还是一个骄傲的帝国，其人口占世界人口的 37%，令人震惊。虽然中国在 19 世纪避免了直接的殖民统治，但它并没有避免混乱、军事失败或欧洲帝国对其主权的侵犯。占世界人口 20% 的印度情况更糟。从 18 世纪中期开始，印度逐步被东印度公司蚕食；1858 年，印度完全落入大英帝国手中，后者从东印度公司手中接管了印度并正式开始殖民统治。日本在亚洲是一个相对成功的故事，它不仅保留了自己的主权，而且在 19 世纪末成功地走上了工业化的道路，尽管其收入水平远远低于欧洲。日本凭借工业化，从 19 世纪末到第二次世界大战战败，一直是亚洲的军事强国。解释这些国家各自独特的发展路径是经济史和政治史的重大任务之一。

中国 19 世纪的故事实际上可以从 1793 年中国皇帝断然拒绝了英国寻求开放英中贸易的请求时算起。清朝皇帝看不出这个请求有什么好处，就把英国使团送回家了。1816 年，英国人另一次类似的任务也失败了。于是，英国在 1839 年对中国发动了臭名昭著的鸦片战争。这一次，英国不再接受"不"作为答案。中国被迫向英国开放贸易——不仅仅是正常贸易，还有英国商人贩卖的来自印度的鸦片。当中国当局拒绝并试图没收进入中国水域的鸦片时，英国又以战争作为回应。

一支英国远征军对中国沿海城市和港口发动了几次攻击，第一次鸦片战争以 1842 年签订《南京条约》而告终。根据该条约，中国开放了包括上海在内的五个港口进行贸易，并将香港岛"永久"移交给英国。当英国在 19 世纪 50 年代想要得到更多时，第二次鸦片战争（1856—1860）爆发了。这一次，英法联军攻入北京，烧毁了圆明园。

欧洲帝国主义的入侵使中国陷入经济混乱，一个多世纪后才恢复。第一次鸦片战争的失败使清朝蒙羞和衰弱，1851 年至 1864 年间爆发了一场内部革命，是中国历史上规模最大的农民起义，被称为"太平天国运动"。它最终演变成一场全面战争，数千万人死亡。19世纪后期，中国试图从战败中恢复并实施"洋务运动"以抵制外来入侵者，但清朝未能制定出一套可行的改革方案，也无法抵抗帝国主义列强日益增长的要求。1899 年，中国爆发了另一场反对向外来入侵者妥协的革命，这场"义和团运动"再次导致帝国主义列强大规模地在中国使用武力。1901 年，由帝国主义列强强加的《辛丑条约》允许外国列强在北京驻军，并要求中国向其支付巨额赔款。

清朝的统治最终瓦解，1912 年孙中山宣布中华民国成立。但在接下来的几年，秩序、改革和经济发展的机会再次让位于国内的混乱。国家分裂、军阀混战、互相争权夺土。1921 年，中国共产党成立。1927 年，国民党政府发动了对中国共产党的攻击。1931 年日本入侵中国，残暴地占领了中国大部分地区，直到 1945 年第二次世界大战日本战败。1949 年，毛泽东领导的共产党军队打败了蒋介石领导的国民党军队，宣告中华人民共和国成立。

印度也有着一个长期衰落的故事。17 世纪，印度是一个统一的国家，由莫卧儿王朝统治。那时，印度人口约占全球人口的四分之一，产出也约占全球产出的四分之一。当时，印度是世界上最大的制造业国家，纺织品受到欧洲消费者的广泛赞赏和追捧。然而，除此之外，印度同中国一样，相对于已经工业化的国家，印度在世界经济中所占份额和人均收入方面也都经历了灾难性和持续地下降，直到 20 世纪下半叶才开始复苏。

印度的衰落始于 17 世纪晚期，当时莫卧儿王朝的统治面临着多重挑战。在印度西部，莫卧儿王朝受到了几股力量的挑战，包括波斯、旁遮普的一个锡克教联盟，以及正在崛起的德干高原的马拉地帝国。马拉地人在几次战争中击败了莫卧儿人，并扩大了他们对印度大部分地区的控制。在东边的孟加拉，英国东印度公司拥有自己的私人军队，在 1757 年的普拉西战役中击败了统治者莫卧儿王朝，取得了对孟加拉的实际控制和征税权。作为全球七年战争的一部分，该公司还在东南沿海的战斗中击败了法国。至此，莫卧儿王朝的统治实际上结束了。

从普拉西战役到 1857 年的印度叛乱，英国东印度公司进行了无数次的征服战争，包括在 1775 年到 1818 年间与马拉地帝国的三次战争，最终控制了整个印度。英国的统治相当严酷且具有毁灭性，饥荒和冷酷无情的统治造成了数百万人死亡。东印度公司官员的超级腐败导致英国政府在 18 世纪末对公司事务和政策实施部分控制，因此 19 世纪上半叶，英国对印度的统治是在公司和王室的混合权力下进行的。

1857 年，印度反抗英国统治的叛乱被彻底击败。英国政府直接控制了印度，建立了英国统治，直到 1947 年印度从殖民统治中独立出来。

英国的经济政策从根本上削弱了印度的经济和社会。历史学家普拉萨南·帕塔萨拉蒂生动地告诉我们，整个 18 世纪英国的贸易保护主义使印度著名的纺织品无法进入英国市场，最终在 19 世纪导致数百万名纺织工人陷入贫困。英国的做法远非自由市场的胜利。恰恰相反，在 18 世纪，英国通过一系列措施击溃了印度纺织业，其中包括不断加强对印度纺织品的进口限制。帕塔萨拉蒂将英国相关政策的顺序总结如下：

> 从 17 世纪后期开始，英国的棉花生产随着国家的保护政策而扩张。1700 年禁止进口印度漆布和印花布，极大地推

动了英国服装纺织业的发展，英国服装纺织业获得了国内市场的独家销售权。1721 年对印度白布的进口禁令，促使英国制造商寻找并开发一种本地生产的白布替代品，以取代以前从印度次大陆进口的白布。18 世纪 70 年代，随着阿克莱特水力纺纱机和克朗普顿走锭纺纱机（又名"骡机"）的发明，这一研究取得了成功。但是，贸易保护的时代并没有结束。18 世纪 80 年代，英国对印度进口的平纹细布征收关税，帮助英国平纹细布制造商扩大生产规模，提高生产能力。贸易保护政策是英国棉纺工业发展不可或缺的一部分。[9]

从 1858 年到印度独立，英国的政策目标是把印度变成英国市场的原材料供应国，而不是英国纺织业的竞争对手。英国无情地统治着印度乡村，对数次饥荒袖手旁观，所以饥荒是自然灾害和英国失职的共同产物。卫生、教育和粮食救济等基本服务被推脱，留下大量贫困和目不识丁的农民。虽然印度在 20 世纪上半叶有一些工业化的领域，例如钢铁，但整个印度的工业化和发展必须等到其政治独立后才能进行。在独立前后，印度的文盲率竟然达到了 80%～85%，1950—1955 年的平均寿命只有 37 岁[10]。

19 世纪，亚洲的工业化只发生在一个地方：日本。只有日本能够免于欧洲的统治，并采取内部改革措施来推动早期工业化。日本的成功结合了它的历史、地理因素和面对欧美帝国主义威胁时有效的改革。日本的近代史可以追溯到 1603 年，当时一个部族统治者德川家康统一了日本并实施封建统治。德川幕府从 1603 年统治到 1868 年。在此期间，幕府，或军事统治者，在江户（今天的东京）发号施令，而天皇象征性地在京都实行统治。1635 年，为了阻止基督教和西方列强对日本政治和社会不断上升的影响，日本大幅减少了国际交往和贸易。贸易仅限于几个港口和来自中国、朝鲜和荷兰的入境船只。

德川时代是一个内部和平的时期，文化、基础教育、农业集约化、城市化和原始工业（尽管是高度劳动密集型的工业）得到了非凡的发展。根据麦迪森的估算，日本人口从 1600 年的 1850 万增长到 1870 年的 3440 万。到德川时代晚期，估计有 40%～50% 的男性和 15%～20% 的女性受过教育，这在当时是相当高的比例。早在 1750 年，江户（东京）的人口约为 120 万，另外四个城市（大阪、京都、名古屋和金泽）的人口都在 10 万以上。

1853 年佩里准将率领美国海军舰艇进入江户湾，是历史上最引人注目的事件之一。佩里代表美国要求获得贸易权，就像欧洲列强要求进入中国和印度市场一样。与中国和印度一样，日本也面临着西方帝国主义一边倒的威胁，但只有日本能够以其自身的速度和一致性做出反应，使其能够将外部势力基本拒之门外，保护日本的主权，并步入一段成功的工业化时期。地理因素对日本的成功起了重要作用。作为一个群岛国家，日本能够更好地抵御入侵。农业生产力确保了粮食充足，当地可利用的煤炭为早期工业化提供了基础。作为一个人口密集、部分城市化的社会，日本能够进行经济、政治和社会改革，且其果断和有效程度远远超过中国和印度。在 19 世纪下半叶，日本凭借良好的运气和战略，在面对欧美威胁时保持了统一的战线，并在 20 世纪初成功地进行了改革和现代化建设。

决定性的事件发生在 1868 年，当时一群部族成功地以天皇的名义推翻了德川家族的统治。众所周知，明治维新试图通过实现现代化来应对西方的挑战。封建时代结束了，封建土地（大名管辖之下）在新的中央政府的控制下变成了郡县。封建社会的四级结构结束了，包括武士阶级的消灭。一项最引人注目的外交举措——岩仓使团，启动了。一群日本高级外交官周游世界，与欧洲和美国建立新的外交关系，并学习国外的最佳实践，作为日本在许多关键领域改革的基础，包括政府结构、中央银行、军事、高等教育和工业化。

结果是一个成功的转变，而且几乎是完全和平的（除了一次短暂的起义，即 1877 年的萨摩藩叛乱）。这个结果可以被称为反对德川封建统治的"资本主义革命"。工业开始增长，基础设施建立起来，外国专家把新的机器和技术带到日本，帝国大学建立起来，到 19 世纪 90 年代，日本已经成为亚洲的工业强国。1870—1890 年，日本的人均 GDP 以每年 1.6% 的速度增长。日本在 1894—1895 年的第一次中日战争中打败了中国，确立了日本对台湾的殖民统治。日本又在 1904—1905 年的日俄战争中击败了俄罗斯，并于 1905 年建立了对朝鲜的殖民统治。虽然日本的人均收入仍然远远落后于欧洲和美国，但到 1913 年，日本的人均收入大约是中国的 2.5 倍。

欧洲瓜分非洲

虽然非洲是世界上最贫穷和工业化程度最低的地区，尽管欧洲人几个世纪以来一直奴役非洲人，但非洲是最后一个面临欧洲殖民统治全面冲击的大陆。直到 19 世纪末，欧洲帝国在非洲的立足点还只包括非洲北部和南部的殖民地，以及沿东非和西非海岸的几个贸易前哨和堡垒。非洲内陆在很大程度上不在欧洲的控制范围之内，甚至不为欧洲所知。最重要的原因是疾病的生物地理学。

热带气候和无数疾病的动物宿主，使得热带非洲成为许多致命疾病的家园，其致命性对人类和农场动物，包括马都是一样的。由咬人的冈比亚蚊传播的恶性疟疾为欧洲征服制造了疾病障碍。非洲锥虫病，又称昏睡病，由舌蝇传播，使整个中非的马和牛几乎死光。直到发现了一种预防和治疗疟疾的方法后，非洲才成为贪婪的欧洲帝国竞争的牺牲品。

这种治疗疟疾的方法是在秘鲁发现的。当地的秘鲁人喝金鸡纳树的树皮制成的茶来治疗发热。英国人得知了这个秘密，偷走了金鸡纳树的种子，并在英国栽培它。其实，该方法中的有效抗疟药是奎宁，一种具有预防和治疗疟疾功能的苦味物质。更妙的是，奎宁可以与杜松子酒搭配，成为殖民地阳台上的完美饮料。从 19 世纪 80 年代开始，杜松子酒和奎宁水不仅安抚了欧洲人的味蕾，而且为欧洲征服热带非洲内陆铺平了道路。这个方法加上改进的枪支，包括新开发的机关枪，使欧洲列强能够迅速征服和瓜分非洲[11]。

到 19 世纪 80 年代，欧洲帝国主义已经高度发达，甚至更加精细。为了在不引发欧洲列强之间冲突的情况下瓜分非洲，1885 年的柏林会议，一群外交官聚集在一起，由相互竞争的几个欧洲帝国把非洲瓜分了。根据对会议的描述，一群欧洲外交官围着一张圆桌而坐，墙上挂着一张非洲地图，但没有非洲人的身影。帝国主义是只有单方的游戏。到 1913 年，除了非洲之角的埃塞俄比亚和西部的利比里亚之外，整个非洲都处于欧洲帝国的控制之下，如图 7.5 所示。

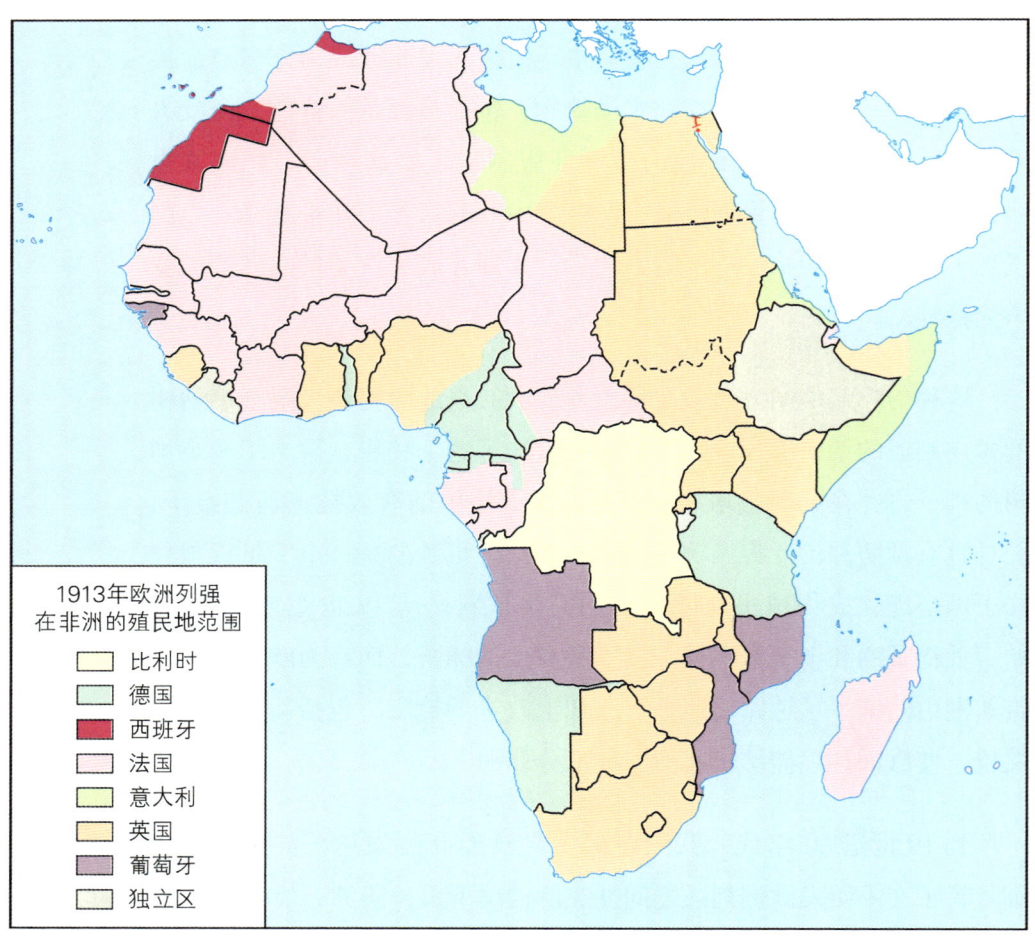

图 7.5　被欧洲帝国瓜分的非洲，1913 年

资料来源：Wikimedia Commons，https://commons.wikimedia.org/w/index .php?title
=File:Colonial_ Africa_ 1913_ map.svg&oldid=367487165（accessed October 27，2019）.

英美霸权

到 19 世纪末，英国位列帝国主义列强的榜首，维多利亚女王统治着不列颠群岛、印度、缅甸、锡兰（斯里兰卡）、马来亚、非洲大部分地区（"开普到开罗"）、新几内亚以及世界各地的数十个岛屿和较小的属地。其中很多都是英国皇家海军的加油站，皇家海军在海洋上有着无与伦比的统治地位。在当时，英国海军是世界上最强大的海军，他们控制着通过苏伊士运河连接英国和印度的印度洋航线。1882 年以后，英国对埃及的控制很大程度上也是为了确保通往印度的海上通道。有趣的是，直到 1888 年，中国的 GDP 一直是世界上最高的，但最终被美国超越。即使有着很高的 GDP，中国却一贫如洗。1870 年，中国人口约 3.58 亿，人均收入只有 530 美元（麦迪森数据，1990 年国际价格）。英国有 3100 万人口，人均收入为 3100 美元，大约是中国的 6 倍[12]。

当然，英国还"造就"了说英语的附属国家，最重要的是美国，还有加拿大、澳大利亚和新西兰。在 1931 年《威斯敏斯特法案》颁布前，后三个国家仍然隶属于英国王室。根据麦迪森的估算，美国经济发展迅速，1872 年前后，美国 GDP 总量超过了英国，1905 年前后人均 GDP 也超过了英国。

让我们考查一下英、美经济总量占世界的份额（图 7.6），把大英帝国和美国加总来看。为此，我将大英帝国定义为英国和它的 16 个殖民地，麦迪森为这些殖民地提供了 19 世纪的 GDP 估计数。最大的殖民地包括 1922 年以前的爱尔兰、1931 年以前的加拿大和澳大利

亚、1947年以前的印度。1820年，大英帝国的产量约占世界总产量
的6%。到1870年，凭借英国自身的工业化和帝国财产的扩张，大英
帝国占世界经济总量的23%左右，而英国本土占世界经济总量的9%
左右。1918年之前，大英帝国在世界经济中所占的比重一直保持在
20%左右，但自1922年爱尔兰独立后，之后随着各个殖民地的独立，
大英帝国开始衰落。

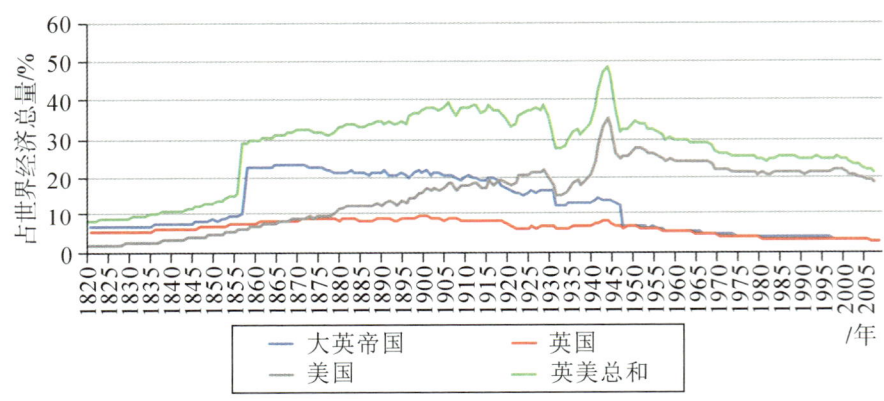

图7.6　英美经济主导地位的兴衰，1820—2005年

资料来源：Angus Maddison. "Statistics on World Population, GDP and Per Capita
GDP, 1—2005 AD." *Historical Statistics* 3（2010）：1-36.

　　19世纪，美国成为世界上最大的经济体，占世界产出的份额从
1820年的2%上升到1870年的9%、1900年的16%和1918年的19%。
因此，在第一次世界大战结束时，美国和大英帝国经济总量所占的份
额差不多。但从那时起，美国的份额继续上升，在第二次世界大战结
束时达到35%以上；而大英帝国的份额继续下降，在印度1947年独
立后，到1950年下降到世界经济总量的10%以下。如果我们把英、
美两国的总和考虑在内，这个讲英语的霸权二人组在1900年占了世
界产量的40%左右，并一直维持到第二次世界大战印度和其他英国殖

民地取得独立之后。到 1980 年，大英帝国基本不复存在，而英国自身占世界产出的比例不到 4%。

在第一次世界大战之前，英国无疑是英、美管弦乐队的指挥。英国是一个工业强国，伦敦金融城是无可争议的全球金融中心，英镑主宰着全球货币，英国海军统治着海洋。直到 1913 年，人们还很难想象在 21 世纪的世界里，英国不是主导力量，或者会与美国平起平坐。当然，法国也是历史悠久的帝国，德国也在非洲获得了殖民地。美国是世界上本土面积最大的国家，但在海外帝国建设上却是一个后来者。

在第一次世界大战前夕，世界被贸易、帝国和大英帝国强权下的和平联系在一起。英国有理由被认为是世界上第一个霸权国家。尽管西班牙建立了第一个全球帝国，但它从未像英国那样统治过海洋。约翰·梅纳德·凯恩斯在他第一次世界大战后的杰作《和平的经济后果》（*The Economic Consequences of The Peace*）中，从伦敦的有利位置生动地描述了第一次世界大战爆发前的这个相互关联的世界。

> 伦敦的居民可以在床上一边喝着早茶，一边通过电话订购世界各地的各种产品，数量多少随心所欲，并合理地期待他们早日送货上门。他可以在同一时刻，以同样的方式，把他的财富投入到世界上任何一个角落的自然资源和新事业中去，毫不费力，甚至不会有麻烦地分享他们未来的果实和利益。或者，他可以基于推荐的信息或自己的喜好，决定将自己财产的安全与任何一个大陆上任何一个大城市的市民的喜好结合起来。如果他愿意，他可以在没有护照或其他手续的情况下，前往任何国家或气候区并立即获得廉价和舒适的交

通工具。只要他觉得方便，可以派遣他的仆人去临近银行的办事处获得贵金属的供应。他还可以在对目的地国家的知识、宗教、语言或风俗一无所知的情况下，带着钱就可以出国；而且，哪怕受到最小的干扰他也会感到非常惊讶，并认为自己受到了极大的委屈。[13]

然而令人震惊的是，欧洲和大英帝国很快就崩溃了。正如罗马被德意志部落打败，拜占庭被奥斯曼帝国打败，亚洲被欧洲打败一样，欧洲也在 1914 年经历了一场决定性的冲击，它再次改变了世界，把这个欧洲帝国从全球权力的巅峰拉了下来。

欧洲流血冲突三十年

人们应当把 1914 年到 1945 年这三十几年的流血冲突看作是折磨人类的最大灾难之一。这是欧洲的第二个三十年战争。第一次，从 1618 年到 1648 年，是神圣罗马帝国内部的战争，主要发生在基督教的不同分支之间。这第二次三十年战争是讲德语的国家（尤其是德国和奥地利）与欧洲其他国家（包括英国、法国和俄罗斯）之间的长期斗争。

1914 年至 1945 年的战争是世界上几个最强大的工业国家之间的战争。这是一场没有任何根本性目标的战争。对于那些最终几乎毁灭了自己、杀害了数千万人的国家来说，再也没有以前的繁荣了。这两起欧洲人的杀戮的核心是暴力和疯狂的自我毁灭，而不是将战争作为达到任何理性目的的手段。

第二个三十年战争始于第一次世界大战。第一次世界大战结束时，《凡尔赛条约》被认为是结束所有战争的和平条约。但对后来的历史学家来说，它被称为结束所有和平的条约。在凡尔赛达成的协议是如此的反常规和缺乏可操作性，导致欧洲未能恢复其经济活力，欧洲内部的政治、外交和经济冲突仍然激烈。由此产生的不稳定是大萧条的一个主要原因，经济崩溃的破坏性和不稳定性是如此之大，它带来了现代史上，也许是整个历史上最邪恶和最令人发指的政权：希特勒的德国纳粹政权。德国的侵略导致了第二次世界大战，这场战争摧毁了世界上的大部分地区，并一直持续到 1945 年德国战败。

我们现在距离第一次世界大战爆发已经有一个多世纪了，但是对于这场战争仍然没有一个真正的解释。虽然有一个年表，但是没有解释。原因是：第一次世界大战是一场没有任何真正目的的战争。这是一场完全可以避免的战争。

当然，我们知道基本的年表。1914 年 7 月，奥匈帝国哈布斯堡大公在萨拉热窝的一次恐怖行动中被 19 岁的分离主义者加夫里洛·普林塞普杀害。萨拉热窝是奥匈帝国哈布斯堡王朝的一个城市。塞尔维亚被视为窝藏反哈布斯堡恐怖分子的主要国家，作为对此次袭击的回应，德国敦促哈布斯堡王朝对塞尔维亚提出不可能实现的要求。当塞尔维亚不出所料地拒绝了这些极端要求时，哈布斯堡王朝宣战了。作为塞尔维亚的保护者和斯拉夫的同胞，俄国动员起来保护塞尔维亚免受即将到来的与哈布斯堡王朝的冲突。德国这个俄国的宿敌，为了保卫奥地利，发动了战争。这反过来又将俄国的盟友英国和法国卷入战争。许多历史学家认为，是德国军事指挥官积极寻求这场战争作为对俄国先发制人的打击，因为他们担心俄国在 20 世纪初获得了太多的经济和军事力量，如果德国不首先攻击俄国，那么它很快就会活在俄国的阴影之下。

欧洲突然被战争所吞没，不仅是战争，而且是第一次完全工业化的战争，空中轰炸、机关枪、坦克和潜艇——工业化的全部奇迹给人类带来了噩梦般的毁灭，大约有 2000 万人在战争中丧生。

在战争的第三年，在伍德罗·威尔逊总统的劝诱下，美国也被拉了进来。威尔逊天真地认为他会让这场战争成为"结束所有战争的战争"。威尔逊的设想在实践中被证明是失败的。随着美国参战，原本可能在欧洲内部陷入僵局，从而可能恢复长期和平的局面，最终以美国及其盟友彻底击败德国而告终。随着这次失败，普鲁士君主制被推翻，凡尔赛和平协议中强加给德国的过于苛刻的条款，以及 20 世纪 20 年代德国的严重动荡，导致了希特勒在 1933 年初上台。

事实上，第一次世界大战打碎了那么多瓶瓶罐罐，你可以说它不仅在欧洲，而且在俄国和中东，都摧毁了恢复正常生活的基础。西欧和中欧见证了哈布斯堡王朝和普鲁士帝国的崩溃。俄国经历了布尔什维克推翻罗曼诺夫王朝和此后长达 75 年的苏联的统治。奥斯曼帝国被击败和瓦解，为中东和北非的新欧洲帝国主义开辟了道路，而领导者是英国和法国。

简而言之，这场战争除了重组欧洲、前奥斯曼帝国、中东和俄罗斯的政治组织之外，没有取得任何成果。欧洲内部的贸易和战前欧洲的金本位从未恢复。相反，欧洲在 20 世纪 20 年代经历了 10 年严重的货币不稳定，随后在 30 年代经历了经济大萧条。

20 世纪最伟大的经济学家约翰·梅纳德·凯恩斯曾是凡尔赛和平

会议上英国谈判小组的一名年轻专家。他对主要大国的狭隘观点和强加给德国的决议的惩罚性质深感沮丧。1919 年谈判结束后，作为令人印象深刻的分析和抗议，凯恩斯在《和平的经济后果》一书中警告说，和解协议的严酷，特别是强加给德国的赔款，将导致欧洲的经济混乱并可能引发另一场灾难。

他的话直截了当，具有预言性：

> 如果我们有意地以中欧的贫困为目标，我敢预测，复仇的力量将会很强大。甚至在对最近这场战争的惧怕化为乌有之前，人们会因绝望和动乱而革命，而革命会引来镇压，两者之间最后会有另一场内战。无论谁获胜，这场战争都将摧毁我们这一代人的文明和进步。[14]

当德国失业率高达 25%，外债难以偿还之际，年迈的德国总统兴登堡任命了新总理阿道夫·希特勒。希特勒将德国重新军事化，并着手征服东部的土地，同时将犹太人赶出德国。1939 年 9 月 1 日，随着德国和苏联同时入侵波兰，第二次世界大战爆发。随后爆发了全面的战争，包括对犹太人和其他群体的大屠杀。与此同时，纳粹德国的盟友——日本的法西斯政权，对美国和整个亚洲发动了战争。世界陷入了火海。

在现代史上最著名的声明中，卓越的英国首相温斯顿·丘吉尔呼吁新大陆"尽其所能"，"拯救和解放旧大陆"。美国历史上最伟大的总统富兰克林·罗斯福响应了这一号召。真正拯救了他们的是美国的工业力量。当苏联在战场上战斗并承受着数百万人的伤亡时，美国的工业实力飙升，并提供了保障胜利的军需品。战争结束时，美国是世界上遥遥领先的经济强国。除了 1941 年 12 月 7 日美国夏威夷珍珠港海军基地遭受了为期一天的袭击外，美国本土没有遭受任何袭击。其工业部门蓬勃发展，从 1940 年到 1945 年增长了 60%。截至 1950 年，美国占全球产出的 27% 左右。

美国世纪

在本章，我们来到了美国成为全球霸主的时刻。1941 年，《时代》杂志的出版人亨利·卢斯宣布进入美国世纪。他的直觉是正确的。当战争结束时，美国将成为世界经济、技术和地缘政治的主导力量。美国不仅拥有世界上遥遥领先的最大的经济体，而且这个经济体已经并将继续受益于在战争过程中发展起来的巨大的技术进步。战时的努力促进了许多领域基本技术的提升，如航空、计算机、控制论（人机交互）、公共卫生、电子（包括半导体）、雷达、通信等，当然还有核能和核武器。同样重要的是，战争的经历让人们理解了科学引领经济增长的理念。1944 年，罗斯福要求他的科学顾问万尼瓦尔·布什提供一项计划，将战时的先进技术用于和平时期。布什在 1945 年的《科学：无尽的前沿》（Science：The Endless Frontier）一书中才华横溢地提出了一项以科学促进社会和经济发展的战略。

从 19 世纪初到卢斯的"美国世纪"宣言，美国经济崛起的速度和规模在当时的经济史上是空前的。总产出从 1820 年的 125 亿美元增加到 1940 年的 9290 亿美元，年增长率为 3.7%（以 1990 年国际美元计算）。人口从 1820 年的 1000 万增长到 1940 年的 1.33 亿，年均增长 2.2%；人均产值从 1257 美元增长到 7000 美元，年均增长 1.4%。

最重要的是，美国成了陆地上最大规模的工业强国，是地球上唯一的一个（苏联试图效仿美国的工业规模，但总是远远落在后面）。在1820年，除了路易斯安那州外，有23个州全都分布在密西西比河以东。到1940年，已经有48个州通过铁路网络（1869年后横贯整个大陆）和庞大的企业（也在整个大陆范围内运营）将美国的东海岸和西海岸连接起来。这片大陆自然资源极其丰富：有着肥沃土壤的广阔的中西部平原，丰富的矿产、煤炭、石油和木材，可通航的河流和水道，以及温和的气候。欧洲定居者和他们的后代采取了一切措施为设立定居点、追逐利润和实现工业化扫清道路。这一系列行动包括内战前的大规模奴隶制、1846—1848年与墨西哥的战争，以及整个19世纪针对美洲原住民的种族灭绝战争。由于受到两大洋的保护，美国在两次世界大战期间建立了自己的工业，而其他工业国家则遭受了生产资本的惊人流失。

美国的活力从一开始就体现在基础设施如运河、铁路和公路的建设上，以及对新技术的迅速吸收和发展上，包括对英国先进技术的频繁窃取和复制。在19世纪上半叶，美国发明家改进了蒸汽机、铁路、轧棉机，发明了汽船、电报，等等。直到1861—1865年的南北战争，美国经济作为一个整体，仍然主要依靠农村和农业，并且严重依赖南方靠奴隶劳动力的棉花生产。截至1860年，美国约有20%的城市人口。内战之后，工业化迅速发展；到1910年，这个国家的城市人口占46%，到1940年达到57%。美国GDP在1872年超过英国，1898年超过中国，人均收入在1905年左右超过英国。

美国利用第二次世界大战后的地缘政治领导地位和经济实力，建立了一套有助于治理战后秩序的制度。其中，最重要的是新联合国，成立于1945年，继承了第一次世界大战之后的国际联盟，作为巩固和平及发展经济的平台和工具。在联合国框架下，创建了两个新的经济机构：国际货币基金组织和世界银行（以前称为"国际复兴开发银行"），以促进金融稳定并为战后重建和发展提供金融支持。设立了一套新的贸易规则——关税及贸易总协定（GATT），旨在重建在大萧条和第二次世界大战期间崩溃的以市场为基础的贸易。其他机构，如粮食和农业组织（1945年）、世界卫生组织（1948年）也加入"联合国大家庭"，以帮助提供关键的全球公共产品，如粮食安全和疾病控制。

虽然美国在经济和技术实力上无与伦比，但它也面临着安全挑战，最重要的是与苏联在战后秩序上的斗争。苏联经济大约只相当于美国经济的三分之一，但苏联是一个幅员辽阔的国家，1949年后拥有核武器，在中欧拥有一支庞大的军队，并一直致力于一党专政的国家社会主义和中央计划经济。这两个国家在欧洲对峙，在德国未来的问题上几次差点打起来，还在国际上争夺盟友、资源和军事优势。最糟糕的是，这两个国家开始了大规模的核军备竞赛，积累了大量的核军备，足以多次摧毁地球上所有人的生命。由于各种事故、失误和误解，两国在1962年10月达到了全球核毁灭的边缘，另外至少还在其他几个场合也接近了类似的边缘。

美国的地缘政治领导力向世界展示了两张面孔。一方面是美国对建立以法律为基础的多边机构的兴趣，包括联合国系统的全球机构和欧洲共同体（后来的欧盟）等区域机构，美国从一开始就是这些机构的拥护者。另一方面是为了狭隘的美国利益而无所顾忌地行使权力。虽然美国在第二次世界大战后没有直接殖民他国，但它利用其强大的军事力量和经济影响力，多次且经常残酷地将有利于美国商业和安全利益的政府推上权力宝座，并将反对美国特权的政府赶下台。"政权更迭"行动，意思是美国主导入侵、政变和诡计，推翻被美国官员认为对美国有敌意的外国政府，这向来是美国外交政策的主要内容。20世纪60年代，美国在越南、柬埔寨和老挝发动了旨在建立非共产主义政府的战争。20世纪60年代和70年代，美国支持在整个拉丁美洲进行军事政变，以推翻美国战略家认为过于左倾的民主制度。20世纪80年代，美国资助了针对中美洲和加勒比海地区左翼政府的战争。从20世纪90年代到21世纪初，美国在中亚、中东和北非与它不喜欢的俄罗斯及其盟友或其他政府（如伊拉克、叙利亚和利比亚）发动了几场战争。

最引人注目的是，美国在世界各地建立了一个规模空前的军事基地。据估计，美国在大约70个国家有军事基地，在100多个国家有军事人员。由于这些基地的保密性，美国海外军事基地的确切数量并不为人所知，但学者大卫·瓦因和调查记者尼克·特尔斯的专业调查为我们揭开这些基地的神秘面纱提供了巨大的帮助[15]。根据美国国防人力数据中心编制的数据显示，截至2019年3月，全球拥有20名（或以上）现役美国军事人员的国家有60多个，如图7.7所示[16]。

非殖民化和全球一体化的开始

第二次世界大战敲响了欧洲帝国的丧钟。始于16世纪初的欧洲殖民进程在1945年后迅速瓦解。欧洲列强因战争而筋疲力尽、债台高筑，也没有合法性来维持他们在殖民地的统治。地方独立运动要么说服帝国政权和平退位，就像1947年印度那样，要么最终通过解放

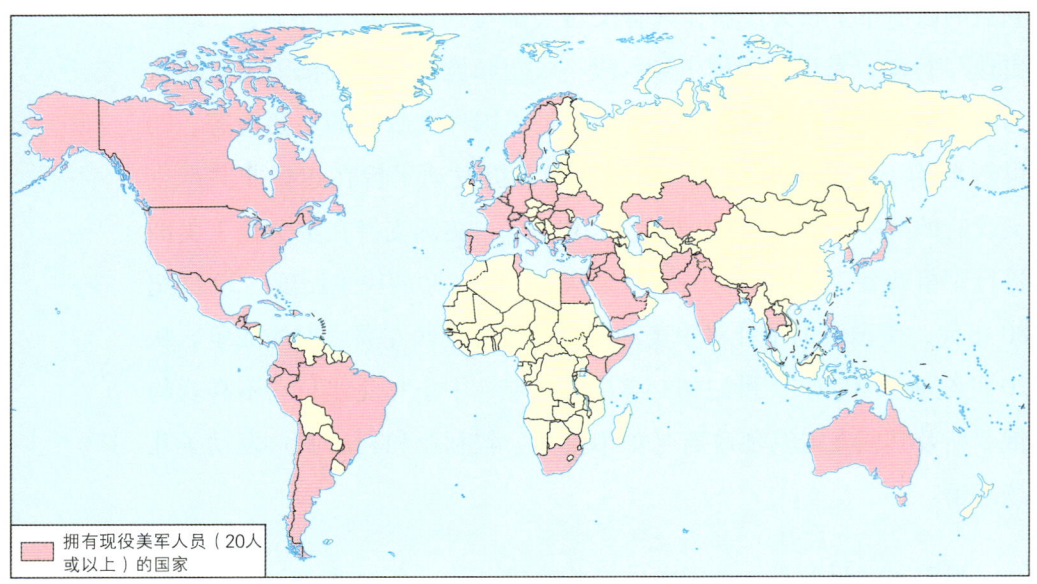

图 7.7　拥有现役美军人员（20 人或以上）的国家

资料来源：Map created using data from：Defense Manpower Data Center，"DoD Per-
sonnel，Workforce Reports & Publications，"DMDC. osd. mil：USA. gov，2019.

战争迫使帝国政权解散，如在印度尼西亚、阿尔及利亚、越南、安哥
拉和其他地区。随着新独立的国家加入世界舞台，联合国会员国迅速
增加。联合国在 1945 年成立时仅有 51 个会员国，1965 年增至 117
个，1985 年增至 159 个，2015 年增至 193 个。

　　殖民时代的结束导致工业化进程发生了根本变化。突然之间，独
立国家可以追求自己的命运，促进工业化，而不仅仅是作为帝国主义
国家初级产品的来源地。此外，最重要的是，他们可以通过推广大众
识字、公共教育和公共卫生项目来投资于自己的人民。虽然贫穷国家
在实现其扩大教育和健康规模的雄心时受到了有限预算的限制，但其

目的是很明确的。世界上新独立的国家希望通过投资人力资本和基础设施以吸引国内外的资本来创造新的产业，从而弥补失去的时间。

需要迎头赶上的事情太多了。欧洲帝国主义列强将其大部分非洲和亚洲殖民地置于非常高的文盲率和极其低的预期寿命的绝望状态。表7.4列出了1950年几个选定国家的情况：三个工业化国家和三个长期受殖民统治的国家。1950年，高收入国家几乎消除了文盲，预期寿命约为68岁；但在长期殖民地，文盲率约为80%，预期寿命约为40岁。

表 7.4　1950 年，选定国家的文盲率和预期寿命

国家	文盲率	预期寿命/年
高收入国家		
英国	1%~2%	69.4
美国	3%~4%	68.7
法国	3%~4%	67.1
前殖民地		
肯尼亚	75%~80%	42.3
印度尼西亚	80%~85%	43.5
印度	80%~85%	36.6

资料来源：UNESCO，*World Illiteracy at Mid-Century*：*A Statistical Study*（Paris：UNESCO，1957），https：//unesdoc. unesco. org/ark：/48223/pf0000002930；World Population Prospects：The 2019 Revision | United Nations Population Division，http：//data. un. org/Data. aspx？d＝PopDiv&f＝variableID%3A68#PopDiv.

总的说来，随着非殖民化，原殖民地进入了发展通道，尽管程度

参差不齐。通过向全球贸易和投资开放，维持和平，并在卫生、教育和基础设施方面进行公共投资，新独立国家开始进入一个趋同增长的过程，即人均增长快于高收入国家。随着教育和医疗保健规模的扩大，文盲人数大幅减少，预期寿命延长。到 2000 年，肯尼亚的文盲率降至 18%，印度尼西亚降至 10%。肯尼亚人的预期寿命上升到 53 岁，印度人的预期寿命上升到 63 岁，印度尼西亚人的预期寿命上升到 66 岁。尽管仍然远远落后于富裕国家，但差距减小了很多。

迄今为止，最成功的发展故事发生在东亚。在那里，战后早期工业化的"四小龙"——中国香港、中国台湾、韩国和新加坡都实现了惊人的增长速度并使贫困人口大幅减少。一代人之后，中国开始了工业化腾飞，并在 1978 年开始了快速增长。1991 年，印度摆脱了独立后最初几十年乏善可陈的经济发展态势，也进入了快速增长的时代。

趋同增长的后果之一是，全球经济在第二次世界大战后整体加速增长。根据麦迪森的估算，在 20 世纪上半叶，全球经济的年增长率约为 2%。在 20 世纪下半叶，即从 1950 年到 2000 年，全球经济的年增长率约为 4.6%，是前半个世纪增长率的两倍多。

总体来说，世界已从长期的两极分化向收入和技术差距开始缩小转换。较早实现工业化的国家如美国、加拿大、澳大利亚、日本和另外几个国家在过去一直遥遥领先，而一些落后的国家，尤其是在亚洲和其他地区的发展中国家，正在缩小与这些先进国家的差距。

非殖民化加速了全球范围内的趋同。在 1820—1950 年期间，富裕的北大西洋国家的经济增长速度快于世界上较贫穷的国家。富国和穷国之间的差距扩大了，越来越多的世界产出和收入来自欧洲和北美。从第二次世界大战后的非殖民化开始，一些新独立的国家开始迎头赶上。亚洲、非洲和拉丁美洲在世界收入中所占的份额开始增加（图7.8）。这些国家的相对低谷是在1950年，当时拉丁美洲、亚洲和非洲加起来只占世界总产出的30%，但其人口却占世界总人口的70%。

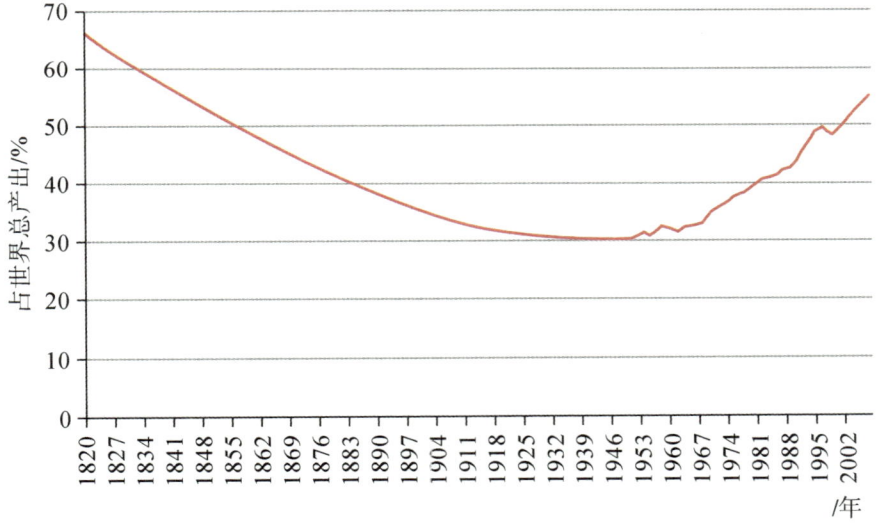

图 7.8　亚洲、拉丁美洲和非洲占世界总产出份额

资料来源：Jutta Bolt, Robert Inklaar, Herman de Jong, and Jan Luiten van Zanden. "Rebasing 'Maddison': New Income Comparisons and the Shape of Long-Run Economic Development." *GGDC Research Memorandum* 174 (2018).

自1950年以来，世界走上了一条前所未有的技术和经济融合之路，所取得的成果远远超出了收入本身。在整个发展中国家，预期寿命一直在上升，受教育年限在增加，极端贫困率在下降，就业正在从体力劳动转向报酬更高、技能更高、体力更轻的劳动，且不再是那种以农业和采矿业为主的小农生活的传统工作了。不过，发展的任务远未完成：仍有大约 7 亿人处于极端贫困之中，还有数亿人离赤贫仅一步之遥。尽管如此，在消除贫困方面取得的进展是真实且实质性的[17]。

随着数字革命增加了技术进步的好处，未来还会出现更多的融合。如果能在发展中国家得到充分利用，新一波技术——人工智能、智能系统、机器人、高速无线宽带，很可能会刺激经济进一步趋同增长。与此同时，发展中国家在全球事务中的地缘政治分量也在不断上升。

作为 1950 年至 2000 年间的全球领袖，美国对非殖民化、趋同增长和发展中国家在世界事务中日益增强的发言权怀着复杂和模糊的态度。在第二次世界大战后的早期，美国支持非殖民化。这很符合美国取代英国和法国主导全球事务的目标。在 20 世纪 60 年代和 70 年代，美国总体上继续维护发展中国家的经济利益，部分原因是为了引诱它们加入美国反对苏联的联盟，但随着发展中国家获得经济实力和政治发言权，美国的立场开始改变。20 世纪 70 年代，当联合国的发展中国家呼吁建立一个"新的国际经济秩序"，以重新平衡发达国家和发展中国家之间的全球力量和财富时，美国的态度变得敌对起来，坚持要求发展中国家跟随美国的领导，否则自生自灭。随着唐纳德·特朗普当选总统，美国的立场变成了"美国优先"，这是将美国自身利益凌驾于国际主义目标之上的鲜明宣言，许多美国战略家开始将趋同增长，尤其是把中国的趋同增长视为对美国利益的直接威胁，而不是美国政策的目标。

工业时代的教训

工业时代标志着全球化历史上一个独特而非凡的阶段。历史上第一次，技术进步的速度和广度足以创造物质生活水平的持续快速增长。在新时代的头 150 年里，经济收益绝大多数流向了世界的一小部分国家：西欧、美国和其他几个工业化国家。世界上许多地方陷入了更深的苦难，贫困有增无减，政治上也屈从于工业帝国。

英国，工业时代的第一个推动者，也成为世界上第一个超级大国。事实上，它也是世界上第一个霸权国家。然而，正如我们在历史的每个阶段所了解到的那样，即使是看似坚不可摧的力量也会迅速消散。以英国为例，这种权力的迅速丧失是悲剧的结果：两次世界大战和其间的大萧条。英国领导下的伟大遗产包括将议会民主制度传播到许多前殖民地，共享全球商业机构，或许最重要的是，将英语作为全球商业、政府、旅游和科学的通用语言。在作为全球第二语言（除母语之外使用的另一种语言）方面，没有其他语言能与英语相匹敌。据估计，今天大约有 10 亿人说英语，其中大约有 5 亿人把英语作为他们的第二语言，英语已经成为科学、金融和外交等领域的全球语言。

第二次世界大战结束后，美国成为全球霸主，但随着世界权力的分散，美国的地位现在也越来越脆弱。欧洲帝国在非洲和亚洲殖民统治的结束，释放出一个经济持续增长的过程。可以肯定的是，这种增长前所未有，快速得足以带来显著的人均产出的增加，在非洲地区得以实现减少极端贫困、快速城市化、远离艰苦体力劳动的结构性转变。相应地，那里的人们逐渐拥有更多的休闲和教育机会。当然，最显著的趋同增长案例是中国。在大约 40 年的时间里，从 1978 年开始的市场经济改革到现在，中国消除了极端贫困，创造了一个充满技术活力的经济。地缘政治力量和技术实力从此不再是北大西洋国家的特权。

因此，我们进入了全球化的第七个时代，在这个时代里，数字技术正在重塑全球经济和地缘政治。每一个经济部门都将受到数字技术的影响，全球力量关系也将再次发生转换。伴随着全球经济增长而来的生态危机使原本复杂的全球形势更加复杂。从全球的角度来看，世界面临的主要挑战是显而易见的。这些挑战包括：在继续经济融合的进程中同时应对国家内部日益加剧的不平等、地缘政治的转变和日益严重的环境威胁。这是我们下一章要讨论的问题。

08
数字时代

（21 世纪）

据估计，2020 年，全球每天产生和传输大约 44 兆字节的数据[1]。用数字表示是：44,000,000,000,000,000,000,000 字节，每个字节携带一个字母或数字的信息。然而，这些惊人的数字很快将被更惊人的数字所取代。数据处理和传输的普遍性及其规模令人难以置信。以下是截至 2019 年的一些其他估计：

· 每天有 16 亿人登录脸书（Facebook）。

· 每天有 35 亿次谷歌的搜索量。

· 每天有 50 亿个 YouTube 视频被观看。

· 44 亿互联网用户（截至 2019 年 6 月 30 日），其中 8.29 亿在中国，5.6 亿在印度，2.93 亿在美国。

· 每天有 5 万亿美元通过 SWIFT 银行系统完成跨境结算[2]。

在 21 世纪，世界已经实现了无处不在的互联互通。随着互联网和相关数字系统（如 5G）在覆盖范围和能力方面的进步，世界将会实现更多的连接。数字革命是如此深刻，我们可以理所当然地认为我们的时代是一个全新的全球化时代——第七个全球化时代。

这个全球化的新时代与过去的时代一样，将创造全球经济活动、就业、生活方式和地缘政治的新格局。这个新时代的到来伴随着另一个根本性的发展：一场人类造成的生态危机袭击着地球。过去两个世纪里全球化的突出成就也播下了生态危机的种子。人类活动，尤其是化石燃料的使用、农业、交通和工业生产人为导致了深刻而全新的气候变化的挑战，特别是对生物多样性的极大破坏和对空气、土壤、淡水和海洋的严重污染。另一组挑战将来自人口结构的进一步迅速变化，包括世界人口的规模、年龄结构、按区域的分布以及世界上城市和农村地区的人口比例。

因此，在这个世纪，我们会看到几个强大的演变趋势：随着数字技术的普及和使用，中国和印度的经济持续增长，美国的全球产出和全球力量相对衰落，非洲的人口和经济快速增长和城市化的急剧上升。鉴于即将发生的巨大变化，我们的社会和政治制度将面临巨大的压力。正如伟大的进化生物学家 E.O.威尔逊在他的《地球的社会征服》（*the Social Conquest of Earth*）一书中所总结的那样，我们现在生活在"石器时代的情感、中世纪的制度和上帝般的技术"的奇妙组合中。

数字革命

数字技术的普及是历史上最快的技术变革。脸书、谷歌、亚马逊在短短的几年时间里，从一个个无名小卒成长为世界上最强大的公司。智能手机的发展历史虽然不长，但它们已经颠覆了我们的生活方式。这场革命是如何发生的？

数字革命的根源可以追溯到英国天才艾伦·图灵 1936 年发表的一篇杰出的论文。图灵设想了一种新的概念设备，一种后来被称之为

"图灵机器"的通用计算机器。它可以通过读取无穷无尽的 0 和 1 的磁带来计算任何可以计算的东西。在通用可编程计算机被发明之前，图灵就已经将其概念化了。他的想法从根本上塑造了未来的数字革命。图灵还展示了如何用数学密码学和早期的电子设备来破译纳粹军事密码，这为盟军的战斗做出了传奇的贡献。图灵的天才和贡献让他成为数学史上的一位杰出人物，但在第二次世界大战后他因同性恋而受到英国当局的追捕。他可能是开车自杀的，但其死因仍有争议。

数字革命的下一步来自另一个非凡的头脑——约翰·冯·诺伊曼，他在 1945 年提出了现代计算机的基本结构，包括一个处理单元、控制单元、工作存储器、输入和输出设备以及外部大规模存储。冯·诺依曼的计算机架构成为第一批计算机的设计，即使用真空管来安装计算机逻辑电路的设备。麻省理工学院的工程师和数学家克劳德·香农提出了逻辑门和处理系统的数学理论，把图灵的 0 和 1 程序安装在冯·诺伊曼的计算机架构上。

下一个难题在 1947 年得到了解决——贝尔实验室发明了现代晶体管，这是建立在对半导体的进一步理解之上的，半导体技术则是在第二次世界大战期间的雷达工作中获得的。晶体管取代了香农逻辑电路中的真空管，使微处理器的发展从最初的数千个晶体管到数百万个，再到数十亿个成为可能。在 20 世纪 50 年代早期，单个晶体管被焊接到主板上。从 1958 年到 1961 年，两位先驱者——罗伯特·诺伊斯和杰克·基尔比，开创了直接在硅片上蚀刻晶体管和其他电子元件的方法，发明了集成电路。有了集成电路，人们就有可能安装越来越多的晶体管，从而将速度更快、功能更强的微处理器安装到一块芯片上。这种小型化使得支持数字革命的计算速度、内存和数据传输的指数级增长成为可能。

随着计算机开始渗透到科学、军事和商业工作中，美国国防部提出了一个基本的问题：计算机如何相互通信，以及如何以一种可以复原的方式进行通信，以便在战争中不受网络破坏的影响？答案是一种根据灵活的路由在计算机之间发送数据包（0 位和 1 位）的方法，这种方法被称为"分组交换"，它成为新互联网的基础。因特网最初是美国政府的一个项目，后来被参与的一些美国大学使用，直到 1987 年才开始商业利用。

1965 年，当时的英特尔首席执行官戈登·摩尔注意到，蚀刻在硅片上的晶体管数量每一到两年就会增加一倍。此外，他预测这一趋势将在未来 10 年继续下去。那是半个世纪以前的事了，摩尔的观察和预测被证明是有先见之明的。微处理的各种属性（速度、晶体管数量和成本等）的倍增时间直到 21 世纪初都保持着几何级数的快速增长模式，近期的适度放缓则又换来了其他计算维度的发展。1971 年，英特尔的 4004 微处理器有 2300 个晶体管。2017 年，英特尔的 Xeon Platinum 微处理器拥有 80 亿个晶体管。这相当于在 46 年的时间里每两年翻了两倍，或者说一共翻了 23 倍。摩尔定律如图 8.1 所示，以英特尔微处理器的发展为例。

计算机容量激增，连通性也随之提升。光纤电缆的发展大大提高了数据传输的速度、精度和规模。微波传输开启了无线连接的革命，使得移动设备可以连接到互联网。与此同时，在材料数字化（文本、图像和视频）的能力上取得了巨大的进步，同时在科学探测和测量方面也取得了无数的进步，如卫星图像、基因测序和从设备上收集大量

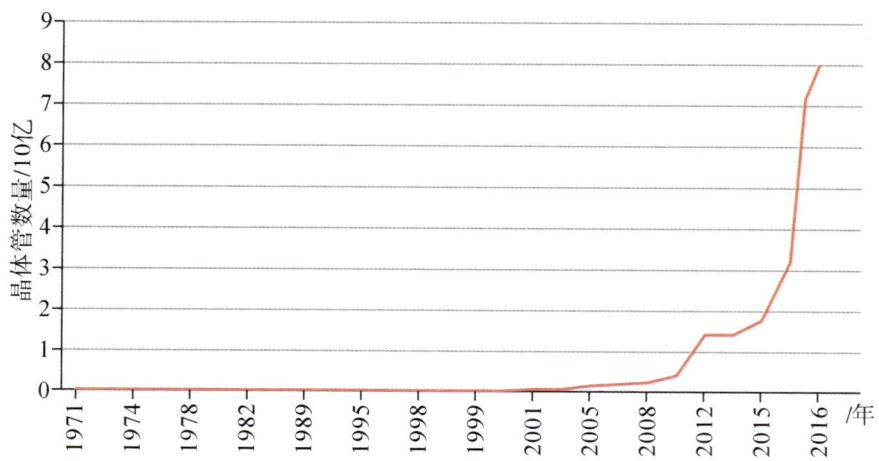

图 8.1　摩尔定律在实践中的作用：英特尔芯片晶体管数量变化，1971—2016 年

资料来源：Wikipedia contributors；Transistor count Wikipedia，https：//en. wikipedia. org/w/index. php？title＝Transistor_ count&amp；oldid＝923570554.

实时信息的传感器。

移动电话的普及与互联网在传播突破性数字技术方面的速度相当。1973 年，贝尔实验室发明了手机。20 世纪 80 年代早期只有几千名手机用户，到 2017 年手机用户达到了 78 亿（图 8.2）。

数字革命的第三个方面是计算机智能化。又一次，图灵领先地提出了一个关键问题：机器能有智能吗？如果有，我们怎么知道呢？在 1950 年，他提出了著名的机器智能图灵测试：一个智能机器（基于计算机系统）将能够与人类交互，但在此交互中，人类无法区分他们是在与机器交互还是与人类交互。例如，人类受试者可以与位于另一个房间的机器或人进行对话，向该房间传递消息并接收来自该房间的消息，而不知道对方是人还是智能机器。

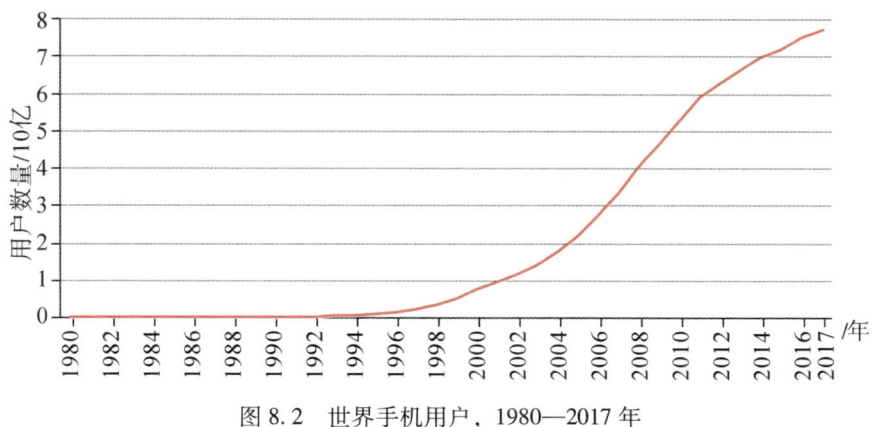

图 8.2　世界手机用户，1980—2017 年

资料来源："Mobile Phone Market Forecast－2019." areppim：information，pure and simple，2019，https：//stats. areppim. com/stats/stats_ mobilex2019. htm.

　　不论机器是否会达到某种形式的普遍智能，毫无疑问，机器正在逐渐掌握和完成曾被认为是高智商人类才能完成的复杂任务。智能机器现在经常翻译文本、识别图片中的物体、驾驶汽车、玩各种需要高度复杂技能的游戏等。在过去的 10 年中，人工神经网络的应用取得了惊人的突破，这是当今人工智能的中流砥柱。

　　人工神经网络处理数字输入，并在通过一系列人工神经元层对输入进行处理的基础上，生成数字输出。如图 8.3 所示，来自输入层的数字数据每次处理一层，直到信号到达输出层，输出层然后选择一个动作。例如，输入层可以对数字图像的像素（如 X 射线）进行编码，或对国际象棋的棋盘位置进行编码，或对自然语言的文本进行数字编码。然后，输出级别会将机器对 X 射线的诊断，或其国际象棋的移动步法，或计算机将文本翻译成指定的自然语言进行编码。

　　人工神经网络"智能"的关键是每个人工神经元对来自下层神经

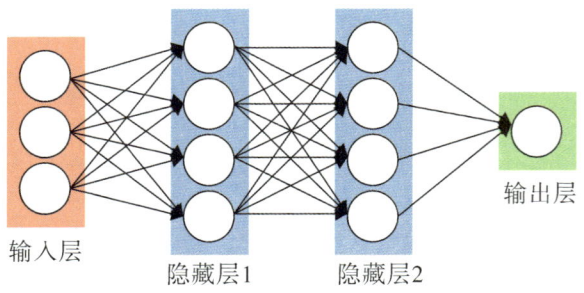

图 8.3　人工智能神经网络的基本结构

元的传入信号的数学加权，这些信号决定了神经元向上一层神经元传递的信号。这些重量可能与人类大脑中连接神经元的突触的强度类似。他们定义了人工神经元网络，将输入层的数字信号转换成输出层产生的数字信号。

通过使用复杂的算法"训练"机器来调整数学权重，这些算法根据机器在给定测试运行中的性能更新分配给每个神经元的权重。

调整权重是为了提高计算机的性能，例如在正确识别图像、赢得国际象棋比赛或翻译文本等方面。为了产生高质量的输出动作而改善权重的数学过程被称为"机器学习"。例如，如果机器被训练在数字X射线中识别肿瘤，连接人工神经元的数学权重就会根据机器在每张测试图像上的诊断是正确还是错误来进行调整。有了足够的这种"监督学习"，并使用复杂的数学技术来更新人工神经网络的权重，机器学习在人工智能系统中取得了令人瞩目的效果。

随着以摩尔定律为代表的计算机的计算能力和速度的大幅提高，人工智能系统现在正由数百层数字神经元和非常高维的数字输入和输出组成。有了足够大的数据"训练集"或下面描述的巧妙的自我游戏设计，神经网络在一系列快速扩大的挑战中实现超人的技能，从国际象棋和围棋这样的棋盘游戏，到人际游戏（如扑克），再到复杂的语言操作（如实时翻译），以及专业的医疗技能（如复杂的诊断）。

发展的速度是惊人的。1997 年，前国际象棋世界冠军加里·卡斯帕罗夫与 IBM"深蓝"（Deep Blue）电脑对弈。令卡斯帕罗夫吃惊和惊愕的是，他被电脑打败了。在那个早期的案例中，使用大量的历史游戏和棋盘位置，"深蓝"被编入专家游戏程序。如今，一个"自学"的人工智能国际象棋系统可以在几小时内从零开始学习国际象棋，不需要游戏库或任何其他有关国际象棋策略的专家输入，不仅击败了当前的国际象棋世界冠军，还击败了过去所有的计算机冠军，如"深蓝"。

2011 年，另一个名为沃森（Watson）的 IBM 系统学会了在电视游戏节目《危险边缘》（*Jeopardy*）中玩各种流行文化和自然语言的双关语和妙语，并在电视直播中击败了世界级的冠军。这也是一项惊人的成就，离通过图灵测试又近了一步。在击败《危险边缘》节目的冠军之后，沃森进入了医学领域，与医生们一起合作，完善专家诊断系统。

最近，我们在深度神经网络上看到了惊人的突破，这是由数百层人工神经元构成的神经网络。

2016 年，来自 Deep Mind 公司的人工智能系统"阿尔法围棋"（AlphaGo）与第 18 届世界围棋冠军李世石对决。围棋是一种复杂而微妙的棋盘游戏，人们普遍认为，在未来几年或几十年，机器将无法与人类专家竞争。和之前的卡斯帕罗夫一样，李世石相信自己能够轻而易举地战胜 AlphaGo。结果，他被 AlphaGo 彻底击败了。然后，更有戏剧性的是，AlphaGo 又被新一代人工智能系统击败。新一代人工智能系统在数小时内通过从零开始的自我对弈完成围棋学习。再一次，几百年的专家研究和竞争可以在通过自我游戏学习的几小时内被超越。

通过自我游戏来学习，有时被称为"白板"或白板学习，这种方式的出现令人难以置信。在白板学习中，人工智能系统被训练成与自己对弈，例如在数百万盘国际象棋中，神经网络的权重会根据自我对弈的输赢进行更新。除了国际象棋的规则，人工智能系统从没有任何信息开始，在数以百万计的国际象棋游戏中与自己对弈，并利用结果更新神经网络的权重，以学习国际象棋技能。值得一提的是，在短短四小时的自我游戏中，由 Deep Mind 公司开发的高级计算机人工智能系统就掌握了击败世界上最优秀的人类棋手以及前国际象棋世界冠军所需的所有技能[3]！几小时的白板学习超过了历史上所有国际象棋专家 600 年的国际象棋学习。

技术进步和贫困的终结

2006 年，我出版了一本书，名为《贫困的终结》（The End of Poverty）。在书中，我提出，如果我们在全球范围内加大帮助贫困人口的努力，那么到 2025 年，我们这一代人就可以终结极端贫困[4]。我想到的是为世界上最贫穷的人，特别是撒哈拉以南非洲和南亚最贫穷的人提供医疗、教育和基础设施方面的特别帮助。自 20 世纪末以来，这些努力确实取得了显著的进展。1990—2015 年世界银行的数据见图 8.4。1990 年，估计有 19 亿人生活在极端贫困中，相当于世界人口的 35.9%。到 2015 年，这一数字降至 7.36 亿，仅占世界人口的 10%[5]。

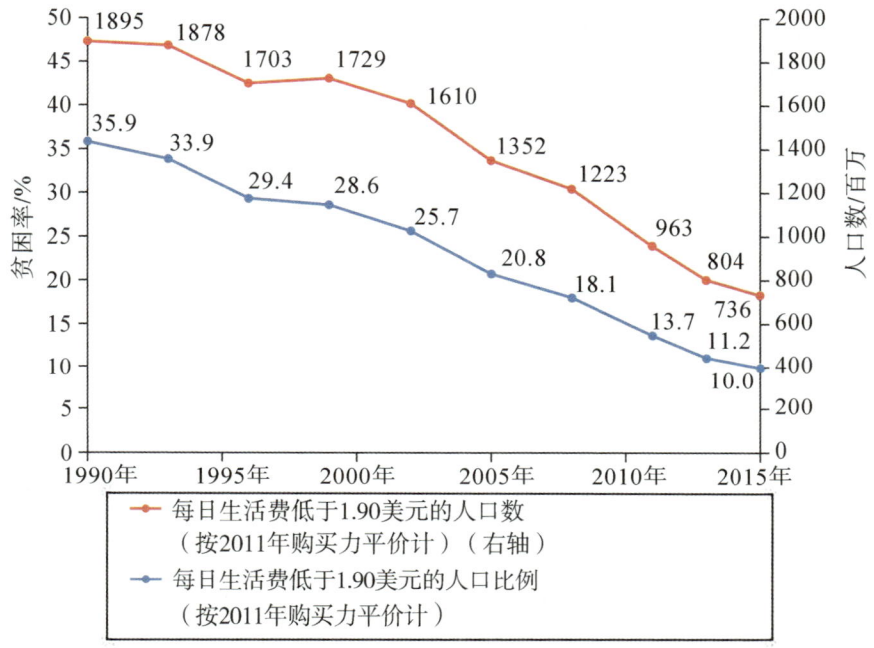

图 8.4 1990—2015 年的极端贫困人口数量和比率

取得这一进展的最重要的一个原因当然是快速的技术进步，这些技术使疾病控制、知识获取、普惠金融（如获得贷款的能力）等方面的能力得以提高和加强，而且使世界上最贫困地区人口的收入显著提高，工作条件得到了重大改善。通过知识、技能和技术系统的快速传播，数字革命不仅加速了数字相关技术的普及，也加快了其他技术的普及。在消除极端贫困方面取得了最大进展的当然是中国，1990 年，中国的极端贫困率估计占中国人口的 66%，到 2020 年基本为零，这种大幅下降，无论以何种标准衡量，都是一个经济奇迹![6]

如果国际社会做出的努力更有针对性，现在可能已经实现了更快速的全球减贫，当然将来也仍然可以实现。若援助针对的是非常贫困的社区面对的具体挑战，如疾病控制、入学率和基础设施建设等，进展肯定要比仅依靠经济增长的一般力量要快得多。正因为如此，迄今取得的进展使联合国会员国在 2015 年通过可持续发展目标时，充满信心地将 2030 年确定为消除极端贫困的目标日期。实现可持续发展目标 1，即到 2030 年消除极端贫困，这是一个巨大的雄心，而且确实超出了通常的商业目标，但如果富裕国家更认真地承担起对贫穷国家的责任和承诺，这一目标是完全可以实现的。

趋同增长和中国的跃居前列

20 世纪下半叶的特点是，全球经济从总体上的分化转向了总体趋同。工业化的头 150 年扩大了富国和穷国之间的差距，确实使许多发展中国家处于欧洲工业化国家的殖民枷锁之下。然而，在第二次世界大战之后，摆脱殖民统治获得独立的贫穷地区得以提高其经济增长率。政治主权赋予了这些新独立的国家在增加卫生、教育和基础设施等公共投资方面的自由。当然，并不是所有前殖民地国家都管理得很好，有一些国家陷入债务危机，另一些国家陷入高通胀，但许多国家成功地建立了公共卫生和教育体系，并提高了经济增长所需的人力资本的素质。平均而言，发展中国家的人均 GDP 增长速度快于高收入国家，因此，收入的相对差距开始缩小。

如图 8.5 所示，根据国际货币基金组织的数据，这种情况一直持续到 21 世纪。尽管在 2010 年以后有所下降，发展中国家的人均 GDP 增长率总体上每年超过发达国家 1~5 个百分点。人均 GDP 的较快增长，加上人口增长率的提高，意味着发展中国家在全球产出中所占的份额也在增加，这与我们在上一章中所观察到的 1950—2008 年期间的情况相同。发达国家和发展中国家全球产出比例的变化见图 8.6 所示。2000 年，发达国家占世界总产出的 57%，而到 2018 年，发达国家占世界总产出的份额下降到 41% 左右。

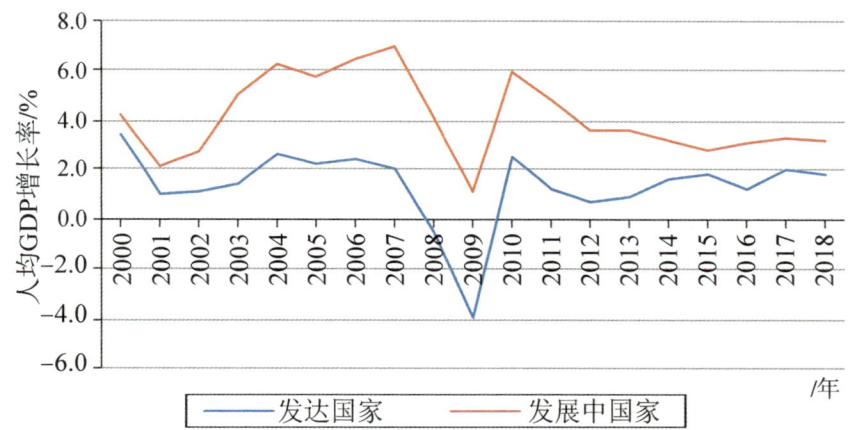

图 8.5 2000—2018 年，发达国家和发展中国家人均 GDP 增长率

资料来源：IMF World Economic Outlook. Developed countries are the "Advanced Economies," and developing countries are the "Emerging market and developing countries." Data are for GDP per capita at 2011 international dollars.

近年来最引人注目的一个变化是中国经济的迅猛发展，以及由此带来的全球角色的变化。中国在 1978 年采取稳定、开放和以市场为导向的生产及贸易政策，这是被其近邻日本、韩国等证明了的成功性的追赶战略。比如，日本早在 1868 年明治维新时期就率先采取了这一战略，并在第二次世界大战后的复苏中再次运用了这一战略。又如当时的"亚洲四小龙"——韩国、新加坡、中国香港和中国台湾也已经证明了出口导向型和劳动密集型制造业的成功。随着 1978 年杰出的务实改革者邓小平上台，中国也果断地走上了这条道路。

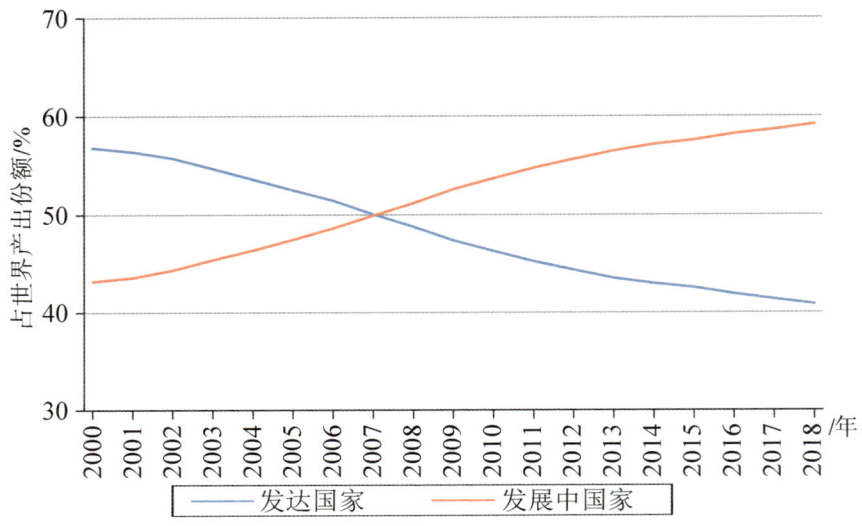

图 8.6　发达国家和发展中国家占世界产出份额，2000—2018 年

资料来源：International Monetary Fund，World Economic Outlook Database，October 2019.

　　按照邓小平的开放市场的明智决策和他著名的非意识形态方法论"不管黑猫白猫，会捉老鼠就是好猫"，中国在近 35 年的时间里（从 1980 年到 2015 年），GDP 实现了每年大约 10% 的增长。每年以 10% 的增长速度，结果是每 7 年就翻一番。在过去的 35 年里，这意味着增长了 5 倍，或者说累计增长了 2×2×2×2×2＝32 倍。事实上，根据国际货币基金组织的数据，中国每年的经济增长率为 9.8%，因此累计增长了 26 倍，这是一个非凡的成果[7]。

　　结果如图 8.7 所示。以购买力调整后的价格衡量，中国现在是世界最大的经济体，在 2013 年超过了美国（根据国际货币基金组织的衡量标准）。近年来，中国的优势继续存在，中国的经济增长率每年比美国高出 3~4 个百分点（中国为 6%，而美国最近的年增长率为

3%）。请注意，虽然中国经济在总量上超过了美国，但按购买力平价计算，中国的人均 GDP 仍只有美国的三分之一左右，按市场汇率和价格计算，则约为美国的五分之一。由于中国的人均收入仍远低于美国和其他高收入国家，中国经济仍有快速"追超"增长的机会，尽管步伐会慢于 1978—2015 年的速度。随着中国继续缩小与美国人均GDP 的差距，其经济总量将会在很大程度上大大高于美国，因为中国的人口大约是美国的四倍。

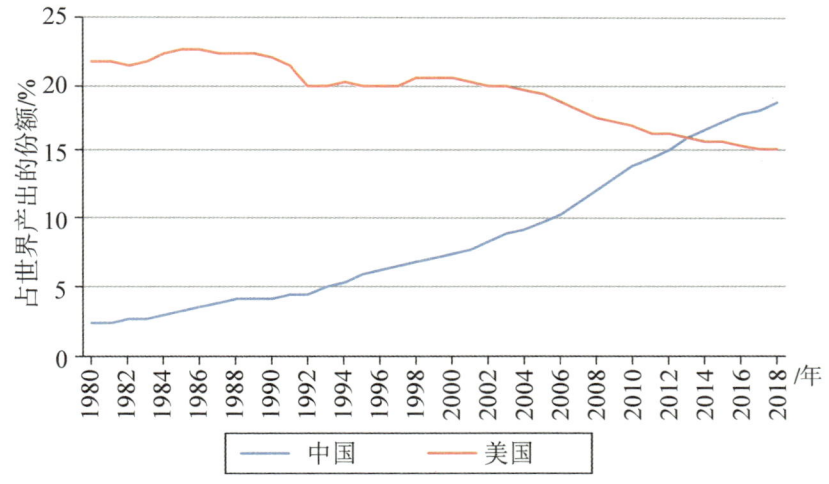

图 8.7 中国和美国占世界产出份额，1980—2018 年

资料来源：International Monetary Fund."China：Gross domestic product based on purchasingpower-parity（PPP）share of world total（Percent）"，World Economic Outlook（April 2019）.

我们预测中国会继续保持活力和快速经济增长的一个关键原因是，中国已经由一个从美国和欧洲进口技术的国家，变成了一个主要的自主技术创新国和出口国。中国新科技实力的一个例子是高速无线技术，尤其是 5G 系统。引领 5G 推广的是中国的华为公司，而不是美国或欧洲的公司。美国对华为的成功非常震惊，并试图阻止其进入世界市场，指责华为是安全威胁。然而，人们不禁会觉得，这些指责只不过是地缘政治在起作用。美国政府似乎主要是被华为在尖端数字技术上的成功所震惊，而不是害怕任何具体的安全风险。事实上，美国政府在针对该公司的公开行动中并没有提供任何具体风险存在的证据。

更普遍地说，中国在创新方面的努力正在蓬勃发展。根据研究和发展的关键指标，包括研发支出、技术工人的培训和就业、新专利的数量和高科技产品的销售等，中国已经迅速成为一个高科技世界强国。图 8.8 显示了美国、欧盟和中国的研发支出占 GDP 的比例。很明显，中国的研发投资正在迅速增长，在这方面甚至超过了欧盟。同样明显的是，风险资本（VC）基金正以极大的速度流入中国企业，中国的 VC 投资已超过欧盟的 VC 投资，如图 8.9 所示。

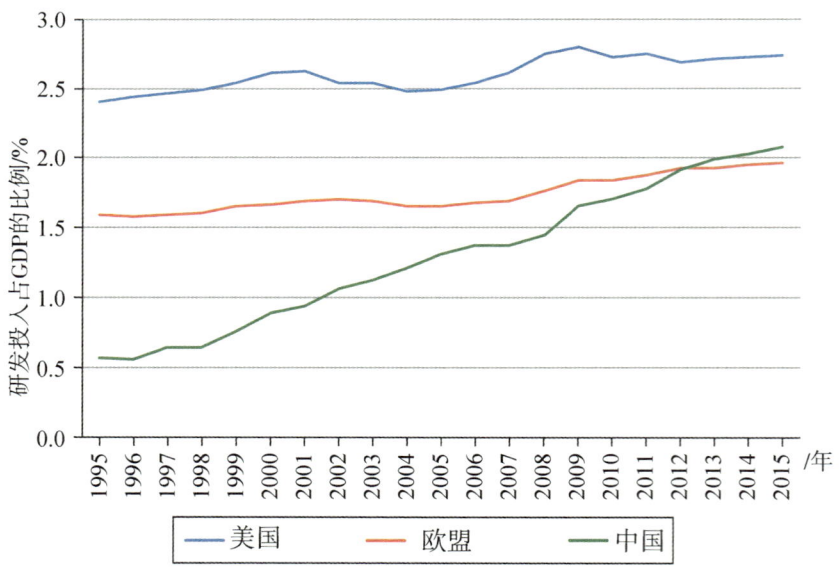

图 8.8　美国、欧盟、中国的研发投入占 GDP 的比例

资料来源：National Science Board. In *Science and Engineering Indicators 2018* Alexandria，VA：National Science Foundation，2018.

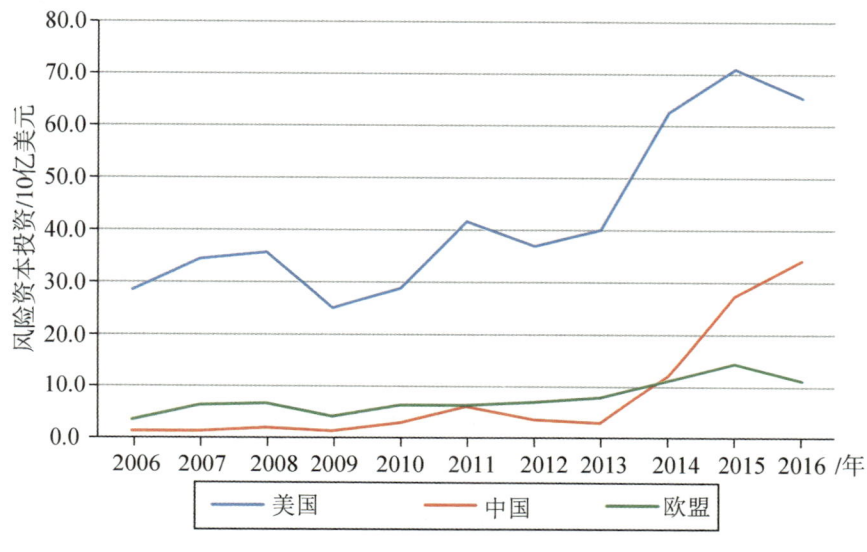

图 8.9 早期和后期风险资本投资

资料来源：National Science Board. In *Science and Engineering Indicators 2018* Alexandria, VA: National Science Foundation, 2018.

　　这些投入的结果反映在专利申请数量上。根据世界知识产权组织的数据，截至 2017 年，中国已成为《专利合作条约》（PCT）下的第二大专利申请国。2017 年，美国的国际专利申请量为 56624 件，中国为 48882 件，日本为 48208 件，德国为 18982 件，韩国为 15763 件[8]。如果从区域而不是从国家的角度来考虑，我们可以说，世界经济现在有三个内生增长中心：美国、欧盟和东北亚地区，包括中国、日本和韩国这三个研发大国。自工业革命以来，创新首次不再只是集中在北大西洋地区。正如在 1500 年以前全球化的漫长过程中，我们可能再次看到未来的关键技术在东西方之间双向流动。

可持续发展的挑战

随着趋同增长和贫困的减少，世界经济似乎走出了困境。技术进步使消除贫困触手可及，国际秩序的再平衡对北大西洋区域以外的国家更加公平。然而，我们还不能自鸣得意，世界各地不断上升的焦虑水平体现着担忧的深层原因。这个数字时代至少会带来三大风险。

第一个全球风险是经济不平等的加剧和不确定性，而与此同时，适当利用技术有望消除贫困。但由于经济增长的收益并没有被平衡地分配，包括美国和中国在内的许多国家，不平等现象随着经济增长而加剧。尽管一些工人的收入在飙升，尤其是那些拥有高学历的工人，但那些工作岗位正被机器人和人工智能取代的工人的收入却停滞不前或下降。虽然原则上来说，高收入群体可以补偿低收入者，但事实上，在美国和许多其他国家，收入的再分配微乎其微。

第二个全球风险是具有毁灭性的全球环境危机。200 年的快速经济增长引发了几种互相关联的全球环境冲击。首先是人类活动引起的全球变暖，其原因是大量吸热的温室气体排放到大气中，罪魁祸首是燃烧化石燃料排放的二氧化碳。其次是生物多样性的大量丧失，根据最近的几项重大分析，估计有 100 万个物种面临灭绝的威胁[9]。生物多样性丧失的主要原因是大量农业生产用地转换成了工业或商业用地，导致大量其他物种的栖息地被夺走，它们正被推到灭绝的边缘。再次是空气、土壤、淡水和海洋的严重污染。人类正在用工业化学品、塑料和其他在生产和消费中没有适当回收或经过处理的废物排放破坏环境。

　　第三个全球风险是战争，这个世界已经武装到牙齿。此时此刻，大国之间的战争似乎是不可想象的，因为其后果将是非常可怕和极具毁灭性的。然而，在 1910 年，也就是第一次世界大战前夕，也有类似于不可能爆发大规模战争的说法。今天的人们普遍认为，正如 1910 年人们认为的那样，大国之间无战争的状态将无限期地持续到未来。然而历史证明并非如此。每一个全球化的新时代，伴随着地缘政治力量的深刻转变，通常都伴随着战争。我们必须在今后几年做出和平建设的非凡努力，以避免历史上普遍存在的那种自相残杀的冲突模式。

　　这些挑战——不平等、环境危机及脆弱的和平，是许多科学家、道德领袖和政治家敦促世界采纳可持续发展理念的关键原因。这一理论本身代表了一种全新的全球化方法，它将经济增长与社会包容、环境可持续性和世界和平结合在一起。可持续发展理论和全球化的历史表明，完全依赖以市场为基础的增长永远是不够的。自 16 世纪资本主义全球化开始以来，全球经济体系一直是一场残酷和暴力的活动，从来没有从根本上解决不平等问题和战争问题。现在我们又面临着复杂的、全球性的、史无前例的环境挑战。由于没有一本指导我们前进的指南，我们正在以前所未有的方式危害着这个星球。

不平等的挑战

　　技术进步蕴含着不平等加剧的种子，因为新技术在市场上造就了赢家和输家。多轴纺纱机和动力纺织机的出现取代了印度大量的纺纱工和织布工，使他们陷入贫困。农业机械化使世界各地无数小农户陷入贫困，他们绝望地逃到城市谋生。在汽车厂的装配线上引进机器人也造成了工人失业，并使那些被雇佣的工人工资下降。现在是数字经济时代，有更智能的机器和系统来完成目前由工人完成的任务。谁会赢，谁会输？

一般来说，未来劳动力市场的赢家将是那些拥有机器无法取代的更高技能的人，或者拥有与新智能机器一起工作的技能的人，比如为新机器编写程序的人。输家将是那些工作任务更容易被机器人和人工智能所取代的工人。在过去的四十年里，失业主要集中在商品生产部门，特别是在农业、矿业和制造业。这些失业在未来还会继续。随着自动驾驶的联合收割机、大型挖掘和运输设备在采矿点的使用，农业和矿业都越来越自动化。在一些制造业领域，机器人正在继续取代工厂里的工人。很明显，服务行业的其他工作岗位也将在未来消失。卡车和出租车很可能会变成自动驾驶，从而取代数百万的专业司机。仓库也越来越多地使用机器人搬运、堆垛和包装商品。此外，零售商店将被电子商务和直接配送购物所取代，这是因为有了专业系统和潜在的自动驾驶配送车辆。

近几十年来，被机器取代的低技能工人的收入停滞不前或下降，而高技能工人的生产率提高了，他们的收入也增加了。这些趋势是许多国家，尤其是美国，收入不平等加剧的一个关键原因。然而，这种趋势的最终影响取决于另外两个因素。如果低技能工人可以通过增加教育和培训获得更高的技能，那么遭受收入停滞或下降的劳动力比例就可以降低。另外，即使在市场工资被压低的情况下，政府也可以通过增加高收入群体的税收以及增加低收入群体的转移性收入来弥补市场力量造成的这些不利后果，从而使社会的所有阶层都能分享技术进步带来的好处。

对世界上最贫穷的国家来说，发展的挑战也可能扩大，因为这些国家一般依靠劳动密集型出口收入来给其未来的经济增长提供资金。然而，数字革命正在用智能机器取代低成本劳动力。例如，机器人技术的迅速进步导致纺织业和服装业工作的自动化，而在过去，这些行业是低工资国家攀登经济发展阶梯的踏脚石。虽然数字革命肯定会在某些领域帮助最贫穷的国家，如低成本的医疗保健、扩大的教育机会和基础设施的改善，但数字革命也可能切断传统的经济发展道路。在这种情况下，全球团结可能变得至关重要。富裕国家应提供更多的发展援助，使最贫穷的国家能够投资于新的数字技术和相关技能。

地球边界的挑战

在许多观察家看来，环境方面的挑战似乎更加艰巨，而且无法解决。世界经济的持续增长与地球的有限性之间不存在内在矛盾吗？在过去的两个世纪里，世界经济增长了大约100倍：人口增长了大约10倍，人均 GDP 也增长了大约10倍。但是，地球本身（面积）却保持不变，因此，人类对环境的影响急速加剧。

一个基本的计算方法是这样的：人类的影响等于人口乘以 GDP/人口，再乘以影响/GDP，有时总结为 $I = P \times A \times T$，其中 I 是影响，P 是人口，A 是人均 GDP（GDP/人口），T 是技术（影响/GDP）[10]。从这个方程看很明显，人均 GDP 或人口的增长必然导致人类对地球的更大影响（I），但技术的改善（降低 T）可以抵消这种增长，即让单位 GDP 产生较低的环境影响。

一些技术进步，如蒸汽机，提高了 A，但也因为温室气体排放和

空气污染而提高了 T。其他类型的技术进步，如光伏太阳能电池的改进，提高了单位 GDP 对环境的影响，但降低了技术影响（降低 T），所以总体上对地球的影响不升反降。因此，如果 P 和 A 的增长被 T 的大幅度下降所抵消，即通过降低每单位 GDP 对地球的影响，经济增长仍然是可持续的。

坏消息是，过去 200 年全球经济增长增加或中和了技术影响（T）。对化石燃料的依赖、清理农业用地、海底捕捞、砍伐热带森林、通过水力压裂法获取石油和天然气，都是技术进步增加人类对环境影响的例子。到了 21 世纪，由于两个世纪的迅速增长和日益严重的环境影响，我们的星球已经达到可居住性的极限。

好消息是，现在有大量的机会进行主要的技术转移，以降低 T，即降低人均 GDP 的影响。其中包括从化石燃料向可再生能源（风能、太阳能、水能、地热等）的转变，这将提供更多的能源，减少温室气体的排放。另一个机会是饮食的转变，从大量吃肉，特别是牛肉，转向更多地使用植物蛋白，这将改善人类健康，同时也减少饲料谷物牧场对土地的需求。第三个机会是改进建筑设计，这样可以大大减少加热和制冷的需要，从而减少对能源的需求。第四个机会是精准农业，即更精确地使用水和肥料——例如，采用滴灌和精准施肥。

简而言之，可持续发展的关键在于技术和行为的转变，如素食和以步代车等，这些转变可以带来相同或更高的 GDP，同时降低对环境的影响。最近的技术突破，如大幅降低光伏发电成本，可降解塑料的发展，植物性肉类替代品的发展，以及改进农业生产方法如减少农药、水和化肥的使用，都是用较低的环境成本创造更高 GDP 的例子。

纵观历史，人类一直在肆意挥霍大自然：利用它，毁灭它，然后继续向前。然而，在我们这个时代，不可能简单地继续向前。我们已经填满了地球上的每一个角落，把环境危机推向了全球范围。因此，可持续性挑战的规模是前所未有的，而且以前所未有的方式威胁着整个地球和全人类。因此，我们必须降低单位 GDP 对地球的影响（T）。

地球边界的框架有助于我们关注主要的环境挑战以及解决这些挑战所需的技术和行动。在图 8.10 所示的星球极限的标志性描述中，有 9 个主要的地球边界。从正北方开始，沿圆周逆时针移动，地球的边界是气候变化（由温室气体排放引起）、生物圈完整性（遗传多样性和功能多样性）、土地系统变化（特别是森林砍伐）、淡水利用（与灌溉密切相关）、生物地球化学循环（特别是肥料使用中的氮和磷）、海洋酸化（来自大气中高浓度的二氧化碳）、大气气溶胶负荷（来自燃烧化石燃料和生物质）、平流层臭氧消耗（使用氯氟化碳）、新实体（化学污染物，包括农药和塑料）。

这些地球边界主要受到温室气体排放、不良的农业生产和饮食习惯、化学污染物和废物管理不善的威胁。所有这些问题都有技术和行为上的解决方案，可以在提高或维持产量的同时降低环境影响。我们面临的挑战是需要仔细而稳妥地计划，然后有条不紊地监管企业，减少或禁止那些加剧环境危机的技术应用。

应对这些挑战不仅需要广泛的变革，而且需要紧迫和全球性的行动。我们在地球上的每一个地方，都能看到可怕的和不断增长的环境威胁。例如，亚洲各地的空气长期受到化石燃料使用和生物质燃烧的污染。事实上，威胁生命的空气污染困扰着世界各地的主要城市。

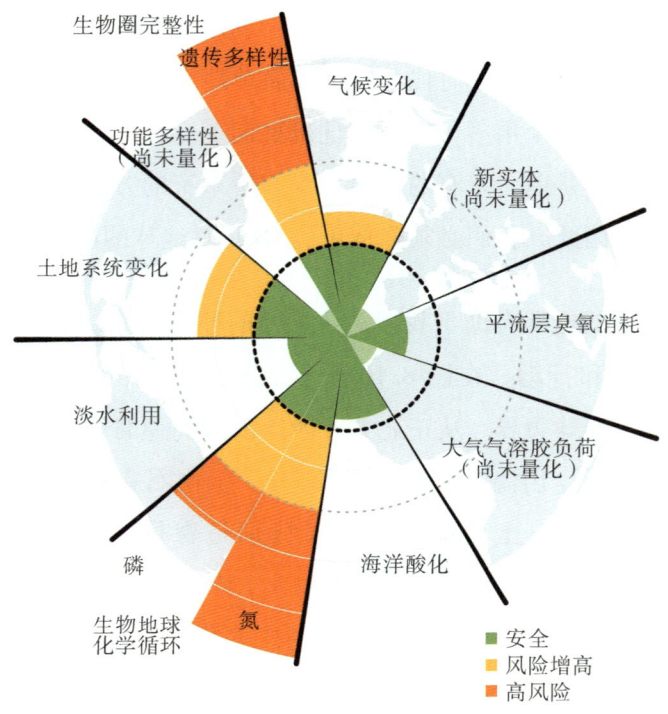

图 8.10 地球的边界

资料来源：J. Lokrantz/Azote based on Will Steffen, Katherine Richardson, Johan Rockstrm, Sarah E. Cornell, Ingo Fetzer, Elena M. Bennett, Reinette Biggs, et al. "Planetary Boundaries：Guiding Human Development on a Changing Planet." *Science* 347, no. 6223（2015）：1259855.

图 8.11 是 2011 年旱灾期间肯尼亚-索马里边境上绝望的景象，它提醒我们，在世界上许多最贫困的旱地上，旱灾的强度越来越大，造成了饥荒和流离失所的情况，威胁到最贫困的人群的生存。图 8.12 是美国国家航空航天局（NASA）绘制的全球地图。红色显示了沿海地区海平面上升 6 米地球上将被淹没的部分，海平面上升的幅度与我们目前的全球变暖轨迹是一致的。

图 8.11　2011 年肯尼亚-索马里边境地区的干旱

来源：Sodexo USA，"IMG_ 0748_ JPG，" licensed under CC BY 2.0

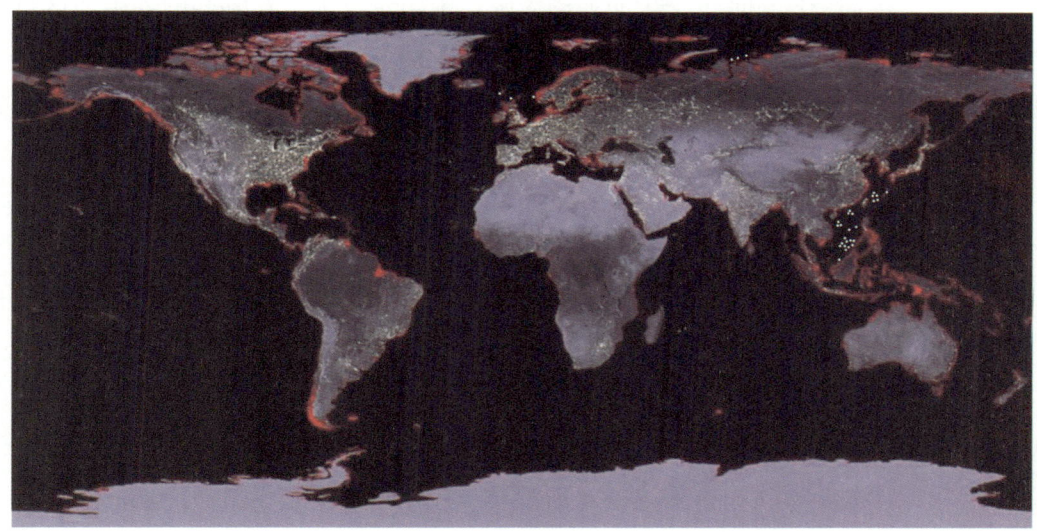

图 8.12　海平面上升 6 米将被海水淹没的区域（红色区域）

来源：NASA

冲突的风险

从一个全球化时代向下一个全球化时代的过渡常常伴随着战争。从新石器时代到骑马时代，以来自大草原的骑兵战争为标志。向海洋时代的全球帝国过渡，则以欧洲征服者对美洲原住民和非洲奴隶的暴力行为为标志。向工业时代的过渡，以英国对印度的征服和对中国的战争为标志，随之而来的是大量的苦难。如今，向数字时代的过渡可能会再次引发冲突，其中最大的风险之一就是中国和美国这两个最大的经济体之间可能发生的冲突。

当然，这种冲突并不是不可避免的。的确，战争的后果是如此可怕，以至于使这样一场冲突几乎无法想象。然而，我们这个时代的结构性条件构成了一个明显的风险。中国是一个正在崛起的大国，这将结束美国目前作为唯一超级大国的地位。正如政治学家格雷厄姆·艾利森所指出的那样，历史案例表明，一个主导大国受到一个崛起大国挑战时，冲突的风险便会增加[11]。要么是主导力量（当下的美国）攻击新兴力量（当下的中国），"在为时已晚之前"应对竞争挑战；要么是新兴力量出于对其增长道路受阻的担忧，果断地反击主导力量。这种威胁听起来很真实，许多美国政治家已经把中国说成是对美国利益或美国"首要地位"的内在威胁，而中国则认为美国试图"遏制"中国的进步。

如果说历史提供了教训，那就是去想那些无法想象的事情，然后努力避免最糟糕的情况发生。我们应该努力为中国和美国这两个国家之间，以及其他世界大国之间培养信任与保持和平创造条件，而不是袖手旁观，押注于战争。如何在 21 世纪培育和平是下一章也是最后一章的核心问题之一。

数字时代的教训

数字时代经济增长的成功为这个世界不经意地埋下了几个陷阱。世界经济正在创造巨大的财富，但在可持续发展的其他三个方面却失败了。不平等正在加剧，部分原因是数字技术对高技能工人和低技能工人的不同影响。环境恶化十分严重，这反映了全球经济已经达到近 100 万亿美元的年产出，却没有注意确保对地球的影响保持在一个安全和可持续的水平；冲突的风险正在上升，尤其是考虑到地缘政治的迅速转变，以及美国、中国和其他地方正在产生的焦虑。

一切都还来得及。人类拥有对环境影响较低的技术（如可再生能源和精准农业）和应对环境危机所需的政策知识。如果我们选择利用全球经验，我们也可以从中受益，将收入从富人手中重新分配给穷人，同时为日益加剧的地缘政治紧张局势找到外交解决方案。我们甚至有一个新的全球一致同意的治理方式——可持续发展，可以为行动提供路线图。下一章也是最后一章将讨论我们如何实现被世界各国所认同的繁荣、社会正义、环境可持续性与和平的目标。

09
21 世纪全球化的指引

全球化的每一个时代都带来了新的紧张局势和战争。在旧石器时代，智人将他们遇到的其他原始人——尼安德特人和丹尼索瓦人——推向灭绝。

在新石器时代，迁徙的牧民和农民取代了他们在争夺稀缺资源时遇到的狩猎和采集者。在骑马时代，来自大草原的骑兵袭击和掠夺了欧亚大陆的温带社会。在古典时代，各大帝国为争夺欧亚大陆的统治权而斗争。在海洋时代，欧洲征服者在很大程度上取代了美洲原住民，使他们被疾病和征服驱赶到几近灭绝的境地。在工业时代，欧洲帝国主义者为了从政治上统治非洲和亚洲大部分地区而发动战争。今天，我们再次处于动荡之中，以英美为首的世界将让位于其他一些尚未确定的事情。

每个时代都发明了新的治理形式，这给了我们希望。旧石器时代建立了本地游牧部落内部的牢固纽带。新石器时代带来了乡村生活和地方政治。骑马时代带来了第一个国家。古典时代带来了第一个多民族帝国。海洋时代带来了跨越海洋的全球帝国。工业时代带来了全球治理的开端，包括联合国的诞生，以及两个霸权国家——英国和美国的诞生。如今，数字时代要求我们发明一种更有效的方法来管理这个全球互联的世界。

在前一章中，我概述了数字时代面临的三个巨大挑战：不平等加剧、环境严重恶化和重大地缘政治变化带来的风险。这些艰巨的挑战可能会使我们的政治制度不堪重负，并引发一场毁灭性的冲突。这就是过去的模式。当然，我们这个时代的首要任务是防止滑向战争，因为我们相互毁灭的能力超越了任何的历史局限性。在维护和平的同时，我们的目标还必须包括保持地球宜居、社会包容和公正。

我们比以往任何时候都更需要在管理全球化时考虑这些大的目标。有几个概念可以帮助我们。第一是可持续发展，即综合考虑经济、社会和环境目标的整体治理方法；第二是社会民主主义精神，即对政治和经济生活采取包容和参与的态度；第三是辅助性原则，即我们在适当的治理层次上解决问题；第四是改革联合国；第五是一个安全而多样化的世界。

可持续发展

在《国富论》一书中，亚当·斯密在很大程度上定义了工业时代的气质：对国家财富的追求。自 19 世纪初以来，主权政府通过工业化和技术进步来争夺财富和权力。一个全球性的市场经济出现了，私营企业在全球范围内疯狂地追求利润。尽管不时被战争和经济危机打断，其结果仍是两个世纪的经济增长。今天的世界经济规模至少是工业时代开始时的 100 倍。世界产出的年平均增长率约为 3%，世界经济规模大约每 20 年（即一代人的时间）翻一番。

　　这种经济增长带来了生活水平的惊人提高，并使消除极端贫困成为可能。但它也产生了两个明显的后果。首先，收入和财富的不平等日益加剧。我们不仅在全球变富中仍然存在极端贫困，而且还面临着富裕社会内部日益加剧的不平等，这种不平等有可能在智能机器时代变得更加严重。其次，人类活动导致的气候变化、生物多样性的丧失以及无处不在的污染威胁着数十亿人的福祉和数百万物种的生存，这些都已经挑战了地球的极限。

　　因此，幸福的关键是多种目标的组合，即不仅仅是追求财富，还包括经济繁荣、较低程度的不平等和环境的可持续性。经济、社会和环境目标的三重底线是可持续发展的理念。它必须成为我们这个时代的基本愿景。为 21 世纪撰写的与《国富论》相对应的著作应该是《国家的可持续发展论》。

　　在 20 世纪 80 年代，挪威总理格罗·哈莱姆·布伦特兰博士通过她担任主席的世界环境与发展委员会，使世界注意到可持续发展的新概念。该委员会 1987 年的报告《我们共同的未来》（*Our Common Future*）中，将可持续发展定义为"既满足当代人的需求，又不损害后代人满足其需求的能力"。1992 年，在巴西里约热内卢举行的联合国环境与发展会议，也就是著名的里约热内卢地球峰会上，联合国会员国采纳了这一新概念[1]。

　　当时，里约热内卢地球峰会被视为全球治理的决定性突破。它制定了三项主要的环境协议——气候变化、生物多样性保护和抗击沙漠扩张。联合国会员国通过了可持续发展的概念及其实施的路线图，即《21 世纪议程》。然而，后续的成果却少得可怜。环境条约没有得到有效执行。人为造成的全球变暖继续有增无减；生物多样性的破坏加速；退化的土地和荒漠化在世界干旱地区继续迅速蔓延。

在 2012 年里约热内卢地球峰会 20 周年的后续会议上，世界各国政府重新召开会议，沮丧地审视了全球形势。环境退化正在失去控制，而所谓的可持续发展指导手册《21 世纪议程》也已成为空谈。可持续发展的概念比以往任何时候都更为迫切，但必须找到新的方法，使它成为公共政策的重点。在此背景下，各国政府决定启动一套可持续发展目标（Sustainable Development Goals，简称 SDGs），将可持续发展置于日常政治、公民社会活动和商业战略的前沿。

2012 年至 2015 年，联合国会员国就可持续发展目标进行了谈判，最终通过了图 9.1 所示的 17 项可持续发展目标，作为商定的 2030 年可持续发展议程的一部分。可持续发展的概念在某种程度上改变了原来的提法。现在，可持续发展不再像布伦特兰委员会报告中所强调的那样协调当前和未来的需要，而是被描述为满足经济繁荣、社会包容和环境可持续性的三重底线。

这 17 项大目标和附随的 169 项具体目标，大部分是到 2030 年有实现时限的可量化的目标，体现了各种经济、社会和环境任务。主要的经济目标是结束极端贫困（目标 1）和饥饿（目标 2），确保全民医疗保健（目标 3）和优质教育（目标 4），并提供安全的饮用水（目标 6）、电力（目标 7）、体面的工作（目标 8）和现代基础设施（目标 9）。社会目标包括性别平等（目标 5），减少收入不平等（目标 10），创建和平、合法和包容的社会（目标 16）。环境目标包括可持续城市（目标 11）、可持续生产和消费（目标 12）、控制气候变化

图 9.1 联合国可持续发展目标

资料来源：United Nations Department of Global Communications. "Sustainable Development Goals." 2019.

（目标 13）、保护海洋生态系统（目标 14）和陆地生态系统（目标 15）。最终目标是，呼吁建立全球伙伴关系，实现前面 16 个可持续发展目标（目标 17）。

为了找到实现这 17 个目标的方法，我们需要以一种系统和理性的方式来展望未来。最重要的是，我们需要一种动态的、适应性的规划，也就是说，规划时要明确考虑不确定性，以便在实施过程中更新战略和政策。因为我们不确定未来的技术会提供什么，所以我们可以提前计划，但不能严格地计划。在这方面，我们应该考虑一下第二次世界大战中盟军最高指挥官怀特·D. 艾森豪威尔总统的一句至理名言。艾森豪威尔喜欢说："计划是没用的，但计划就是一切。"他的意思是，具体的计划在实践中不会被严格遵循，因为意想不到的情况肯定会出现，但计划以系统的方式向前看的逻辑过程，对成功至关重要。

成功规划的一部分应包括多维系统思维。必须整合我们对农业、医疗、土地利用、碳管理、能源系统和生物多样性保护的理解。例如，我们将不得不重新考虑土地利用，以同时实现几个不同的目标：粮食安全、生物多样性保护、应对气候变化的碳生物储存，以及农村社区的经济福祉。这将需要多维系统思维。

为了成功地进行规划，世界需要积极交流思想，在研究和发展方面开展全球合作，并将最佳做法在各国迅速传播。在一个有这么多卓越学习中心的时代，全球知识网络在可持续发展的各个方面都将具有巨大的优势。全球研究议程应采取定向技术变革的概念，这意味着研发活动应面向优先级高的目标，如丰富的低成本零排放的能源，生物可降解垃圾产品，适应环境压力的粮食作物，更有效的灌溉方法，更好的气候模型和预测。

可持续发展的治理需要大量的共识建设。这将是一项艰巨的工作。例如在能源系统、土地利用和城市规划等方面，既得利益者、不同的观点和文化往往使一个国家难以就如何进行必要的改革达成共识，更不用说全球共识了。通过研发产生的好主意，需要多方利益相关者的审议和建立共识的努力才可能实施。

我们还需要让政府和企业对可持续发展目标的承诺负责。这种问责制将取决于跟踪可持续发展目标进展的准确和及时的指标。投资者也需要对引导新的投资基金投向可持续项目负责。幸运的是，"ESG

投资"，即在投资分配中使用环境、社会和治理（environment, social and governance，简称 ESG）指标，正在上升。事实上，未来的所有投资都应该符合 ESG 标准。

最后，我们需要兴奋和灵感。可持续发展必须成为我们这一代的登月计划——一场激发灵感的冒险，它能吸引人才、资源和能量来完成这项工作。我还记得我年轻时对登月计划的激动，当时美国总统约翰·肯尼迪呼吁美国人支持一项高风险的、大胆的太空冒险。1961 年 5 月，肯尼迪总统宣布："我认为，我国应致力于实现在十年内使人类登上月球并安全返回地球这一目标。在这一时期，没有任何一项太空计划比它更能给人类留下深刻的印象，也不会比它对太空的长期探索更重要。困难和昂贵不会成为失败的理由。"这些话鼓舞美国踏上了登月之路。肯尼迪总统的目标仅仅在 8 年后就实现了。

未来世界人口的发展轨迹也将有所不同。根据联合国最近的预测，2100 年世界人口可能达到 70 亿~160 亿，这取决于未来的生育率（图 9.2）。如果世界人口激增到 100 亿或更多，实现可持续发展的难度将大得多。幸运的是，如果我们履行对全民医疗保健（目标 3）、优质教育（目标 4）和性别平等（目标 5）的承诺，我们就可以期待人口减少的发展轨迹。这三者的结合意味着女孩和男孩受教育年限延长，结婚年龄延后，劳动人口增长，自愿选择较小的家庭（少生孩子），但对每个孩子的健康、营养和教育增加投资。这种所谓的"人口结构转换"将导致世界人口在 21 世纪达到大约 90 亿的顶峰，这显然比超过 100 亿能更快地减少贫困，并大大减轻对自然环境的压力。

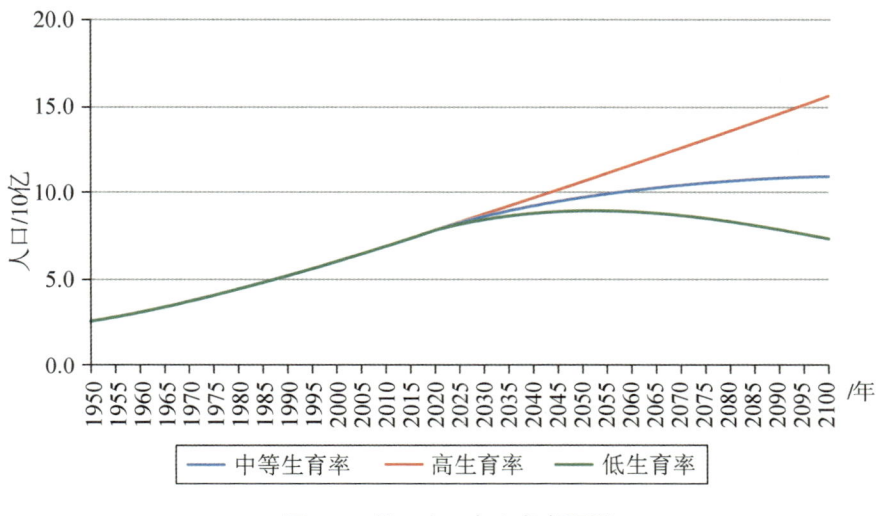

图 9.2　低、中、高生育率预测

资料来源：United Nations，Department of Economic and Social Affairs，Population Division（2019）. World Population Prospects 2019，Online Edition.

社会民主主义思潮

193 个联合国会员国正在以不同程度的一致性和承诺追求可持续发展。一些国家正在实现大部分或全部可持续发展目标，包括能源体系脱碳和降低社会的不平等水平。另一些国家则继续走在高污染的化石燃料和日益加剧的不平等的道路上。考察不同国家的相对进展及其承诺，可以为实现可持续发展目标的"有效措施"找到证据。

在实现可持续发展目标方面走在全球前列的是北欧国家。2019 年，根据可持续发展目标进展情况进行的国家排名显示，世界排名前五的国家是丹麦、瑞典、芬兰、法国和奥地利[2]。有趣的是，2019 年各国自我报告的生活满意度（"主观幸福感"）的排名也相似：

芬兰、丹麦、挪威、冰岛和荷兰[3]。事实上，当完整地比较可持续发展目标成就的排名和生活满意度的排名时，我们发现了很强的相关性，北欧国家在这两项世界排名中都名列前茅。

在可持续发展和生活满意度方面取得双重成功的关键是北欧国家长期存在的治理风格和社会风气。排名靠前的国家都有一种"社会民主"的哲学，实际上，在过去一个世纪中社会民主政党领导了这些国家政府很长一段时间。在这种情况下，社会民主主义精神意味着一套组织政治和经济的思想。这些措施包括承诺实行市场经济、实行私有制、建立高水平的工人工会、维护劳工权益、实现工作与生活的平衡（包括带薪家庭假和充足的假期），以及提供普遍公共服务，包括由预算提供资金的高质量医疗和教育。这种战略有时被称为"中间道路"，一边是自由市场的资本主义，另一边是工业的国家所有制。可以说，这条中庸之道是当今地球上任何政治经济体系中最成功地将经济繁荣、社会包容和环境可持续性相结合的范本之一。

随着越来越多的工作岗位被智能机器所取代，社会民主主义精神在数字时代将变得更加重要。拥有更多工作技能（通常需要更多教育）的工人将会发现，他们的工作将由智能机器授权，而技能较低的工人将被机器取代。其结果是，低技能工人的收入不平等和经济不安全感将进一步加剧。为了确保全社会都受益于持续的技术进步，公共政策必须向"赢家"征税，然后用所得资金来确保人民普遍获得高质量的医疗保健、教育和社会保护等基本人权，这是社会民主主义思潮的核心理念。

辅助性原则和公共领域

制定良好政策的关键是区分私人产品和公共产品。私人产品是在利润最大化的激励下，市场能有效提供的产品。公共产品是因盈利动机传导错误的信号导致市场提供不足的产品。公共产品包括全民优质教育和医疗、新科学知识、新技术、环境保护以及高速公路和长途输电线路等基础设施。私人产品如住房、家具、汽车、个人电器、旅游等，大多以市场为基础，家庭一般用自己的收入从以盈利为目的的企业购买这些商品。相比之下，公共产品通常是通过公共预算提供的，由政府收入来支付公共投资和服务的成本。

一个重大的政策挑战是在私人和公共部门之间以及在不同政治规模的公共部门之间划定正确的界限。有些公共产品是地方的，这意味着它们可以由地方政府（如城市或城镇）有效地提供。学校、诊所、警察保护和地方道路都是地方公共产品的例子。其他公共产品具有国家性质，如国防或国家高速公路系统。还有一些公共产品是跨国或跨区域性的，至少包括两个国家，例如一条流经几个国家的河流的管理。诸如河流改道、防洪、水力发电和沿河航行权等事项都属于公共产品，一般应由一个所有受影响国家的代表组成的跨国机构处理。其他公共物品还有陆地上大规模交通系统（如贯穿欧亚大陆的高速公路和铁路），长途输电线路，跨境污染的控制，共享同一生态系统的多国共同保护生物多样性（如亚马逊盆地有 9 个国家的领土）。越来越多的公共产品具有全球性，如减少人类活动导致的气候变化、流行病的控制、对最贫困国家的发展援助、核不扩散和打击国际逃税等。

　　辅助性原则为公共产品的提供划定了一个重要的框架。它认为，公共产品（和服务）的提供应控制在政府能管理的最小规模的特定产品和服务的范围内。当商品和服务可以有效地由市场提供时，这样做是有益的。但对于那些本质上属于公共性质的产品，最好是在最可行的地方治理级别上提供它们。例如，中央（联邦）政府原则上可以负责学校和诊所的运营，但通常没有令人信服的理由去这样做，因为学校和诊所可以由地方政府根据每个地方社区的具体需要有效地提供。地方治理使直接受影响的人能够更多地参与决策，并更多地关注当地情况。与此同时，指派地方政府提供全国性服务或解决那些只能在更大的地理范围内解决的问题，如河流流域管理或跨界污染控制，是没有意义的。这些问题需要跨国政府的协作。同样，如果没有一个总体的全球框架，即《联合国气候变化框架公约》和《巴黎气候协定》的帮助，通过单个城市甚至国家的分散努力来控制人为造成的气候变化是不可能实现的，这两个框架几乎把世界上所有的国家都包括进来[4]。

　　对辅助性原则的不理解导致了公共政策中无休止的混乱。例如，一些自由市场理论家反对政府在经济中扮演的角色，却没有意识到私人产品与公共产品之间的区别。地方治理的倡导者往往没有意识到，某些公共产品不能由地方政府单独提供。反对全球条约和联合国条例的民粹主义者往往认为，所有必要的公共产品都可以由各国政府提供，却没有考虑跨国基础设施和全球气候变化等问题的管理挑战的现实。

　　在 21 世纪，可持续发展的许多方面需要多国或全球范围的公共产品。河流、生态系统、污染、气候控制、国际资金流动、互联网、电力传输、公路系统、铁路网络和航空都需要强有力的区域和全球合作。没有一个国家能够在单个国家层面进行有效的管理。欧盟、非洲联盟（简称非盟）、东南亚国家联盟（简称东盟）、南方共同市场、上海合作组织、区域全面经济伙伴关系（亚洲）等区域集团在今后发挥的作用将比今天更为重要。

中国在基础设施领域开展大规模跨国合作主要有两大举措。第一个是"一带一路"倡议，为连接亚洲、欧洲的"传送带"和通过印度洋连接亚洲、欧洲、非洲的海上"道路"提供陆地基础设施。第二个是全球能源互联网中国倡议，由一个名为 GEIDCO 的组织（全球能源互联网发展合作组织）牵头。GEI 的目标是通过长距离电力传输，连接世界各地高质量的可再生能源（风能、太阳能和水电）站点。"一带一路"和"全球能源互联网中国倡议"都是 21 世纪跨国基础设施治理的创新。事实上，这两个倡议应该结合起来，因为"一带一路"如果要服务于相关国家和世界的真正利益，就应该以可再生能源为基础。

随着区域公共产品重要性的提高，欧盟、非盟和东盟等区域集团将变得比今天更重要。可以想象，21 世纪的治理将越来越多地涉及多国集团之间的合作，而不是单个国家之间的合作。我们可以设想将有 8 个主要的区域集团：北美、南美、欧盟、非盟、南亚、东亚、独联体和西亚。这 8 个区域集团将构成全球外交的核心。目前，联合国是由单个会员国组成的组织，共有 193 个国家。在 193 个国家中，有超过 18000 个成对的国家组合。而在 8 个区域中，只有 28 个成对的区域组合，对于有效的国际合作来说，这是一个更容易管理的数目。

改革联合国

正如历史学家马克·马佐尔在其重要的思想史《治理世界》（*Governing the World*）一书中所描述的那样，全球治理的理念最初是在欧洲启蒙运动的知识领袖中确立的[5]。德国哲学家伊曼努尔·康德预见了一个建立在全球共和国联盟基础上的"永久和平"。拿破仑战争之后，保守的欧洲国家为了维护和平与稳定，特别是为了避免议会民主和共和主义等革命思想，加入了欧洲联盟。在 19 世纪下半叶，欧洲列强之间结盟以避免彼此之间的冲突，因为它们将非洲和亚洲的大片土地纳入各自的帝国。它们还建立了新的国际机构来管理这个联系日益紧密的世界，包括国际电报联盟（1865 年）和国际邮政联盟（1874 年）。

在第一次世界大战之后，国际联盟于 1920 年在日内瓦成立，这是世界各民族国家对全球治理的第一次全面尝试。该联盟在概念上取得了重大突破，为了维护和平，它让各国都有了自己的代表权。最初有 42 个成员国，后来又有 21 个国家加入。虽然该联盟是在美国总统伍德罗·威尔逊的提议下建立的，但美国本身由于参议院的反对而没有加入。在没有美国的情况下，面对欧洲和邻近的西亚和非洲持续不断的金融和政治动荡，联盟被证明无法应对 20 世纪 30 年代日益严重的地缘政治和社会经济危机。随着第二次世界大战的爆发，联盟的技术人员大多转移到了美国。该联盟于 1946 年解散，其职能由新的联合国接管。

"联合国"一词最初指的是第二次世界大战期间由美国、英国和苏联领导的反法西斯联盟。随后，它成为国际联盟后续机构的名称。新的联合国组织根据《联合国宪章》于 1945 年成立，并于次年将纽约市作为其驻地。联合国的道德宪章《世界人权宣言》于 1948 年通过。

正如我在前一章简要叙述的那样，联合国代表了第二次世界大战后美国外交政策的国际主义的一面。从 20 世纪 40 年代到 60 年代，美国大力支持建立该机构，主要有三个原因。第一，它可以被用作推进美国外交政策的工具。例如，在朝鲜战争中，美国及其盟国以联合国授权的部队之名运作。第二，联合国提供了在美国支持下制定全球经济发展议程的有效途径。第三，联合国为美国提供了一个与苏联争夺新独立后殖民国家"人心"的重要场所。

随着发展中国家在联合国的权力、发言权和影响力逐渐增加，以及与苏联的竞争在冷战结束后逐渐减弱，美国对联合国的态度变得矛盾，有时甚至是敌对。20 世纪 70 年代，当发展中国家呼吁建立一个国际经济新秩序时，美国反对，并要求这些国家与以美国为首的全球资本主义体系保持一致。自 20 世纪 90 年代以来，美国越来越反对将权力交给联合国，越来越多的联合国条约没有得到美国的签署或批准。

截至今天，联合国共有 193 个会员国，几乎覆盖了全世界的人口。然而，在重要的运作方式上，联合国仍然是一个 20 世纪的机构，以美国 1945 年制定的规则为指导。最重要的是，在第二次世界大战结束时，5 个获胜的同盟国（苏联、英国、美国以及法国和中国）被授予联合国安全理事会（简称安理会）5 个常任理事国的特殊地位。这 5 个常任理事国不仅获得了安理会常任理事国席位，而且对安理会的决定及《联合国宪章》的修改拥有否决权。

当然，问题在于，自 1945 年美国统治世界以来，世界发生了巨大变化。5 个常任理事国不再是地缘政治的决定性力量，也不再是全球治理中享有特权的当然候选人，这一点可以从表 9.1 中看出。表 9.1 根据各国在世界人口和世界产出中所占的份额来衡量各国的"大小"。为了便于计算，一个国家在世界产出中所占的份额被定义为两个衡量指标的简单平均值：按市场价格计算的世界产出份额和按购买力调整价格计算的世界产出份额。

表 9.1　按人口和产出排名的最大国家，2018 年

（单位：%）

国家	占世界产出份额	占世界人口份额	平均份额
中国	17.2	18.7	17.9
美国	19.7	4.4	12.0
印度	5.5	17.9	11.7
日本	5.0	1.7	3.3
印度尼西亚	1.9	3.5	2.7
巴西	2.3	2.8	2.6
德国	3.9	1.1	2.5
俄罗斯	2.5	2.0	2.3
英国	2.8	0.9	1.8
法国	2.7	0.9	1.8

资料来源：IMF World Economic Outlook, October 2019. Output share is the simple average of the share of national output measured in world output at U. S. dollars and at international dollars.

该表格显示了截至 2018 年的十大国家。虽然五常国家都在前 10 位，但其中 3 个国家——英国、法国和俄罗斯——实际上比其他 5 个国家（印度、日本、德国、巴西和印度尼西亚）小。安理会常任理事国席位的分配是 1945 年做出的决定，而不是今天的现实。请注意，没有常任理事国席位的 5 个大国中有 3 个在亚洲：印度、日本和印度尼西亚。

联合国安理会目前有 15 个成员国：5 个常任理事国加 10 个任期两年、没有否决权的轮值理事国。轮值成员由五个区域集团选出：亚洲（2 个席位）、拉丁美洲（2 个席位）、非洲（3 个席位）、西欧和其他国家集团（2 个席位）和东欧（1 个席位）。因此，把常任理事国和轮值理事国加在一起，尽管亚洲人口占世界的 60%，GDP 占世界的近 50%，但目前亚洲在安理会只占有 3 个席位，即 20% 的席位。亚洲在联合国安理会的代表性不足是当今联合国系统最明显的弱点之一。联合国是为北大西洋领导而设计的，然而全球人口、经济和地缘政治的重心正在向亚洲和非洲转移。

表 9.2 提出了一项有助于重新平衡联合国安理会的改革建议。在我提出的改革方案中，安理会将扩大到 21 个成员国，其中亚洲占 6 个席位，即 30% 左右。将增加 6 个新的常任理事国，即上述 5 个缺乏席位的大国（巴西、德国、印度、印度尼西亚和日本）和非洲最大的国家尼日利亚。当然，问题在于，即便是这种温和的改变，也会导致美国和其他五常国家的权力相对削弱，它们可以通过否决权来阻止这种削弱。鉴于美国在全球舞台上的地位正逐渐变弱，它很可能在未来几年里对联合国采取抵制，而不是进行改革。当美国和五常国其他成员最终认识到一个健康和充满活力的联合国对全球和平与安全，包括

对五常国家本身至关重要时，改革才会到来。

表 9. 2　联合国安理会改革建议

地区	当前席位	改革后的席位	永久国家	轮值席位
拉丁美洲和加勒比	2	3	巴西	2
东欧	2	2	俄罗斯	1
亚太	3	6	中国　印度　日本　印度尼西亚	2
非洲	3	4	尼日利亚	3
西欧和其他国家集团	5	6	美国　英国　法国　德国	2
世界总计	15	21	11	10

实施共同行动的道德标准

教皇弗朗西斯在 2015 年的通谕《赞美你》中写道：

> 相互依存促使我们思考一个有着共同计划的世界。然而，人类的聪明才智带来巨大的技术进步至今还没有找到有效的方法来处理世界范围内严重的环境和社会问题。这些问题不可能由个别国家的单方面行动来解决，全球共识对于面对更深层次的问题至关重要。例如，全球共识可以规划一种可持续和多样化的农业，发展可再生和污染较少的能源，鼓励更有效地利用能源，促进更好地管理海洋和森林资源，并确保普遍获得安全的饮用水。[6]

全球化从人类诞生之初就面临的挑战是缺乏共识。我们这个物种，为了与氏族内的合作而精心进化，同样也为与"他者"的冲突做好了准备。正如约翰·肯尼迪总统在他的就职演说中雄辩地指出的那样，在一个人类有能力"结束一切形式的贫困和生命"的世界里，我们能积极地为一项共同计划达成共识吗？

为了接受教皇提出的挑战，探索达成共识的可能性和局限性，我最近与他人共同领导了一项跨信仰的努力，以寻找全球可持续发展行动的共同基础。世界各地的宗教领袖和宗教实践者——基督教、什叶派和逊尼派伊斯兰教、犹太教、印度教、儒教和第一民族信仰（First Nation beliefs），以及世俗哲学家聚集在一起，历时两年，寻找可持续发展行动的道德准则。我们扪心自问：是否存在一种共同的框架，能够让不同信仰、文化、种族和民族的社区参与进来？

我们暂时的回答是肯定的。宗教领袖们一再谴责政客们在肆无忌惮地追求权力的过程中滥用宗教。宗教信仰经常被政客们滥用和错误引用，以激起恐惧和分裂。事实上，宗教领袖们很容易在可持续发展的关键原则上找到共同点。因此，挑战不在于人类信仰之间不可逾越的鸿沟，而是利益和野心之间的冲突。其实，关键问题在于政治，而非人类之间不可调和的分歧。

宗教领袖和伦理学家确定了世界上所有宗教信仰共有的三条道德戒律。第一条是金科玉律，即互惠原则：己所不欲，勿施于人。这条黄金法则在孔子和耶稣的教导中，在印度文献中，在康德的论述中都可以找到。第二条原则是对穷人的怜悯，即对社会中最贫穷的成员给予应有的注意。道德的根本点在于保护人的尊严，人的尊严要求社会上的每个人都有满足基本需要的经济手段。用联合国的话说，这是

"不让任何一个人掉队"。第三条箴言是保护造物主——我们自己和其他数百万物种赖以生存的地球。如果没有政治的阻碍，这些原则可以成为可持续发展全球共同计划的基石。

政治确实有两面性。在古希腊哲学家亚里士多德看来，政治是为了全体公民的共同利益，为了城邦（政治共同体）成员的共同利益。亚里士多德将其定义为对繁荣生活的追求。相比之下，对于文艺复兴时期的政治理论家尼科洛·马基雅维利来说，政治是君主为权力而进行的斗争。康德认为，当君主们不能再让他们的公民参加战争时，全球和平将成为可能。康德将战争描述为对臣民不负责的君主的玩物：

> 如果宪法不是共和的，公民就不是它的主体内容，那么宣战对统治者来说是世界上最简单的决定，因为他是老板，而不是国家的一员。战争不需要统治者牺牲任何东西，他的餐桌欢愉、他的象棋、他的乡村房子、他的皇室职能，等等。因此，他在战争问题上下决心就像在寻欢作乐时一样，是出于最微不足道的理由，他可以毫不在乎地把体面所需要的正当理由留给随时准备提供这种理由的外交使团。[7]

在康德之后的 150 年，一个邪恶和愤世嫉俗的纳粹战争领导人赫尔曼·戈林，在纽伦堡因纳粹战争罪而入狱时，描述了煽动者如何利用宣传来发动战争——甚至，唉，在民主国家也是如此。在狱中接受采访时，他告诉记者：

> 当然，人们不想要战争。为什么农场里那些可怜的乡巴佬要冒着生命危险去打仗，尽管他所能得到的最好的结果就是安然无恙地回到他的农场。老百姓当然不愿意打仗，不仅仅是在俄国、英国、美国，在德国也是一样。这可以理解。

但是，国家的政策毕竟是由国家领导人决定的，无论是民主国家还是法西斯独裁国家，无论是议会还是共产主义国家，拖着人民走都是一件很简单的事情。[8]

"有一点不同，"记者反驳戈林说，"在民主国家，人民通过选举产生的代表在这个问题上有一定的发言权，在美国，只有国会可以宣战。"戈林回答说：

> 哦，这很好，但是，不管有没有反对的声音，人民总是会听从领导人的命令。这是很容易做到的。你所要做的就是告诉他们，他们正在受到攻击，并谴责和平主义者缺乏爱国精神，将国家置于危险之中。这在任何国家都管用。

最后，我们留下了一个需要、一个希望和一个难题。我们需要驾驭全球化的新时代，将我们的精力用于消除人类贫困，而不是人类生命。我们希望，在世界各地的社会和宗教中，都有共同的伦理基础。难题在于，我们多么容易成为微小分歧的牺牲品，而这些分歧会被那些追求权力、蛊惑人心的领导人煽动成恶毒的仇恨。

我曾多次提到一位现代领导人，他的领导能力令人钦佩，他的话也一直让人深受鼓舞。肯尼迪总统挺过了我们曾经历的最接近全球核毁灭的冲突——1962 年的古巴导弹危机。在那次可怕的险胜之后，肯尼迪呼吁美国和苏联之间实现和平，并在 1963 年通过谈判达成了《部分禁止核试验条约》，为实现这一和平迈出了第一步。肯尼迪选择了和平而非战争，他用至今仍指导我们管理这个相互依存的世界的话语解释了我们人类共同的利益：

> 因此，我们不能对分歧视而不见，但应把注意力集中在

我们的共同利益上，集中在解决这些分歧的方法上。如果我们现在不能结束我们的分歧，至少我们可以帮助建立一个多样化的安全的世界。因为，归根结底，我们最基本的共同联系是我们都居住在这个小星球上。我们都呼吸着同样的空气。我们都珍惜孩子的未来。我们都是凡人。[9]

全球化反映了这样一个基本事实，即从我们在非洲的共同根源到今天，人类的旅程始终是一个共同的旅程。我们作为一个全球性物种的现实，在我们大部分的历史中并非不言自明，因为生活似乎是局部的；因为其他的部落、种族和帝国似乎是不可调和的敌人。然而，伟大的宗教描绘了人类的共同起源和命运。今天，通过轨道卫星每天传回地球的图像，我们可以比以往任何时候都更清楚地想象我们的共同命运。我们的共同命运并不意味着同质性和差异的结束，相反，它意味着全球社会是一个由多种独特的文化并存造就的更安全的多元世界。

正如我们人类漫长的传奇和冒险历程一样，我们正面临着地理、技术和制度的相互作用。伟大的进化生物学家 E. O. 威尔逊无疑是正确的，他指出，我们带着"石器时代的情感、中世纪的制度和上帝般奇妙的技术"跌跌撞撞地进入了 21 世纪。我们不同步，不平衡。然而，我们也有强大的说服力和合作的能力，这是 10 多万年前在非洲大草原上就形成的能力。今天，我们对人类的共同利益有了更加清晰的认识。我们最大的希望是利用历史的教训和共同的人性，在全球范围内开创一个合作的新时代。

致　谢

本书源于 2017 年 5 月戈登·克拉克（Gordon L. Clark）教授在牛津大学地理和环境学院主持的三个系列讲座。我非常感谢克拉克教授和他的同事及学生们，感谢他们的热情款待、令人振奋的工作环境，以及对本文观点反馈的深刻意见。

关于成书，我特别感谢伊斯米尼·埃斯里奇（Ismini Ethridge）女士，她在手稿研究和准备过程中给予了我全方位的帮助。她在每一个阶段都推进着这个项目，如果没有她的大力支持，这本书根本不可能写出来。在最后阶段，朱莉安娜·巴特尔斯（Juliana Bartels）女士给予了非常得力的协助。

加州大学圣地亚哥分校的戈登·麦克德（Gordon McCord）教授分享了他的洞见、想法，并对地理分析提供了宝贵的支持。当然，如有任何错误，都是我自己的责任。

哥伦比亚大学出版社再次出版我的作品，这让我既激动又感激。出版社对细节的高度关注、一流的编辑支持和不断地鼓励，对每一位作者来说都是梦寐以求的。我要特别感谢布里吉特·弗兰纳里-麦考伊（Bridget Flannery-McCoy）对这个项目的巨大信心，以及凯琳·科布女士（Caelyn Cobb）在准备这本书的各个阶段所给予的非凡的编辑支持。

245

我的妻子索尼娅·埃利希·萨克斯（Sonia Ehrlich Sachs）在我工作和思考的各个方面都是我的精神伙伴，与以往一样，她也是本书不可或缺的人物。感谢上帝赐予她智慧、无限的耐心和对本书材料的浓厚兴趣。

数据附录

本附录描述了书中计算、图表和地图中使用的主要数据源。

气候区

本书使用的气候分类是柯本-盖格尔系统，它根据温度和降水将世界上主要的气候区分为五类，以及根据海拔高度划分了第六（高山）类。

柯本-盖格尔分类系统综述

类型	描述
A	**热带气候**
Af	热带雨林气候，完全湿润
Am	热带季风气候
As	夏季干燥的热带草原气候
Aw	冬季干燥的热带草原气候
B	**干旱气候**
BS	草原气候
BW	沙漠气候
C	**暖温带气候**
Cs	暖温带气候，夏季干燥

续表

类型	描述
Cw	暖温带气候，冬季干燥
Cf	暖温带气候，常年湿润
D	**寒冷气候**
Ds	多雪气候，夏季干燥
Dw	多雪气候，冬季干燥
Df	多雪气候，常年湿润
E	**极地气候**
ET	苔原气候
EF	冰原气候
H	**高山气候（多变的）**

资料来源：Markus Kottek，Jrgen Grieser，Christoph Beck，Bruno Rudolf，and Franz Rubel，"World Map of the Kppen-Geiger climate classification updated," *Meteorologische Zeitschrift* 15，no. 3（2006）：259-263. https://doi.org/10.1127/0941-2948 /2006/0130.

本书中使用的地理信息系统气候文件是根据 A. Strahler 和 A. H. Strahler 的气候区地图进行数字化处理的。详情请参阅：

1992. *Modern Physical Geography*，4th ed. New York：Wiley. The data set can be found at https：//sites. hks. harvard. edu/cid/ciddata/geog/gis-data. html.

反过来，A. Strahler 和 A. H. Strahler 地图则是基于：R. Geiger and W. Pohl. 1954. Revision of the Köppen-Geiger *Klimakarte der Erde Erdkunde*，Vol. 8：58 - 61.

由于气候随着时间的推移而变化，用今天的气候地图描述一千年前的情况，只能近似。

人口数据

历史人口数据

许多历史人口数据都是基于 Kees Klein Goldewijk、Arthur Beusen 和 Peter Janssen 对 HYDE 3.1 项目数据的研究。该研究估计了全新世的人口总数，以及城市/农村人口数量、密度和百分比（包括建成区），大约在公元前 10000 年到公元 2000 年之间，其空间分辨率为 5 分钟经度/纬度。详情可在此找到：

Kees Klein Goldewijk, Arthur Beusen, and Peter Janssen. "Long-Term Dynamic Modeling of Global Population and Built-up Area in a Spatially Explicit Way: HYDE 3.1." *The Holocene* 20, no. 4 (2010): 565–573. https://doi.org/10.1177/0959683609356587.

公元 1—2008 年世界人口、GDP 及人均 GDP

历史经济数据来源于麦迪森项目数据库。虽然这个数据库在过去十年中进行了调整和更新，但我选择使用 2010 年发布的版本，因为它按国家、区域和年份提供了最全面的信息。2010 年的数据集是已故经济历史学家安格斯·麦迪森自己提供的最终版本，涵盖了公元 1 年至 2008 年的世界人口、GDP 和人均 GDP。

有关该项目的进一步资料，请参阅：

Maddison Project Database，version 2010. Jutta Bolt，Robert Inklaar，Herman de Jong and Jan Luiten van Zanden（2010），"Rebasing 'Maddison'：new income comparisons and the shape of long-run economic development，" Maddison Project Working paper 10

2015 年网格化人口数据

2015 年的空间详细人口数据来自哥伦比亚大学国际地球科学信息网络中心（CIESIN）。请参阅：

2016. Gridded Population of the World，Version 4（GPWv4）：Population Count. Palisades，NY：NASA Socioeconomic Data and Applications Center（SEDAC）. http：//dx. doi. org/10. 7927/H4X63JVC.

古代城市的数据

关于古代城市的数据，请参阅：

Meredith Reba，Femke Reitsma，and Karen C. Seto，"Spatializing 6，000 Years of Global Urbanization from 3700 BC to AD 2000，" *Scientific Data* 3（2016）：160034. https：//doi. org/10. 1038/sdata. 2016. 34. I deeply thank Dr. Reba for assistance in accessing these very insightful data.

非常感谢 Reba 博士协助查阅这些非常有洞察力的数据。

用于创建地图和地理空间分析的数据

海岸线及河流界线：根据自然地球（Natural Earth）制作，网址为 naturalearthdata. com。（请注意，我将当今的沿海和河流边界数据应用于古代文明。当然，考虑到海岸线和河流流量的变化，这只是一个近似值。）

古帝国/区域概况请参见：worldmap. harvard. edu

图 5.2 亚历山大帝国

http：//awmc. unc. edu/awmc/map_ data/shapefiles/cultural_ data/
political_ shading/alexander_ extent/

图 5.3 罗马帝国

http：//worldmap. harvard. edu/geoserver/wfs？outputFormat＝SHAPE-
ZIP&service＝WFS&request＝GetFeature&format_ optionsData Appendix＝
charset 3AUTF-8&typename＝geonode 3Aroman_ empire_ 117_ ce_
9sa&version＝1.0.0

图 5.4 汉朝

http：//worldmap. harvard. edu/geoserver/wfs？outputFormat＝SHAPE-
ZIP&service＝WFS&request＝GetFeature&format_ options＝charset3AUTF-
8&typename＝geonode 3Aeastern_ han_ dynasty_ in_ 73_ ce_ lg4&
version＝1.0.0

图 5.6 丝绸之路地图

https：//worldmap.harvard.edu/data/geonode：silk_ road_ 8h3

图 5.8 倭马亚帝国

http：//worldmap. harvard. edu/geoserver/wfs？outputFormat＝SHAPE-
ZIP&service＝WFS&request＝GetFeature&format_ options＝charset3AUTF-
8&typename＝geonode 3Aumayyad_ caliphate_ 6ds&version ＝1.0.0

图 5.9 奥斯曼帝国

http：//worldmap. harvard. edu/geoserver/wfs？outputFormat＝SHAPE-
ZIP&service ＝ WFS&request ＝ GetFeature&format _ options ＝ charset

3AUTF-8&typename＝geonode 3Aottomans_ 4ra&version＝1.0.0

图 5.10　宋朝

http：//worldmap. harvard. edu/geoserver/wfs? outputFormat ＝ SHAPE-
ZIP&service ＝ WFS&request ＝ GetFeature&format _ options ＝ charset
3AUTF-8&typename＝geonode 3Asongdynasty_ m0o&version＝1.0.0

图 5.12　帖木儿帝国

http：//worldmap. harvard. edu/geoserver/wfs? outputFormat ＝ SHAPE-
ZIP&service ＝ WFS&request ＝ GetFeature&format _ options ＝ charset
3AUTF-8&typename＝geonode 3Atimurid_ empire_ 7s0&version＝1.0.0

表

在全文中，我提到了七个大陆区域，非洲（AF）、亚洲（AS）、
独联体（CIS）、欧洲（EU）、拉丁美洲（LA）、北美洲（NA）和大
洋洲（OC）。请注意，为了进行分析，独联体与欧洲和亚洲是分开
的，但按标准地理计算，它应是这两个大陆的一部分。

以下是补充表格，其中包含了文中提到的计算数据。

表 1.3a　距海岸 100 千米以内的土地和人口

大陆	距海岸 100 千米以内的土地面积/%	距海岸 100 千米以内的人口/%			
		公元前 3000 年	公元 100 年	1400 年	2015 年
非洲	9.7	36.8	37.8	25.9	25.2
亚洲	22.4	28.6	29.0	33.6	39.3
独联体	15.8	9.8	9.5	10.6	14.0
欧洲	51.3	56.1	52.0	45.0	50.6
拉丁美洲	17.2	29.1	28.3	28.4	43.7
北美洲	29.5	26.8	31.4	41.4	49.4
大洋洲	23.8	51.6	64.1	69.5	81.8
全球	20.0	32.4	32.6	32.8	38.0

资料来源：Author's calculations using HYDE and CIESIN data. See Historical Population Data, Gridded Population Data for 2015, and Data used in the Creation of Maps and Geospatial Analysis for details.

表 1.3b　距河流 20 千米以内的土地和人口

大陆	距河流 20 千米以内的土地面积/%	距河流 20 千米以内的人口/%			
		公元前 3000 年	公元 100 年	1400 年	2015 年
非洲	11.8	33.6	31.7	25.2	21.9
亚洲	17.9	29.5	29.6	32.2	28.6
独联体	18.9	35.0	31.6	34.2	38.7
欧洲	25.0	29.3	31.3	35.4	35.0
拉丁美洲	17.0	27.3	26.3	26.3	21.4
北美洲	20.1	51.5	43.49	33.9	28.9
大洋洲	4.3	13.3	11.9	11.1	8.9

续表

大陆	距河流 20 千米以内的土地面积/%	距河流 20 千米以内的人口/%			
		公元前3000 年	公元 100 年	1400 年	2015 年
欧亚大陆（亚洲+独联体+欧洲）	18. 4	30. 3	30. 4	33. 5	30. 3
全球	16. 3	30. 1	29. 9	31. 1	27. 7

资料来源：Author's calculations using HYDE and CIESIN data. See Historical Population Data, Gridded Population Data for 2015, and Data used in the Creation of Maps and Geospatial Analysis for details.

表 1. 3c 距河流 20 千米和/或海岸 100 千米内的土地和人口

大陆	距河流 20 千米和/或海岸 100 千米内的土地面积/%	距河流 20 千米和/或海岸 100 千米内的人口/%			
		公元前3000 年	公元 100 年	1400 年	2015 年
非洲	20. 0	60. 5	59. 2	45. 4	42. 1
亚洲	17. 9	29. 5	29. 6	32. 2	28. 6
独联体	33. 2	43. 0	39. 5	42. 5	48. 8
欧洲	69. 0	76. 4	74. 5	71. 3	74. 0
拉丁美洲	32. 3	51. 6	50. 0	50. 0	57. 3
北美洲	46. 8	70. 9	67. 9	68. 6	68. 6
大洋洲	27. 0	60. 5	70. 8	75. 3	84. 4
全球	33. 8	56. 3	56. 2	57. 1	58. 0

资料来源：Author's calculations using HYDE and CIESIN data. See Historical Population Data, Gridded Population Data for 2015, and Data used in the Creation of Maps and Geospatial Analysis for details.

表 3.1 幸运纬度带地区的土地面积和人口

（旧大陆）

大陆	幸运纬度带土地面积/%	幸运纬度带人口/%			
		公元前3000 年	公元 100 年	1400 年	2015 年
亚洲	14.2	48.1	51.5	14.6	15.0
非洲	57.8	73.3	70.6	63.1	56.8
独联体	10.1	49.1	47.6	27.9	32.2
欧洲	29.8	51.4	47.7	32.3	28.7
旧大陆	28.1	65.7	63.8	49.2	45.4

资料来源：Author's calculations using HYDE and CIESIN data. See Historical Population Data, Gridded Population Data for 2015, and Data used in the Creation of Maps and Geospatial Analysis for details.

注 释

01 全球化的七个时代

1. For a dazzling analysis of culture and behavior from the viewpoint of evolutionary biology, see Edward O. Wilson, *The Social Conquest of Earth* (New York: Liveright, 2012).

2. For a riveting accounting of these late-nineteenth-century famines, see Mike Davis, *Late Victorian Holocausts* (Brooklyn: Verso, 2001).

3. Kees Klein Goldewijk, Arthur Beusen, and Peter Janssen, "Long-Term Dynamic Modeling of Global Population and Built-up Area in a Spatially Explicit Way: HYDE 3.1," *Holocene* 20, no. 4 (2010): 565 – 573.

4. Extreme poverty signifies a level of deprivation at which basic human needs (nutritious diet, safe water, sanitation, clothing, shelter, and so forth) are not ensured. The World Bank has regularly established metrics to measure extreme poverty. The World Bank's current poverty line is per capita consumption at or below ＄1.90 per day measured in 2011 prices using purchasing-power parity (PPP) exchange rates. Academic studies of poverty throughout history propose their own respective poverty lines for coherence with the recent World Bank data.

5. For the scale of forager communities, see Tobias Kordsmeyer, Pádraig Mac Carron, and R. I. M. Dunbar, "Sizes of Permanent Campsite

Communities Reflect Constraints on Natural Human Communities," *Current Anthropology* 58, no. 2 (2017): 289 – 294.

6. In fact, the replacement rate is slightly above 2 children per woman to account for the slight mortality risk of the next generation.

7. The official U. S. employment data for 2018 may be found at https://www. bls. gov/emp/tables/employment-by-major-industry-sector. htm. Note that in the calculations in 226 the text I have added "non-agricultural self-employed" to the tertiary sector. The total sums to 99. 9 because of rounding.

8. David McGee and Peter B. deMenocal, "Climatic Changes and Cultural Responses During the African Humid Period Recorded in Multi-Proxy Data," in *Oxford Research Encyclopedia of Climate Science*, 2017.

9. Jutta Bolt, Robert Inklaar, Herman de Jong, and Jan Luiten van Zanden, "Rebasing 'Maddison': New Income Comparisons and the Shape of Long-Run Economic Development," GGDC Research Memorandum 174, January 2018.

10. Adam Smith, *An Enquiry Into the Nature and Causes of the Wealth of Nations* [1776] (New York: Random House, 1937).

11. For further information on the sources of these data and other data used throughout the text, please see the data appendix at the end of the book.

12. Two leading economists, Ronald Findlay and Kevin O´Rourke, offer a deeply informed global history of trade, technology, and warfare during the 1000 years from 1000 AD to 2000 AD in *Power and Plenty: Trade, War, and the World Economy in the Second Millennium*.

02 旧石器时代（公元前 7 万年至公元前 1 万年）

1. The Paleolithic period dates from the time that hominins first used stone tools, approximately 3.3 million years ago to the end of the last ice age at the conclusion of the Pleistocene epoch, some 11,700 years ago. The Paleolithic period is divided into three sub-periods, the lower Paleolithic (to around 200,000 year ago), the Middle Paleolithic (200,000 years ago to around 50,000 years ago), and the Upper Paleolithic (50,000 years ago to around 11,700 years ago). The timing of the emergence of anatomically modern humans is subject to considerable debate and uncertainty. A recent publication, using genetic evidence, suggests a date of 200,000 years ago for the emergence of modern humans. E. K. F. Chan, A. Timmermann, B. F. Baldi, et al. "Human Origins in a Southern African Palaeo-Wetland and First Migrations." *Nature* 575 (2019).

2. Edward O. Wilson, *Genesis: The Deep Origin of Societies* (New York: Liveright, 2019).

3. Israel Hershkovitz, Gerhard W. Weber, Rolf Quam, Mathieu Duval, Rainer Grün, Leslie Kinsley, et al., "The Earliest Modern Humans Outside Africa," *Science* 359, no. 6374 (2018): 456–459.

4. B. M. Henn, L. L. Cavalli-Sforza, and M. W. Feldman, "The Great Human Expansion," *Proceedings of the National Academy of Sciences* 109, no. 44 (2012): 17758–17764.

5. James F. O'Connell, Jim Allen, Martin A. J. Williams, Alan N. Williams, Chris S. M. Turney, Nigel A. Spooner, et al., "When Did Homo sapiens First Reach Southeast Asia and Sahul?," *Proceedings of the*

National Academy of Sciences 115, no. 34 (2018): 8482 – 8490.

6. For recent evidence on this debate, see Sander van der Kaars, Gifford H. Miller, Chris S. M. Turney, et al., "Humans Rather Than Climate the Primary Cause of Pleistocene Megafaunal Extinction in Australia," *Nature Communications* 8, January 20, 2017.

7. Pita Kelekna, "The Politico-Economic Impact of the Horse on Old World Cultures: An Overview," *Sino-Platonic Papers*, no. 190 (June 2009).

8. Tibetan gene variants that are adaptive for high altitude seem to be from Denisovans. See Emilia Huerta-Sanchez, Xin Jin, Rasmus Nielsen, et al., "Altitude Adaptation in Tibetans Caused by Introgression of Denisovan-like DNA," *Nature* 512 (2014), 194 – 197.

9. For a survey of the debate, see Ofer Bar-Yosef, "The Upper Paleolithic Revolution," *Annual Review of Anthropology* 31, no. 1 (2002): 363 – 393.

10. A recent study suggesting that the structure of the human brain continued to evolve during the transition from the Middle Paleolithic to the Upper Paleolithic is Simon Neubauer, Jean-Jacques Hublin, and Philipp Gunz, "The Evolution of Modern Human Brain Shape," *Science Advances* 4, no. 1 (2018).

11. There remains considerable uncertainty and heated debate about the timing and methods of the earliest migrations from Asia to North America. The uncertainties include the timing, the number of waves of migration, and now even the question of whether the new arrivals came over a land corridor, as long surmised, or perhaps instead by boat along the coastline. Recent evi-

dence that early migrants came by coastal waters is presented in Loren G. Davis et al., "Late Upper Paleolithic occupation at Cooper's Ferry, Idaho, USA, ~16, 000 years ago," *Science* 365, no. 6456 (2019): 891–897.

12. Martin Sikora, Andaine Seguin-Orlando, Vitor C. Sousa, Anders Albrechtsen, Thorfinn Korneliussen, Amy Ko, et al., "Ancient Genomes Show Social and Reproductive Behavior of Early Upper Paleolithic Foragers," *Science* 358, no. 6363 (2017): 659–662.

13. H. Gintis, C. van Schaik, and C. Boehm, "Zoon Politikon: The Evolutionary Origins of Human Socio-Political Systems," *Behavioural Processes* 161 (2019): 17–30.

03 新石器时代（公元前 1 万年至公元前 3000 年）

1. Dolores R. Piperno, "A Model of Agricultural Origins," *Nature Human Behaviour* 2, no. 7 (2018): 446–447.

2. An excellent recent study of the change in living standards and health during the transition to farming may be found in Alison A Macintosh, Ron Pinhasi, and Jay T Stock. "Early Life Conditions and Physiological Stress Following the Transition to Farming in Central/Southeast Europe: Skeletal Growth Impairment and 6000 Years of Gradual Recovery," *PloS one* 11, no. 2 (2016): e0148468.

3. Kees Klein Goldewijk, Arthur Beusen, and Peter Janssen, "Long-Term Dynamic Modeling of Global Population and Built-up Area in a Spatially Explicit Way: HYDE 3. 1," *Holocene* 20, no. 4 (2010): 565–573.

4. David Reich, *Who We Are and How We Got Here* (New York: Ran-

dom House，2018），100.

5. Reich，*Who We Are and How We Got Here*，113.

6. Jared Diamond，*Guns，Germs，and Steel*（New York：Norton，1997），xx.

7. A famous and influential account of the distinctive geographical，political，and social features of these early alluvial societies is Karl S. Wittfogel's *Oriental Despotism：a Comparative Study of Total Power*（New Haven，CT：Yale University Press，1957）. Wittfogel argued that the need for major public works to control river flooding and irrigation gave rise to strong，indeed despotic，states. The thesis garnered many followers and also considerable criticism for making hasty over-generalizations.

8. For a fascinating account of the long-term patterns of river flow and their implications，see Mark G. Macklin and John Lewin，"The Rivers of Civilization," *Quaternary Science Reviews* 114（2015）：228 – 244.

9. See Ian Morris，*Why the West Rules—For Now：The Patterns of History，and What They Reveal About the Future*（New York：Picador，2011）.

10. The total land area of Old World Lucky Latitudes is 23. 4 million km². The shares of this land area by continent are as follows：Africa，18. 1 percent；Asia，66. 2 percent；CIS，9. 4 percent；and Europe，6. 4 percent. For further data on climate and population in the Lucky Latitudes，see the data appendix.

04　骑马时代（公元前 3000 年至公元前 1000 年）

1. On the domestication of the donkey，see Stine Rossel，Fiona Mar-

shall, Joris Peters, Tom Pilgram, Matthew D. Adams, and David O'Connor, "Domestication of the Donkey: Timing, Processes, and Indicators," *Proceedings of the National Academy of Sciences* 105, no. 10 (2008): 3715 – 3720.

On the domestication of the dromedarey, see Ludovic Orlando, "Back to the Roots and Routes of Dromedary Domestication," *Proceedings of the National Academy of Sciences* 113, no. 24 (2016): 6588 – 6590; Faisal Almathen, Pauline Charruau, Elmira Mohandesan, Joram M. Mwacharo, Pablo Orozco-terWengel, Daniel Pitt, Abdussamad M. Abdussamad, et al., "Ancient and Modern DNA Reveal Dynamics of Domestication and Cross-Continental Dispersal of the Dromedary," *Proceedings of the National Academy of Sciences* 113, no. 24 (2016): 6707 – 6712; Barat ali Zarei Yam and Morteza Khomeiri, "Introduction to Camel Origin, History, Raising, Characteristics, and Wool, Hair and Skin: A Review," *Research Journal of Agriculture and Environmental Management* 4, no. 11 (2015): 496 – 508.

For the South American camelids, see Juan C. Marín Romina Rivera, Valeria Varas, Jorge Cortés, Ana Agapito, Ana Chero, et. al., "Genetic Variation in Coat Colour Genes MC1R and ASIP Provides Insights Into Domestication and Management of South American Camelids," *Frontiers in Genetics* 9 (2018): 487.

2. Peter Mitchell, "Why the Donkey Did Not Go South: Disease as a Constraint on the Spread of Equus Asinus into Southern Africa," *African Archaeological Review* 34, no. 1 (2017): 21 – 41.

3. Jack M. Broughton and Elic M. Weitzel, "Population Reconstructions for Humans and Megafauna Suggest Mixed Causes for North American Pleis-

tocene Extinctions," *Nature Communications* 9, no. 1 (2018): 5441.

4. Rossel et al., "Domestication of the Donkey."

5. Pita Kelekna, The Horse in Human History (Cambridge: Cambridge University Press, 2009), xx.

6. Ralph W. Brauer, "The Camel and Its Role in Shaping Mideastern Nomad Societies," Comparative Civilizations Review 28, no. 28 (1993): 47.

7. Kelekna, The Horse in Human History, 45–49.

8. David Reich, Who We Are and How We Got Here (New York: Random House, 2018), 120.

9. Meredith Reba, Femke Reitsma, and Karen C. Seto, "Spatializing 6,000 Years of Global Urbanization from 3700 BC to AD 2000," Scientific Data 3 (2016): 160034.

05　古典时代（公元前 1000 年至公元 1500 年）

1. Karl Jaspers, *The Origin and Goal of History* (London: Routledge, 1953).

2. Violet Moller, *The Map of Knowledge: A Thousand-Year History of How Classical Ideas Were Lost and Found* (New York: Doubleday, 2019), 61.

3. L. Carrington Goodrich, *A Short History of the Chinese People* (New York: Courier, 2002), 31.

4. Dieter Kuhn, *The Age of Confucian Rule* (Cambridge: Harvard University Press, 2009), 29.

5. Neil Pederson, Amy E. Hessl, Nachin Baatarbileg, Kevin J. Anchukaitis, and Nicola Di Cosmo, "Pluvials, Droughts, the Mongol Empire, and Modern Mongolia," *Proceedings of the National Academy of Sciences* 111, no. 12 (2014): 4375 – 4379.

6. Kees Klein Goldewijk, Arthur Beusen, and Peter Janssen, "Long-Term Dynamic Modeling of Global Population and Built-up Area in a Spatially Explicit Way: HYDE 3.1," *The Holocene* 20, no. 4 (2010): 565 –573.

06 海洋时代 (1500 年至 1800 年)

1. For a wonderful account of the voyages, see Louise Levathes, *When China Ruled the Seas: The Treasure Fleet of the Dragon Throne, 1405 – 1433* (New York: Simon and Shuster, 1994).

2. Adam Smith, *An Enquiry Into the Nature and Causes of the Wealth of Nations* [1776] (New York: Random House, 1937).

3. Alfred W. Crosby, Germs, Seeds and Animals: Studies in Ecological History (New York: Routledge, 2015).

4. For a recent discussion, see Nathan Nunn and Nancy Qian, "The Columbian Exchange: A History of Disease, Food, and Ideas," *Journal of Economic Perspectives* 24, no. 2 (2010): 163 – 188.

5. Alexander Koch, Chris Brierley, Mark M. Maslin, and Simon L. Lewis, "Earth System Impacts of the European Arrival and Great Dying in the Americas After 1492," *Quaternary Science Reviews* 207 (2019): 13 – 36, https://doi.org/10.1016/j.quascirev.2018.12.004.

6. For an informative recent history, see John W. O'Malley, *The Jesuits: A History from Ignatius to the Present* (Lanham, MD: Rowman & Littlefield, 2014).

7. A recent critical history of the East India Company carries a descriptive title, see William Dalrymple, *The Anarchy: The East India Company, Corporate Violence, and the Pillage of an Empire* (New York: Bloomsbury, 2019).

8. Alfred Thayer Mahan, *The Influence of Sea Power Upon History, 1660 - 1783* (Boston: Little, Brown, 1890).

9. Joyce Chepkemoi, "Largest Empires in Human History by Land Area," *World Atlas*, May 11, 2017, https://www.worldatlas.com/articles/largest-empires-in-human-history-by-land-area.html.

10. Kees Klein Goldewijk, Arthur Beusen, and Peter Janssen, "Long-Term Dynamic Modeling of Global Population and Built-up Area in a Spatially Explicit Way: HYDE 3.1," *Holocene* 20, no. 4 (2010): 565 - 573.

11. Sven Beckert, *Empire of Cotton: A Global History* (New York: Knopf, 2014), 85.

12. Beckert, *Empire of Cotton*, 105.

13. Smith, *Wealth of Nations*.

07　工业时代：（1800 年至 2000 年）

1. The most authoritative demographic data on population, longevity, urbanization, and age structure for all nations since 1950 is provided by the UN Population Division, accessible here: https://www.un.org/en/devel-

opment/desa/population/publications/database/index. asp. Data on national and world incomes after 1980 are provided by the IMF in the World Economic Outlook database, https: //www. imf. org/external/pubs/ft/weo/2019/ 01/weodata/index. aspx.

2. For a captivating history of the British industrial revolution with a strong focus on technological advances, including the steam engine, see the classic study by David Landes, *Unbound Prometheus*: *Technological Change and Industrial Development in Western Europe from* 1750 *to the Present*, (Cambridge: Cambridge University Press, 1969).

3. Jutta Bolt, Robert Inklaar, Herman de Jong, and Jan Luiten van Zanden, "Rebasing 'Maddison': New Income Comparisons and the Shape of Long-Run Economic Development," GGDC Research Memorandum 174, January 2018.

4. E. A. Wrigley, *Energy and the English Industrial Revolution* (Cambridge University Press, 2010).

5. For pioneering theoretical investigations of GPTs and economic growth, see Bresnahan and Trajtenberg (1995) and Helpman (1998).

6. Martin Weitzman, "Recombinant Growth," *Quarterly Journal of Economics* 113, no. 2, (May 1998): 331 – 360.

7. Markku Wilenius and Sofi Kurki, "Surfing the Sixth Wave: Exploring the Next 40 Years of Global Change," in 6*th Wave and Systemic Innovation for Finland*: *Success Factor for the Years 2010 – 2050 Project*. University of Turku: Finland Futures Research Centre, 2012.

8. Klaus Schwab, *The Fourth Industrial Revolution* (Geneva: World Economic Forum, 2016).

9. Prasannan Parthasarathi, *Why Europe Grew Rich and Asia Did Not*: *Global Economic Divergence*, *1600 - 1850* (Cambridge: Cambridge University Press, 2011), 131.

10. For estimates of illiteracy for India and other countries around 1950, see Statistical Division of UNESCO, World Illiteracy Mid-Century: A Statistical Study" (1957); for life expectancy, see the data of the UN Population Division, https://population.un.org/wpp/Download/Standard/Mortality/.

11. See John Iliffe, *Africans*: *The History of a Continent*, (New York: Cambridge University Press, 1995), 198 - 199.

12. Bolt et al., "Rebasing 'Maddison.'"

13. John Maynard Keynes, *The Economic Consequences of the Peace* [1919] (Jersey City, N. J.: Start Kindle Edition, 2014).

14. Keynes, *The Economic Consequences of the Peace*.

15. David Vine, *Base Nation*: *How U. S. Military Bases Abroad Harm America and the World* (New York: Metropolitan Books, 2015); Nick Turse, "U. S. Military Says It Has a 'Light footprint' in Africa," *The Intercept*, December 1, 2018, https://theintercept.com/2018/12/01/u-s-military-says-it-has-a-light-footprint-in-africa-these-documents-show-a-vast-network-of-bases/.

16. Defense Manpower Data Center, "DoD Personnel, Workforce Reports & Publications," DMDC. osd. mil: USA. gov, 2019.

17. The most recent estimate by the World Bank is 736 million in extreme poverty in 2015, down from 1. 85 billion in 1990. See "Poverty: Overview," https://www. worldbank. org/en/topic/poverty/overview, ac-

cessed November 11，2019.

08　数字时代（21 世纪）

1. World Economic Forum，"How Much Data is Generated Each Day?，" April 17，2019，https：//www. weforum. org/agenda/2019/04/how-much-data-is-generated-each-day-cf4bddf29f/.

2. Data as of November 20，2019，from the following sources：Facebook log-ons，"The Top 20 Valuable Facebook Statistics—Updated November 2019，" https：//zephoria. com/top-15-valuable-facebook-statistics/；Google searches，https：//www. internetlivestats. com/google-search-statistics/；You-Tube videos，Omnicore，"YouTube by the Numbers：Stats，Demographics & Fun Facts，" September 5，2019，https：//www. omnicoreagency. com/youtube-statistics/；Internet users，Internet World Stats，"Top 20 Countries in Internet Users vs. Rest of the World—June 30，2019，" https：//www. internetworldstats. com/top20. htm；Swift settlements，swift. com，"The SWIFT-CLS Partnership in FX Reduces Risk and Adds Liquidity，" April 4，2019，https：//www. swift. com/news-events/news/the-swift-cls-partnership-in-fx-reduces-risk-and-adds-liquidity.

3. See David Silver，Thomas Hubert，Julian Schrittwieser，Ioannis Antonoglou，Matthew Lai，and Arthur Guez，et. al.，"Mastering Chess and Shogi by Self-Play with a General Reinforcement Learning Algorithm，" *arXiv. org*（2017）.

4. Jeffrey D. Sachs，*The End of Poverty：Economic Possibilities for Our Time*（New York：Penguin，2006）.

5. World Bank, *Poverty and Shared Prosperity* 2018: *Piecing Together the Poverty Puzzle* (Washington, D. C.: World Bank, 2018), http://documents. worldbank. org/curated/en/104451542202552048/Poverty-and-Shared-Prosperity-2018-Piecing-Together-the-Poverty-Puzzle.

6. The World Bank reports that China is on track to end poverty according to the national definition of rural poverty (per capita rural net income of RMB 2,300 per year in 2010 constant prices). See https://www. worldbank. org/en/country/china/overview, accessed November 15, 2019.

7. The data are for China's GDP at constant prices from the IMF World Economic Outlook database, October 2019.

8. Data from World Intellectual Property Corporation, "World Intellectual Property Report 2018," https://www. wipo. int/export/sites/www/pressroom/en/documents/pr_ 2018_ 816_ annexes. pdf#annex1.

9. See the report of the Intergovernmental Science-Policy Platform on Biodiversity and Ecosystem Services (IPBES), 2019, https://ipbes. net/system/tdf/ipbes_ 7_ 10_ add.1_ en_ 1. pdf? file = 1&type = node&id = 35329.

10. For the intellectual history of this equation, see Marian R. Chertow, "The IPAT Equation and Its Variants," *Journal of Industrial Ecology* 4, no. 4 (2000), 13 – 29.

11. See Graham Allison, *Destined for War: Can America and China Escape Thucydides's Trap?* (New York: Houghton Mifflin Harcourt, 2017).

09 21 世纪全球化的指引

1. World Commission on Environment and Development, *Our Common Future* (Oxford: Oxford University Press, 1987).

2. The SDG rankings are available in the UN report by Jeffrey Sachs, Guido SchmidtTraub, Christian Kroll, Guillaume Lafortune, and Grayson Fuller, *Sustainable Development Report 2019: Transformations to Achieve the Sustainable Development Goals* (New York: Bertelsmann Stiftung and Sustainable Development Solutions Network [SDSN], 2019).

3. The life satisfaction rankings can be cound in the 2019 world happiness report: John F. Helliwell, Richard Layard, and Jeffrey D. Sachs, *The UN World Happiness Report 2019.* (New York: SDSN, 2019).

4. In 2019, President Donald Trump announced his intention to withdraw the United States from the Paris Climate Agreement but not from the UNFCCC.

5. Mark Mazower, *Governing the World: The History of an Idea*, 1815 *to the Present* (New York: Penguin, 2013).

6. Pope Francis, *Laudato si'* (Vatican City: Vatican Press, 2015), sec. 23.

7. Immanuel Kant, *Perpetual Peace: A Philosophical Sketch* [1795] (Cambridge: Cambridge University Press, 1970).

8. G. M. Gilbert, interview with Hermann Goering, April 18, 1946, in *Nuremberg Diary* (New York: Farrar, Strauss, 1947), 278.

9. John F. Kennedy, "Commencement Address at American University," Washington, D. C., June 10, 1963, https://www.jfklibrary.org/archives/other-resources/john-f-kennedy-speeches/american-university-19630610.

图书在版编目（CIP）数据

全球化简史 /（美）杰弗里·萨克斯（Jeffrey D. Sachs）著 ；
王清辉，赵敏君译. — 长沙 :湖南科学技术出版社，2021.9
ISBN 978-7-5710-0785-0

Ⅰ．①全… Ⅱ．①杰… ②王… ③赵… Ⅲ．①全球化
—研究 Ⅳ．①C913

中国版本图书馆 CIP 数据核字（2021）第 082483 号

QUANQIUHUA JIANSHI

全球化简史

著　　者：[美] 杰弗里·萨克斯（Jeffrey D. Sachs）
译　　者：王清辉　赵敏君
责任编辑：陈　刚　李　柔
出版发行：湖南科学技术出版社
社　　址：长沙市芙蓉中路一段 416 号泊富国际金融中心
网　　址：http://www.hnstp.com
湖南科学技术出版社天猫旗舰店网址：
　　　　　http://hnkjcbs.tmall.com
邮购联系：本社直销科 0731-84375808
印　　刷：湖南天闻新华印务有限公司
　　　　　（印装质量问题请直接与本厂联系）
厂　　址：湖南望城·湖南出版科技园
邮　　编：410219
版　　次：2021 年 9 月第 1 版
印　　次：2021 年 9 月第 1 次印刷
开　　本：710mm×1000mm　1/16
印　　张：18.25
字　　数：224 千字
审 图 号：GS(2020)5451 号
书　　号：ISBN 978-7-5710-0785-0
定　　价：88.00 元
（版权所有·翻印必究）